权威·前沿·原创

皮书系列为

“十二五”“十三五”“十四五”时期国家重点出版物出版专项规划项目

BLUE BOOK

智库成果出版与传播平台

湖南蓝皮书
BLUE BOOK OF HUNAN

2023年湖南社会发展报告

REPORT ON SOCIAL DEVELOPMENT OF HUNAN (2023)

湖南省社会科学院（湖南省人民政府发展研究中心）
主　编／钟　君
副主编／侯喜保　蔡建河

社会科学文献出版社
SOCIAL SCIENCES ACADEMIC PRESS (CHINA)

图书在版编目（CIP）数据

2023年湖南社会发展报告 / 钟君主编；侯喜保，蔡建河副主编. --北京：社会科学文献出版社，2023.10
（湖南蓝皮书）
ISBN 978-7-5228-2157-3

Ⅰ.①2… Ⅱ.①钟… ②侯… ③蔡… Ⅲ.①社会发展-研究报告-湖南-2023 Ⅳ.①D676.4

中国国家版本馆CIP数据核字（2023）第134129号

湖南蓝皮书
2023年湖南社会发展报告

主　　编 / 钟　君
副 主 编 / 侯喜保　蔡建河

出 版 人 / 冀祥德
责任编辑 / 桂　芳
责任印制 / 王京美

出　　版 / 社会科学文献出版社 · 皮书出版分社（010）59367127
地址：北京市北三环中路甲29号院华龙大厦　邮编：100029
网址：www.ssap.com.cn
发　　行 / 社会科学文献出版社（010）59367028
印　　装 / 天津千鹤文化传播有限公司

规　　格 / 开　本：787mm×1092mm　1/16
印　张：22　字　数：328千字
版　　次 / 2023年10月第1版　2023年10月第1次印刷
书　　号 / ISBN 978-7-5228-2157-3
定　　价 / 168.00元

读者服务电话：4008918866

主要编撰者简介

钟　君　湖南省社会科学院（湖南省人民政府发展研究中心）党组书记、院长（主任），十三届省政协常委，研究员、博士生导师。国家“万人计划”青年拔尖人才、文化名家暨“四个一批”人才、国家“万人计划”哲学社会科学领军人才，享受国务院政府特殊津贴专家。曾担任中国社会科学院办公厅副主任、中国社会科学杂志社副总编辑、中国历史研究院副院长和中共永州市委常委、宣传部长，曾挂职担任内蒙古自治区党委宣传部副部长。主要研究领域为马克思主义大众化、中国特色社会主义、公共服务等。出版学术专著多部，在各类报刊发表论文、研究报告多篇，先后主持省部级课题多项，多次获省部级优秀科研成果奖励，曾获中国社会科学院优秀对策信息对策研究类特等奖。代表作为《马克思靠谱》《读懂中国优势》《中国特色社会主义政治价值研究》《社会之霾——当代中国社会风险的逻辑与现实》《公共服务蓝皮书》等，参与编写中组部干部学习教材。

侯喜保　湖南省社会科学院（湖南省人民政府发展研究中心）党组成员、副院长（副主任），在职研究生。历任岳阳市委政研室副主任、市政府研究室副主任、市委政研室主任，湖南省委政研室机关党委专职副书记、党群处处长，宁夏党建研究会专职秘书长（副厅级，挂职），湖南省第十一次党代会代表。主要研究领域为宏观政策、区域发展、产业经济等，先后主持“三大世界级产业集群建设研究”“促进市场主体高质量发展”“数字湖南建设”等重大课题研究，多篇文稿在《求是》《人民日报》《中国党政干部论坛》《红旗文稿》《中国组织人事报》《新湘评论》《湖南日报》等央省级刊物发表。

蔡建河 湖南省社会科学院（湖南省人民政府发展研究中心）二级巡视员。长期从事政策咨询研究工作，主要研究领域为宏观经济、产业经济与区域发展战略等。

摘　要

本书是由湖南省社会科学院（湖南省人民政府发展研究中心）组织编撰的年度性发展报告。本书全面回顾了2022年湖南各项社会事业发展与民生福祉增进情况，分析当前存在的问题与不足，并对2023年湖南省社会发展面临的形势和重点进行研判，提出针对性政策建议。本书包括主题报告、总报告、部门篇、专题篇四个部分。主题报告是湖南省领导关于社会建设和社会治理重大问题的战略思考和重要论述。总报告较为全面地总结了2022年湖南社会发展的总体情况，并对2023年进行了展望。部门篇分别从社会治理、教育、民政、司法、住房保障、卫生健康、应急管理、市场监管、居民收支、信访、乡村振兴、医疗保障、残疾人事业、妇女事业、体育事业等相关各领域进行专项研究，全方面展现湖南社会发展的成就与特点，展望2023年湖南社会建设的发展。专题篇聚焦增进民生福祉和社会治理创新两个专题，选取了大学生就业创业、校园体育、湖湘文化、城市建设、基层社会治理、乡村振兴等湖南社会民生领域的若干重大理论与实践问题，进行深入调查研究，在充分分析研判的基础上，提出最新的思考、观点、结论和针对性建议。

2022年，湖南社会发展呈现难中有进、稳中向好的良好态势。居民人均可支配收入为34036元，较上年增长6.4%，高于经济增速；城镇新增就业73.65万人，城镇调查失业率稳定在5.5%左右，为中部地区最好水平；10件22项重点民生实事全部完成或超额完成年度目标任务，人民群众的获得感、幸福感和安全感不断增强。

2023 年，湖南将立足新的历史起点，锚定“三高四新”美好蓝图，围绕“城镇新增就业 70 万人，城镇调查失业率控制在 5.5%左右，居民收入增长与经济增长基本同步”等年度社会发展目标，持续增进民生福祉，兜牢基本民生底线，不断实现人民对美好生活的向往。

关键词： 社会事业　民生福祉　社会治理创新　社会形势　湖南

Abstract

This book is an annual development report complied by Hunan Academy of Social Sciences (The Development Research Center of the Hunan Provincial People's Government). It systematically reviewed the social development of Hunan in 2022, analyze the current problems and shortcomings, looked forward to the situation faced by Hunan's social development in 2023, and proposed targeted policy suggestion. The book is divided into 4 parts, including Keynote Report, General Report, Department Reports and Special Reports. The keynote report is the strategic thought and important exposition of the leaders of Hunan province on the major issues of social development and governance. The general report reviewed the overall situation of Hunan's development in 2022, analyzed the further situation and developing trend in 2023. The department reports have conducted studies on social governance, judicial work, education, civil affairs, residents' income and expense, housing security, medical security, contingency management, market supervision, work of letters and calls, disabled people's career, female entrepreneurship and physical culture, etc, which reveal the characteristics and restricting factors of social development of Hunan, put forward the developing of Hunan's social development in 2023. The special reports are written by scholars who focus on improving people's livelihood and social governance innovation, selected several influential areas to do prospective and applied research, such as college students' employment and entrepreneurship, campus sports, Culture of Hunan, urban construction, grass-roots social governance, rural revitalization, etc. These reports are conducted through in-depth investigation and research, based on thorough analysis and judgment, offered the latest opinions, proposed targeted suggestions and provided decision-making reference to promote social development in Hunan.

In 2022, Hunan's social development showed a good trend of progress in difficulties and improvement in stability. The per capita disposable income of all residents was 34036 yuan, an increase of 6.4% compared to the previous year, higher than the economic growth rate; 736000 new urban jobs were created, and the urban unemployment rate remained stable at around 5.5%, which is the best level in the central region; all 22 key livelihood projects have been completed or exceeded the annual target tasks, and the people's sense of happiness and security has been continuously enhanced.

In 2023, Hunan will take a new historical starting point and anchor the beautiful blueprint of "Three Highlands and Four New Missions", and focus on annual social development goals such as "700000 new urban jobs added, urban survey unemployment rate controlled at around 5.5%, and residents' income growth basically synchronized with economic growth". Hunan will continue to improve people's well-being, secure the basic bottom line of people's livelihood, and continuously realize the people's aspirations for a better life.

Keywords: Social Undertakings; People's Livelihood Security; Social Governance; Social Situation; Hunan

目　录

I　主题报告

II　总报告

III　部门篇

Ⅳ 专题篇

增进民生福祉

社会治理创新

皮书数据库阅读使用指南

CONTENTS

I Keynote Report

II General Report

Ⅲ Department Reports

Ⅳ Special Reports

Improve People's Livelihood

主题报告

Keynote Report

B.1

创建高水平安全　护航高质量发展为建设社会主义现代化新湖南贡献公安力量

——2022 年湖南公安工作情况及 2023 年展望

王一鸥*

2022 年，湖南省公安机关坚持以习近平新时代中国特色社会主义思想为指导，全面贯彻落实党的二十大精神，贯彻落实中央政法工作会议、全国公安厅局长会议、省委第十二届三次全会、省委政法工作会议精神，紧紧围绕党的二十大安保维稳工作主线，全力以赴防风险、保安全、护稳定，打赢了系列重大活动安保维稳硬仗，全省社会大局持续稳定，实现了刑事案件、命案、治安案件、交通事故“四下降”，牢牢守住了“五个不发生”的工作底线。扫黑除恶、禁毒、缉枪治爆、反电诈、“利剑护蕾”、道路交通事故

* 王一鸥，湖南省副省长、省公安厅厅长。

预防等多项工作得到公安部和湖南省委、省政府的通报表扬。人民群众对社会治安和公安队伍建设的评价分别达到95分、91.53分，再创历史新高。

一是圆满完成党的二十大安保维稳任务。把做好党的二十大安保维稳作为贯穿全年工作的主线，坚持以最高标准、最严要求、最实举措，投入全部资源，坚决打赢“六大战役”，全面强化“六项保障”，统筹推进60项重点工作，圆满实现了“五个不发生”的工作目标，湖南省公安厅被公安部记为“集体一等功”，是近年来安保维稳工作中成绩最好、效果最佳、评价最高的一次。

二是捍卫政治安全凸显新担当。深入推进政治保卫“七大体系”建设，严厉打击分裂渗透颠覆活动。推动落实《中华人民共和国反恐怖主义法》，深化严打暴恐专项行动，推进反恐重点目标达标建设，实现暴恐案件“零发生”。组织开展“净网”“护网”专项行动，确保网络空间清朗。统筹推进安保警卫和社会面整体防控，圆满完成习近平总书记专列过境等重大警卫任务。

三是维护社会稳定展现新作为。健全完善“情指行”一体化实战化机制，全力做好20个重要节点安保维稳工作[①]。配合做好经济金融领域风险防范化解，严密监测列管涉众型经济金融风险主体，稳妥处置“盛大金禧”“爆雷”风险，跨国成功抓捕主犯。侦破各类非法集资案件267起，追赃挽损7.12亿元，养老领域非法集资风险主体处置化解工作全国领先。出台《全省公安机关信访风险防范工作实施办法》，深入开展公安信访突出问题专项攻坚，部、省两级交办信访案件全部化解到位。

四是打击违法犯罪赢得新胜利。毫不动摇地坚持依法严打方针，全年刑事案件破案率40.98%，同比上升5.64个百分点；刑事、治安案件发案同比分别下降6.12%、20.84%，现行命案100%全破，“八类恶性案件”破案率达98.8%，创历史新高。常态化开展扫黑除恶斗争，部署开展“断卡”“断流”“拔钉”等专项行动，推进新一轮禁毒人民战争，深入开展打击整治养

① 本报告数据均来源于湖南省公安厅。

老诈骗专项行动，强力推进“利剑护蕾”行动，常态化推进拐卖积案攻坚，战果均排名全国前列。

五是保障公共安全取得新成效。深入开展交通问题顽瘴痼疾集中整治，累计排查整改重点隐患 3.7 万起。2022 年全省道路交通亡人事故数、死亡人数同比分别下降 23.96%、24.49%，事故预防“减量控大”工作综合排名全国第一。加强大型活动安全管理，圆满完成首届湖南旅游发展大会等 291 场大型活动安保任务。积极参与望城“4・29”自建房倒塌事故救援、防汛救灾、森林火灾扑救等应急处置工作，有力保障了人民群众生命财产安全。

六是服务经济社会发展迈出新步伐。坚决落实统筹疫情防控和经济社会发展要求，全力配合做好流调溯源、人员管控、秩序维护和口岸边境管控等工作，梳理分析涉湘疫情数据 1.1 亿条。出台《服务经济社会发展“十五条”举措》，深入开展“走基层、解难题、优服务”活动和“六个一”联企护企行动，设置园区警务室 729 个，配备项目警官 3713 名，为企业纾困解难 2.9 万余次。大力推行“互联网+政务服务”，积极推进 78 项公安交管“放管服”改革措施落地，湖南公安服务平台用户突破 3000 万，办件满意率达 99.9%。

七是法治公安建设实现新突破。深化执法监督管理机制改革，健全“统一领导、法制牵头、警种主责、协同联动”执法大监督机制，推动执法政治督察等 8 项制度全面落地。深入开展执法办案管理中心建设攻坚，147 个执法办案管理中心和 316 个执法办案区建设改造如期完成并投入使用。常态化开展执法突出问题防范治理，创新推动“湖南公安智慧法治”体系建设，实现对执法办案全量管理、全风险覆盖、全流程监督。

八是基层基础工作迈上新台阶。出台《湖南省“十四五”公安发展规划实施意见》，大力实施派出所建设三年行动和“一所队一警车”计划。推进公安大数据中心、“天网工程”“雪亮工程”建设应用和二代证指纹补采专项行动，整合数据资源 1975 类 1893 亿余条，总算力提升 7.8 倍；采集汇聚指纹信息 6220 万条，声纹、虹膜采集总量均居全国前列。

九是公安队伍建设呈现新气象。持之以恒抓好政治建警“1+11”意见规定的贯彻执行，巩固深化队伍教育整顿成果，坚决肃清孙力军政治团伙流毒影响。在省直单位首创开展“四强”党支部创评活动，持续提升基层党组织政治功能和组织功能。组织开展“最美湘警”等典型宣传，省厅带头落实走访慰问、心理咨询、健康体检等暖警措施，创新实施干部队伍政治建设考察，树立正确选人用人导向，队伍士气空前高涨、违纪违法大幅下降，全省 429 个集体、7923 人次获记功嘉奖。

当前，全省社会大局总体稳定，特别是党的二十大胜利召开，极大地激发了全党全国各族人民为全面建设社会主义现代化国家而团结奋斗的豪情壮志，做好新时代公安工作、维护安全稳定具有诸多有利条件。但世界百年未有之大变局加速演进，政治、经济、民生等各领域风险因素叠加共振，维稳治安形势仍然严峻复杂。

2023 年是贯彻党的二十大精神、全面建设社会主义现代化国家开局起步的关键一年，做好公安工作意义重大。全省公安机关将坚持以习近平新时代中国特色社会主义思想为指导，全面贯彻落实党的二十大精神，深入贯彻习近平法治思想特别是习近平总书记关于新时代公安工作的重要论述，坚定捍卫“两个确立”、坚决做到“两个维护”，弘扬伟大建党精神，坚持总体国家安全观，坚持以人民为中心，坚持稳中求进工作总基调，牢牢把握“对党忠诚、服务人民、执法公正、纪律严明”总要求，扎实开展学习贯彻习近平新时代中国特色社会主义思想主题教育，坚持政治建警、改革强警、科技兴警、从严治警、从优待警，全力强化“五个担当”，健全完善“五大支撑”，积极构建新安全格局，加快推进公安工作现代化，着力锻造“四个铁一般”的公安铁军，为打好发展“六仗”、全面建设社会主义现代化新湖南创造安全稳定的政治社会环境。

一　强化“五个担当”，扛牢新时代公安工作职责使命

牢牢把握安全稳定在党和国家事业发展中的重要地位，推动完善党委领导的新安全格局，健全社会治理体系，全力防风险、保安全、护稳定，努力实现“五个不发生、三个确保”的工作目标。

（一）全力担当捍卫政治安全职责

坚持把维护国家政治安全放在首位，严密防范、严厉打击渗透颠覆捣乱破坏活动，坚决捍卫国家政权安全、制度安全、意识形态安全，坚决维护习近平总书记和党中央的安全、形象和权威。持续推进严打暴恐专项行动，深入开展涉恐隐患排查，坚决守住不发生暴恐案事件的底线。加强意识形态重点阵地管控，深化“净网”“清网”“护网”行动，落实“三同步”要求，严防发生重大涉警负面舆情。

（二）全力担当维护社会稳定职责

坚持和发展新时代“枫桥经验”，结合“百万警进千万家”活动，滚动排查各类矛盾隐患，有效防范矛盾纠纷转化激化。密切关注经济、金融、房地产等重点领域，扎实推进“防风林”工程，严防风险传导扩散。严格落实领导干部接访阅信包案、“接诉即办”等制度，深化公安信访问题源头治理，推进信访积案攻坚化解，切实解决群众合理诉求。

（三）全力担当维护社会治安职责

坚持依法严打方针，重拳整治盗窃、诈骗、赌博等群众反映强烈的治安问题，快侦快破命案、性侵未成年人等恶性刑事案件，切实增强群众安全感。常态开展扫黑除恶斗争，严厉打击涉网黑恶犯罪，深化重点行业领域整治，坚决铲除黑恶势力滋生土壤。强力整治涉电诈突出问题，开展大要案攻坚和集群战役，坚决遏制电信网络诈骗犯罪高发态势。推进新一轮禁毒人民战争，攻坚整治突出毒品犯罪问题。完善立体化信息化社会治安防控体系，做实派出所防控警务，落实公安武警联勤武装巡逻和“1、3、5”快反机制，充分发动保卫干部、专职保安员参与群防群治，加强重点部位和人员密集场所巡逻防控，加强个人极端、严重精神障碍患者、刑满释放等重点人员动态管控，切实增强社会治安掌控力。

（四）全力担当保障公共安全职责

开展新一轮交通问题顽瘴痼疾集中整治三年行动，深化“一盔一带”安全守护行动，强化“道安监管云”实战应用，坚决杜绝重特大交通事故、遏制较大交通事故、减少一般事故。严密枪支、危爆等重点物品“产销储运用”等全链条监管，重点关注寄递物流安全，确保不打响、不炸响、不流失。强化大型群众性活动安全保卫，加强铁路、民航、地铁、公交安全防范和新技术新业态安全监管，严密落实监所安全管理制度。统筹做好疫情防控新阶段打击犯罪、维护稳定等工作，积极配合公共安全、自然灾害等隐患排查和事故救援。

（五）全力担当服务经济发展职责

全力服务打好发展“六仗”，聚焦“一带一路”、长江中游城市群、“强省会”等战略部署，研究出台更多促进区域发展、产业升级、项目建设的政策措施。围绕出口贸易、外资利用、引才引智等重点，推出系列服务外向型经济发展的务实举措。严厉打击生产销售假冒伪劣产品、侵犯知识产权、扰乱市场秩序等违法犯罪活动，依法平等保护各类市场主体合法权益。审慎办理涉企案件，严禁超权限、超范围、超数额、超时限查封、扣押、冻结财产。狠抓服务经济社会发展“十五条”举措落实，围绕“五好”园区建设，扎实开展联企护企行动，健全重点项目联系机制；优化升级湖南公安服务平台，研究推出更多便民利企新举措，推动更多事项实现“一窗通办”“一网通办”。

二　健全“五大支撑”，推进公安工作高质量发展

瞄准公安工作现代化目标，坚定不移走改革强警、科技兴警之路，着力健全完善“五大支撑”保障体系，推动新时代公安工作高质量发展，努力实现“六个明显进步”的工作目标。

（一）健全完善符合实战要求的机构职能体系

按照“省级主责、市县主战、派出所主防”的思路，进一步明晰职能定位、理顺层级关系、完善权责清单，加快构建职能科学、事权清晰、指挥顺畅、运行高效的公安机关职能体系。细化职责内容，明确职责边界，压实市县两级公安机关“实战主体”职责，强化“派出所主防”理念，坚持机关服务基层，形成自上而下的高效组织体系。突出扁平化、实战化、合成化，优化职能配置、完善制度机制、整合力量资源，稳步推进大部门大警种制改革，实现警务效能最大化。

（二）健全完善精准防控风险的警务运行体系

以“情指行”一体化运行机制为牵引，进一步整合资源手段、融合警务数据、优化警务流程，着力打造风险防控全面精准、决策指挥高效顺畅、警务数据融合共享、警种优势合成作战、网上网下同步应对的新型警务运行体系。压实行业部门责任，建立大安全大应急框架，推进问题联治、工作联动、平安联创。积极开展跨国跨省交流培训，密切与边境省份的沟通联系，深化打击跨境犯罪、网络安全、追逃追赃等领域的警务合作。加强海外安全保障能力建设，健全湘籍企业人员海外利益保护机制，配合外事部门做好境外案事件处置。

（三）健全完善规范权力运行的执法监管体系

聚焦网络治理、打击新型违法犯罪、新业态安全监管等领域，研究出台执法标准、细则和实战指引。健全执法监管委员会、指定监居适用、轻刑快办等执法制度，提升执法精细化、标准化水平。全面启动执法办案管理中心提质增效攻坚年行动，完善管理运行机制、延伸执法办案链条、加强专业服务保障。统筹推进执法监督管理机制和执法责任体系改革，常态开展案件评查，及时发现、预警、整改执法突出问题。

（四）健全完善深度融合应用的科技赋能体系

深入实施科技兴警三年行动计划，全面助推公安工作质量变革、效率变革、动力变革。建好用好科学技术研究院和信息化工作专家咨询委员会，推进公安大数据中心、大数据平台、智慧公安大门户“三大工程”建设，统筹公安内外数据资源融合共享。积极借助科研院所、高校、企业等力量，研发更多实战实用的分析模型，提升精准打防管控能力。

（五）健全完善精细预防管理的基层警务体系

坚持大抓基层、大抓基础，完善基层警务运行机制，不断增强基层实力、激发基层活力、提升基层战斗力。组织实施新一轮加强派出所工作三年行动计划，大力推进派出所“两队一室”改革。研究出台关于规范公安机关及派出所办案职责的指导意见，鼓励省、市两级公安机关带头办案，将派出所工作重心转移到管理防范工作上来。推进城区“一区一警两辅”、农村“一村一辅警”全覆盖，推动派出所所长、社区民警进街道（乡镇）、社区（村）班子。深入贯彻国办关于推动12345热线与110报警服务台高效对接联动的意见，加快推进非警务警情联动分流。

三　坚持全面从严管党治警，着力锻造高素质过硬公安队伍

公安队伍是党绝对领导下的纪律部队，必须时刻保持“赶考”的清醒和坚定，牢牢抓住队伍建设这个根本，深入实施铸魂育警、作风砺警、人才兴警、暖心惠警“四大工程”，着力锻造“四个铁一般”的高素质过硬公安队伍。

（一）深入实施“铸魂育警”工程

全面贯彻落实党的二十大精神，扎实开展学习贯彻习近平新时代中国特

色社会主义思想主题教育，按照党中央和省委的决策部署，在全省公安机关大兴调查研究，运用党的创新理论研究新情况、解决新问题，完善落实习近平总书记重要指示批示精神和党中央决策部署督办落实机制，严守党的政治纪律和政治规矩，坚决彻底肃清孙力军政治团伙流毒影响，坚决同一切违背和损害“两个维护”的言行做斗争。深入贯彻《中国共产党政法工作条例》和《中共中央关于加强新时代公安工作的意见》，持之以恒抓好政治建警“1+11”意见规定的贯彻落实。深化“四强”党支部创建，推进党支部标准化规范化建设，切实把党的领导落实到公安工作的各方面全过程。

（二）深入实施“作风砺警”工程

坚持惩治、整改、治理结合，监督、办案、警示贯通，紧盯“关键少数”和重点领域、重点岗位，加大线索核查和监督执纪力度，以“永远吹冲锋号”的政治自觉一体推进“三不腐”，最大限度地预防和减少违纪违法问题发生。严格落实中央“八项规定”精神，持之以恒正风肃纪，严格执行严禁违规宴请饮酒“六项规定”等铁规禁令，强力整治“文山会海”等形式主义、官僚主义顽疾，切实抓好违规吃喝、违规收送红包礼金以及“枪车酒赌毒密网”等纪律作风问题整治，着力营造风清气正的警营政治生态。

（三）深入实施“人才兴警”工程

全面实施“湘警英才”计划，完善人才引进、培养、使用全链条发展机制，完善激励保障制度，为人才成长营造良好环境。制定出台《湖南省公安厅人才发展规划（2022-2025）》，着力培养一批公安专业领军人才和创新团队。坚持“请进来”与“走出去”相结合，加强警务培训交流，推进全警实战练兵常态化，确保随时拉得出、冲得上、打得赢。坚持党管干部原则，加大干部轮岗交流和年轻干部培养选拔力度，严格落实《推进领导干部能上能下规定》，推动形成能者上、优者奖、庸者下、劣者汰的用人导向。

（四）深入实施“暖心惠警”工程

坚持严管厚爱结合、激励约束并重，用心用情用力做好暖警惠警工作，千方百计帮助民警家庭解决就医就业就学等“急难愁盼”问题，努力让民警安身、安心、安业。加强一线民辅警勤务保障和安全防护，注重科学用警，关注民警身心健康，保障合理休息时间，确保队伍始终保持旺盛斗志和持久战斗力。健全民警执法权益保护机制和依法履职免责制度，依法严肃处理袭警、辱警等行为。大力弘扬公安英模精神，加强典型选树和宣传引导，着力激发全警铸忠诚、守初心、担使命的奋进动力。

路虽远，行则将至；事虽难，做则必成。全省公安机关将不忘初心、牢记使命，始终沿着习近平总书记指引的方向勇毅前行，以愚公移山的精神、滴水穿石的韧劲，推动新时代公安工作取得新进步、彰显新担当，努力为全面建设社会主义现代化新湖南做出新的更大贡献！

总 报 告

General Report

B.2

2022年湖南社会发展形势分析和2023年展望

湖南省社会科学院（湖南省人民政府发展研究中心）课题组*

摘　要： 2022 年，湖南坚持以习近平新时代中国特色社会主义思想为指导，认真贯彻党中央“疫情要防住、经济要稳住、发展要安全”的明确要求，着力围绕实现“三高四新”美好蓝图，高效统筹疫情防控和经济社会发展，社会民生事业取得新进步。2023 年，湖南社会发展应坚持人民至上，在就业、教育、医疗、社会保障等群众重点关切的领域加强创新突破，用心用情将十大重点民生实事办好，不断提升社会治理能力与水平，不断满足人民群众对美好生活的需要。

关键词： 社会发展　民生福祉　社会治理　社会事业　湖南

* 课题组组长：钟君，湖南省社会科学院（湖南省人民政府发展研究中心）党组书记、院长（主任）。副组长：侯喜保，湖南省社会科学院（湖南省人民政府发展研究中心）党组成员、副院长（副主任）。课题组成员：郑劲、文必正、彭丽、黄晶。

2022 年是党和国家历史上极为重要的一年，也是湖南发展极不平凡的一年。面对风高浪急的国际环境和艰巨繁重的国内改革发展稳定任务，以及多重超预期因素的冲击，全省上下始终坚持以习近平新时代中国特色社会主义思想为指导，坚定贯彻党中央“疫情要防住、经济要稳住、发展要安全”的明确要求，着力围绕实现“三高四新”美好蓝图，高效统筹疫情防控和经济社会发展，不断增进民生福祉，各项社会事业取得新突破，交出了一份合格的、来之不易的好答卷。

一 2022年湖南社会发展总体情况

2022 年，湖南社会发展呈现难中有进、稳中向好的良好态势。居民人均可支配收入为 34036 元，较上年增长 6.4%，高于经济增速；粮食总产达 603.6 亿斤，连续三年保持总产 600 亿斤以上；城镇新增就业 73.65 万人，城镇调查失业率稳定在 5.5%左右，为中部地区最好水平；增加公办义务教育学位 44 万个，本科录取人数增加 2.9 万人，5 所高校 15 个学科进入国家第二轮“双一流”建设序列；10 件 22 项重点民生实事全部完成或超额完成年度目标任务，人民群众的获得感、幸福感、安全感不断增强。

1. 就业主要指标运行平稳，就业局势保持基本稳定

就业基本盘总体稳定。2022 年，受疫情反复冲击影响，中小企业经营困难增多，重点群体就业难度加大，稳就业面临的挑战比较大，湖南省出台了一系列强有力的措施稳定就业，守住了不发生规模性失业的底线。全省全年城镇新增就业人员 73.65 万人，超额完成年度目标任务；四个季度城镇调查失业率分别为 5.6%、5.5%、5.5%、5.5%，全年城镇调查失业率平均值为 5.5%，为中部六省最低。

重点群体就业平稳。2022 年，湖南省普通高校共有毕业生 47.99 万人，人数增量、增幅均创新高，已落实毕业去向 42.24 万人，毕业去向落实率为 88.02%，与上年基本持平，连续 10 年高于全国平均水平，位列全国第一方阵。省内转移就业农村劳动力 635.69 万人，同比增长 18.74 万人；失业人

员再就业 44.09 万人，就业困难人员再就业 11.5 万人。

就业创业服务成效明显。深入开展“创响三湘”“稳企业保就业”等专项行动，强化全方位公共就业服务，全省共减征社保费 46.31 亿元，其中失业保险 33.06 亿元、工伤保险 13.25 亿元；发放失业保险稳岗返还资金 12.68 亿元，惠及 12.43 万家企业；为 4833 家企业累计缓缴三项社保费 25.9 亿元。推动长株潭三市与 51 个脱贫县深化协作，建成帮扶车间、基地等就业载体 7841 个，吸纳 10.24 万名脱贫劳动力家门口就业。支持建设和认定“湖南铸造工匠”“电力湘军”等劳务品牌 35 个，带动从业 130 万人，产生经济效益近 3000 亿元。全省新发放创业担保贷款 44.56 亿元，扶持创业超 1.35 万人，新增带动就业近 9.74 万人。全省开展职业技能培训 68 万人次，其中农村转移就业劳动者补贴性职业培训 35.58 万人次。“促创业、保用工、强服务，用心用情做实家门口就业”被国务院第九次大督查列为典型经验做法，湖南省政府在全国稳就业工作会上作典型发言，相关经验被央视推介。

2. 民生保障水平稳步提高，民生福祉达到新水平

民生投入充分保障。2022 年，湖南省一般公共预算支出突破 9000 亿元关口，达到 9005.3 亿元，增长 8.2%。其中，教育支出 1502.5 亿元，增长 9.4%；科学技术支出 279.9 亿元，增长 28.8%；社会保障和就业支出 1442 亿元，增长 9.9%；卫生健康支出 821.8 亿元，增长 11.1%；农林水支出 998.9 亿元，增长 6.4%；交通运输支出 416.9 亿元，增长 35.1%，重点支出都得到了较好保障。

居民收入快速增长。2022 年，湖南居民人均可支配收入为 34036 元，较上年增长 6.4%，增速居全国第 3 位、中部六省第 2 位。其中，城镇居民人均可支配收入 47301 元，较上年增长 5.4%；农村居民人均可支配收入 19546 元，较上年增长 6.8%。农村居民收入增速比城镇快 1.4 个百分点，城乡收入比为 2.42（以农村居民收入为 1），较上年减少 0.03，城乡居民收入相对差距继续缩小。

社保覆盖面再扩大。2022 年湖南省城乡居民基本养老保险参保人数

3241. 5 万人，城镇职工基本养老保险参保人数 1892. 9 万人，增长 2. 3%。全省基本医疗保险参保人数 6523. 2 万人，其中，城乡居民基本医疗保险参保人数 5470. 5 万人，城镇职工基本医疗保险参保人数 1052. 7 万人，医保参保覆盖率为 98. 51%。失业保险参保人数 723. 9 万人，增长 5. 3%，年末领取失业保险职工人数 14. 8 万人；工伤保险参保职工人数 894. 3 万人；生育保险参保职工人数 723. 6 万人。

兜底保障更加温暖。全省城乡低保平均标准分别达到 619 元/月和 5593 元/年，月人均救助 421 元和 271 元；困难残疾人生活补贴和重度残疾人护理补贴平均每人每月 85. 6 元和 79. 3 元，均超过省定最低指导标准；全年为困难群众发放物价补贴 643. 95 万人次，发放资金 1. 38 亿元，为低保和特困人员发放一次性补贴 46542. 2 万元，惠及困难群众 214. 08 万人。全年开展临时救助 55. 85 万人次，因疫救助 10685 人次，因灾救助 4. 75 万人次，流浪救助 6. 8 万人次，救助管理机构实现“三个清零”。实施特殊困难老年人家庭居家适老化改造 20051 户，新增养老机构护理型床位 5000 张，城乡社区居家养老设施覆盖率分别达到 96. 9% 和 65. 7%。孤儿及事实无人抚养儿童散居和集中养育基本生活标准每人每月达到 1006 元和 1447 元，举办各类关爱保护活动 6 万多场，链接社会资源 1. 3 亿元，关爱农村留守和困境儿童 39 万人次。

住房保障能力持续增强。2022 年全年完成棚改 2. 5 万户、保障性租赁住房 4. 58 万套、公租房 6202 套，改造农村危房 1. 72 万户，全省争取住房类专项资金 38. 09 亿元，老旧小区和农村危房改造资金量分别居全国第 2、第 6 位。全省共排查居民自建房 1445 万栋，完成评估鉴定 83 万栋，经营性居民自建房评估鉴定实现全覆盖，及时有效消除了一大批重大安全风险隐患。全省乡村教师住房保障工作获住建部、教育部肯定并推介。湘潭市城镇老旧小区改造、棚户区改造和发展保障性租赁住房工作获国务院真抓实干表彰激励。

重点民生实事圆满完成。筹资 509. 51 亿元推进重点民生实事工作，全省 10 件 22 项重点民生实事全部完成或超额完成，人民群众的获得感、幸福感、安全感不断增强。

表1　2022年湖南省十大重点民生实事

实事内容	完成情况
增加公办义务教育学位	新增公办义务教育学位44.06万个，完成年度目标任务的117.1%
职业教育楚怡行动	14所楚怡公办中职学校全部启动改扩建
特殊群体健康保障	对33.93万孕产妇和33.35万新生儿开展产前和先天性心脏病免费筛查；为农村适龄妇女及城镇低保适龄妇女"两癌"免费检查103.26万人；122个县市区和省本级1010家医疗机构实现普通门诊医疗费用跨省直接结算，14个统筹区458家医疗机构实现5个门诊慢特病治疗费用跨省直接结算。均完成年度目标任务
城乡低保和残疾人"两项补贴"提标	城市低保、农村低保人均标准分别达619元/月、5593元/年；困难残疾人生活补贴、重度残疾人护理补贴人均标准分别达85.6元/月、79.3元/月。全省各县市区城乡低保和残疾人"两项补贴"提标均已达到或超过年度目标
老年人服务保障	完成20051户困难老年人家庭适老化改造，养老机构新增5000张护理型床位，均完成年度目标任务
城镇老旧小区改造	全省开工改造1500个城镇老旧小区
中小学安防设施建设	建设联网中小学幼儿园周边等重点部位安防设备10.35万个，完成年度目标任务103.5%
农村饮用水水源地突出环境问题整治	1000个农村千人以上集中饮用水水源地突出环境问题得到整治
农村"三路"建设	提质改造农村旅游路、资源路、产业路6995.65公里，建设农村公路安防设施8031.65公里
农村水源保障及灌溉能力提升	新增蓄水能力4794.53万立方米，恢复和改善灌溉面积70万亩

资料来源：根据公开资料整理。

3. 各级各类教育有序发展，教育事业取得新进展

各级各类教育有序发展。2022年，全省公共财政教育支出1502.5亿元，增长9.4%，高出全国3.9个百分点。湖南省共有各级各类学校2.77万所（不含教学点），在校学生1469.32万人，较上年增长7.92万人。其中，高等教育、普通高中、初中在校学生人数持续增长，普通小学在校人数较上年下降1.3%。在园幼儿216万人，较上年下降5.8%。教职员工108.4万

人，其中专任教师87.07万人，较上年增加1.84万人。

教育民生有效改善。学前普惠资源供给持续增加，普惠园覆盖率达89.55%，公办园在园幼儿占比升至55.2%，超出国家规定的目标任务5个多百分点，乡镇公办园全覆盖已实现。义务教育优质均衡发展加快推动。增加公办义务教育学位44万个，民办学生占比降至4.24%，一年可减少老百姓学费负担60亿元。完成419所乡镇标准化寄宿制学校建设，提质改造1100余所乡村小规模学校。“双减”工作取得阶段性成效，校内作业管控和课后服务实现全覆盖，线上线下学科类培训机构压减率分别达100%和83%，在全国率先将非学科类培训全面纳入监管。根据省内8万个样本的调研测算，每年可节省老百姓开支共448亿元。优质高等教育资源供给明显增加。2022年，本科录取人数较上年增加2.86万人，增幅居全国首位，其中“双一流”高校在湘录取增加近4000人；11所本科大学新增床位约2.5万个，确保了新增学生住宿需求。职业教育“楚怡”行动启动实施，14所中职学校改扩建项目全面开工。

教育服务效能持续提升。5所高校15个学科入选全国新一轮“双一流”建设序列，新增3个学科；第五轮国家学科评估湖南获评A类学科大幅增加；获批国家一流本科专业建设点184个、一流本科课程158门。教育部认定湖南高校2个省部共建协同创新中心，全省认定15所高校为首批科技成果转化与技术转移基地。教育改革不断深化。教育评价改革试点省建设稳步推进，新高考政策办法进一步完善。教育数字化转型加快，成功获批国家智慧教育平台整省试点。

4. 疫情防控始终有力有效，卫生健康事业持续稳健发展

疫情防控始终有力有效。动态清零阶段，坚持以快制快，成功处置多地多轮疫情；健全“平急结合”方案，疫情保持在全国较低水平。“乙类乙管”转段阶段，全力保健康、防重症，平稳度过感染、门急诊、住院、重症高峰，确保社会秩序稳定，得到国务院联防联控机制工作组高度肯定。2022年累计派出24批次5602人次医疗队员，支援全国10个省（自治区）的疫情防控。

医疗卫生服务水平持续提升。基层医疗服务不断加强。2022 年末，全省社区卫生服务中心（站）987 个，较上年增加 17 个；诊所、卫生所、医务室 12726 个，较上年增长 4.3%；乡镇卫生院拥有床位 10.9 万张，同比增长 2.6%。县级医院“强边、强基、强链”计划已实施，28 家县级综合医院达到三级医院水平。基层本土化人才、全科医生培养力度不断加强，培训基层医疗卫生机构相关人员 16 万余人次。公共卫生服务持续优化。湖南省综合成绩在国家基本公共卫生服务绩效评价中仍稳居中部省份第一，全国排名由上年的第 5 升至第 3。“互联网+医疗健康”加快发展，169 家医疗机构开通互联网诊疗服务，138 家医疗机构开展“互联网+护理服务”。深化医改稳中有进。公立医院高质量发展示范性医院和卓越服务示范医院建设全面启动。三级公立医院门诊满意度位居全国第 2、住院患者满意度位居全国第 6。

健康湖南建设步伐加快。爱国卫生运动深入开展。创建国家卫生城市 11 个、国家卫生县（市）42 个。居民健康素养不断提升。新建省级健康县区 11 个。全省居民健康素养水平达 27.47%，较上年提高了 3.42 个百分点。重点群体健康服务持续强化。“一老一小”服务体系不断完善。45 个社区获评全国示范性老年友好型社区，90%以上二级及以上公立综合性医院设立老年医学科。“新生儿出生一件事一次办”系统成功上线，实现《出生医学证明》电子证照全覆盖。5 岁以下儿童死亡率、婴儿死亡率和新生儿死亡率均优于全国平均水平。农民工尘肺病救治救助工作持续推进，救治救助 2.67 万人次。进一步健全完善生育支持和配套措施。出台《关于优化生育政策促进人口长期均衡发展的实施方案》，积极组织实施三孩生育政策。

5. 脱贫攻坚成果持续巩固拓展，乡村振兴全面推进

脱贫攻坚成果持续巩固拓展。2022 年，湖南持续巩固拓展脱贫攻坚成果，守住了不发生规模性返贫的底线。防返贫监测帮扶机制进一步健全，实效进一步提升。2022 年，全省累计识别监测对象 17.5 万户 44.7 万人，已消除风险 8.5 万户 21.3 万人，将 114 万脱贫人口和监测对象纳入兜底保障。防返贫监测年人均纯收入基准线由 6500 元提高至 6900 元，认定时间由 30 天缩短至 15 天以内，户均帮扶措施由年初的 2.4 条提高到 3.8 条，完成 17243

户农村危房改造。全省高质量脱贫户、稳定脱贫户、重点监测户、兜底保障户人均纯收入分别增长9.6%、22.6%、26.7%、22.4%。

脱贫地区发展动力不断增强。设立总规模达30亿元的省乡村振兴产业投资基金，下达51个脱贫县的中央、省财政衔接资金用于产业发展占比达57.96%，投入4.2亿元支持14个市州建设巩固脱贫成果示范园。脱贫地区三产融合发展加速，“两品一标”农产品共1588个，市级以上龙头企业增至1426家，农民合作社、家庭农场达7.88万家。帮扶项目利益联结机制进一步健全，共识别有产业发展能力和意愿脱贫户73.88万户，全面落实帮扶措施。

乡村振兴全面推进。乡村建设扎实推进，农村人居环境有效改善。完成600个行政村生活污水治理、70条纳入国控清单黑臭水体整治、110座乡镇垃圾中转站建设，完成户厕改造42万余座。重点打造30个省级美丽乡村示范创建村，其中脱贫地区占比超过43%。乡村善治水平不断提升，深入推进“抓党建促乡村振兴”，加强农村基层组织建设，整顿软弱涣散村党组织637个。全省所有行政村均制定村规民约，全面推广清单制、积分制、数字化、屋场会等模式，10个案例入选国家乡村治理典型案例。

二　当前湖南社会发展面临的挑战与存在的主要问题

1.就业形势依然严峻

一是从面临的环境看，三年疫情和经济下行对就业造成了双重冲击，一方面影响了部分行业和企业的生产经营，导致裁员或降薪；另一方面也影响了就业者的心理状态和消费信心，导致消费需求不旺。二是从结构看，供需匹配矛盾日益突出，招工难与就业难“两难”并存。一方面，企业招工难问题突出，服务员、生产操作工等一线普工常年短缺；另一方面，部分劳动者知识技能不能适应现代产业发展变化，求职和就业难度加大。三是从重点群体看，青年、大龄劳动者等重点群体就业面临难题。湖南省2023届高校毕业生约为50.4万人，增量增幅均创新高，再加上留学回国人员和往届未就业毕业生，青年就业总量压力持续加大。

2. 社会保障面临新挑战

一是从城镇化看，湖南省城镇化快速推进，农村劳动力大规模向城镇非农产业转移就业，这对社会保障制度如何适应人口向城镇流动提出新的要求，迫切需要统筹考虑城乡养老保险制度的发展和衔接。二是从人口老龄化看，湖南省人口老龄化呈现速度加快、规模庞大等特征。2022 年湖南省 60 岁及以上人口 1376 万人，占总人口的 20.84%，比上年提高 1.05 个百分点；其中 65 岁及以上人口占比为 16.13%，达到 1065 万人。老龄化问题加剧，对养老保障和医疗体系提出了挑战。三是从就业方式看，以“单位”为主体的社会保障体系不能适应日益分散化、流动性强的就业格局，出现了“漏保”“脱保”“断保”等现象，需要加快探索完善适应灵活就业特别是新就业形态从业人员的社会保障措施。

3. 教育发展不充分、不平衡

一是教育发展不充分。湖南教育发展整体水平与先进省份相比、与教育强省的目标要求相比仍有较大差距。优质教育资源的供给与人民群众的强烈需求存在较大差距。二是教育布局规划面临新考验。一方面，地区间、城乡间、校际办学水平相差较大，“城市挤、乡村弱”的老问题依然存在。另一方面，自 2021 年起，湖南在园幼儿、在校小学生人数连续两年“双下降”。根据 2017 年至 2022 年湖南出生人口数据，未来学前教育、小学阶段入学学生将明显持续减少，这对教育布局规划和均衡发展提出了新考验，需提前研判谋划。三是教育的支撑服务能力有待提升。教育链与人才链、产业链、创新链的衔接融合有待进一步深化。

4. 卫生健康服务有待加强

一是优质医疗资源供给不足。优质资源总量较少且分布不均，基层医疗卫生服务不强，“大城市大医院患者拥挤”现象未得到扭转，基层医疗卫生机构专业人才“招不来、留不住”现象改观不大。二是“一老一小”问题仍需重视。2022 年末，湖南 60 岁及以上人口占比增至 20.84%，同时全省出生人口较上年减少 6.1 万人，出生率降至 6.23‰，低于全国平均水平

0.54 个千分点，比上年下降 0.9 个千分点。老年人健康支撑体系有待加快健全，生育支持政策和配套措施仍需进一步完善。

5. 社会治理压力不减

一是转型变革带来的挑战增大。当前经济运行进入超复杂状态，社会治理面临高风险挑战，多元化的利益诉求对公共服务提出更高要求，多元化的社会组织形态使社会管理难度增加，多元化的社会思潮和文化结构影响着社会治理效能。改革发展稳定任务之重、矛盾风险挑战之多，均前所未有。二是安全防控形势复杂严峻。危化和烟花爆竹、交通、消防、矿山、建筑等安全生产“五大领域”长期积累的深层次矛盾逐渐显露，新材料、新工艺、新业态催生的新风险交织叠加。自然灾害处于易发多发期。受极端天气影响，水旱灾害、地质灾害、气象灾害、森林火灾、地震灾害等“五大灾种”的突发性、异常性、不确定性呈现加剧趋势，对人民群众生命财产安全和生态文明建设造成严重威胁。

三　2023年湖南社会事业展望

2023 年，湖南应立足新的历史起点，围绕实现“三高四新”美好蓝图，围绕“城镇新增就业 70 万人，城镇调查失业率控制在 5.5%左右，居民收入增长与经济增长基本同步”等年度社会发展目标，持续增进民生福祉，兜牢基本民生底线，不断实现人民对美好生活的向往。

1. 坚持供需匹配对接，落实就业优先战略

一是突出就业优先导向。坚持就业工作部署优先、政策落地优先、重点群体优先、公共服务优先“四个优先”。紧盯“城镇新增就业 70 万人、城镇调查失业率控制在 5.5%左右”两项关键指标，深入实施就业优先战略和政策。根据形势变化及时调整完善政策措施，针对受疫情和经济形势影响较大的行业企业，用好资金补贴、税收减免、社会保险费缓缴等政策杠杆，激励更多中小微企业、个体工商户等吸纳就业。

二是稳定重点群体就业。加强高校毕业生就业工作衔接，相关部门协同

发力，推动就业服务提前进校园，将校内就业服务适当向后延伸，实施支持青年就业创业专项计划，强化长期失业青年帮扶。用好外出务工和就近就业两条渠道，持续推进农村转移劳动力就业增收。聚焦乡村振兴重点帮扶县、易地搬迁大型安置区，强化就业促进和技能提升，稳定脱贫人口就业规模，坚决防止规模性返贫。

三是健全终身技能培训制度。开展重点群体重点行业专项培训，健全技能人才发展政策制度体系，完善新职业信息发布制度和职业标准开发机制，拓宽就业新领域。促进创业带动就业，深化“放管服”改革，大力破除束缚创业的壁垒，优化创业担保贷款等政策，加强创业孵化基地等载体建设，持续激发劳动者创业积极性。

四是构建和谐劳动关系。健全灵活就业劳动用工和社会保障政策，实施新就业形态劳动者权益保障专项行动，开展新就业形态就业人员职业伤害保障试点，支持灵活就业健康发展。

2. 坚持人民至上，持续增强民生福祉

一是用心用情办好民生实事。坚持把保障和改善民生作为财政支出的优先方向，锚定2023年湖南省政府工作报告中提出的“厚实民生成色、加热民生温度”目标，将办好十大重点民生实事和抓好2023年重点监测民生项目两项任务有机结合、统筹推进。

专栏　2023年湖南省十大重点民生实事

①启动建设100所县域普通高中“徐特立项目”；②“湘易办”超级服务端用户突破3000万户；③促进高质量充分就业；④开展妇幼健康守护行动；⑤推行异地就医结算与基层医保代办服务；⑥提升基本养老服务水平；⑦提高困难群体救助标准；⑧开展残疾人关爱服务；⑨加快城镇老旧小区改造；⑩加强农村“三路”“两网”及灌溉、饮水建设。

资料来源：2023年湖南省政府工作报告。

二是扩面提质社会保障。打造全民社保、温暖社保、数字社保、平安社保、清廉社保“五个社保”。深入实施全民参保计划，持续做好灵活就业人员、农民工等群体精准扩面，切实做好为困难群体代缴保费和基本养老保险应保尽保工作。积极稳妥地推进基本养老保险全国统筹和工伤保险、失业保险省级统筹，加强基金风险防控，健全覆盖全民、统筹城乡、公平统一、安全规范、可持续的多层次社会保障体系。

三是推进民生事业繁荣发展。完善分层分类的社会救助体系，确保城乡低保、残疾人“两项补贴”、孤儿和事实无人抚养儿童基本生活保障标准不折不扣提标到位。强化兜底保障，推动落实低保扩围增效，加大低保边缘人口、支出型困难人口救助力度，切实做好因疫因灾遇困人员基本生活保障。促进基本养老服务发展壮大，推动市县制定落实基本养老服务清单，全年建设家庭床位1.2万张、养老助餐点100个以上。全力加强未成年人关爱保护，开展未成年人保护示范县创建，依托“五社联动”助推基层未保试点，大力引导社会组织参与“合力监护　相伴成长”行动，强化全社会关爱保护儿童氛围。

3. 加快建设教育强省，用心办好人民满意教育

一是聚焦“三个突出”，持续办好更加公平、更高质量的基础教育。学前教育、特殊教育突出“普惠发展”。实施“学前教育发展提升行动计划”，推进普惠性资源扩容增效，优化资源布局，避免“城镇拥挤、乡村闲置”现象。加快补齐短板，支持人口集中流入地合理新增公办资源。加强特殊教育资源建设，鼓励中小学设立特教班，推进普特教育适宜融合。义务教育突出“优质均衡”。实施义务教育薄弱环节改善与能力提升计划，优先补齐农村办学条件短板，加快乡村小规模学校优化提质。深化义务教育学区制管理和集团化办学。加强学龄人口变动趋势分析研判，优化教育布局规划，完善弹性学位供给体系。高中阶段学校突出“多样特色发展”。持续深化“双减”。启动100所县域普通高中“徐特立项目”建设。建议各地各校根据实际，优化学校布局，分类建设发展，探索形成科技高中、人文高中、外语高中、体艺高中和综合高中等多样化、特色化办学新格局。

二是加强教育、科技、人才“三位一体”融合发展，不断提升教育服务能级。实施新一轮“双一流”建设。建好 15 个“世界一流建设学科”，抓好 21 个“世界一流培育学科”建设，推动更多高校更多学科冲刺“世界一流”。加快推动“十四五”高校设置工作，优化高校布局和资源配置。提升高校科技创新能力。聚焦国家和湖南战略需求，支持高校深度参与湖南四大实验室和四大科技基础设施的建设和运行。布局新建一批科技创新平台和团队，着力提高青年科技人才的参与比例。加强高校科技成果转化和技术转移基地建设，推动高价值专利成果来湘在湘转化落地。提高人才自主培养质量。推动优化与湖南电子信息、新能源汽车、现代石化“新三样”相关的专业人才培养方案。加大统筹指导力度，引导和推进高校积极优化学科设置，加强基础学科、新兴学科、交叉学科建设，发展新兴专业，改造提升传统专业，打造特色优势专业，重点布局一批急需学科专业。加强基础学科拔尖创新人才自主培养，为破解关键技术领域“卡脖子”难题提供人才支撑。

4. 做好新冠“乙类乙管”常态化防控，不断提升卫生健康服务水平

一是科学、精准、高效做好新冠“乙类乙管”常态化防控工作。高度关注新冠感染过峰后抗体减弱引发的感染风险，围绕“保健康、防重症”，重点做好老年人、儿童、患基础性疾病群体的疫情防控和医疗救治。加强疫情监测和常态化预警能力建设，密切跟踪病毒变异情况，抓好病例报告、哨点监测和病毒变异株等监测。健全疫情监测体系和信息报告制度，加强分析研判，密切跟踪和防范新的疫情高峰。

二是持续推进优质医疗资源扩容下沉和区域均衡布局。持续深化医药卫生体制改革，促进“三医”联动。推动公立医院高质量发展示范性医院建设，实施公立医院高质量发展促进行动。加快国家“双中心”和省级区域医疗中心建设，继续实施县级医院综合能力提升“千县工程”。深入开展“优质服务基层行”和社区医院创建活动。实施深化基层卫生健康改革促进高质量发展项目，推进基层卫生健康综合评价。健全完善分级诊疗体系，优化运行机制。推动紧密型县域医共体建设，加快县乡一体、乡村一体协调发展。持续推进城市医联体网格化布局管理，在长沙市、湘潭市、常德市、郴州市建成1个以上有明显成效的紧密型城市医疗集团。持续推进城市三级医院对口帮扶县医院工作，推动优质医疗资源下沉，着力构建有序就医新格局。

三是全力优化重点人群健康保障。健全生育支持政策和配套措施。充分发挥湖南省优化生育政策工作领导小组作用，建立健全人口工作目标管理责任制。聚焦“生育、养育、教育”，完善生育支持政策体系，推动实现适度生育水平。推进省级婴幼儿照护服务示范城市创建，加快省市婴幼儿照护综合服务中心建设。大力发展普惠托育，制定完善普惠托育机构认定标准、综合监管等政策，推动全省托育服务高质量发展。深入实施积极应对人口老龄化国家战略。实施老龄健康强基行动，全力推进医养结合增量提质、老年友好社区扩面和安宁疗护规范化服务项目，争创全国首批安宁疗护试点省。坚持医养康养结合，支持医疗卫生机构开展医养结合服务。依托符合条件的基层医疗卫生、养老等服务机构，提升居家社区医养结合服务能力。

5. 全面推进乡村振兴，建设湖湘特色宜居宜业和美乡村

一是坚决守住不发生规模性返贫底线。进一步优化防止返贫监测和帮扶机制，提升识别的精准性，全面推广分类监测、精准帮扶做法，严格风险退出标准和程序，努力把返贫致贫风险消除在萌芽状态。持续巩固提升“三保障”和饮水安全保障成果，健全完善农村社会保障制度，稳步提高兜底保障水平。

二是不断增强脱贫地区和脱贫群众内生发展动力。聚焦产业就业，着力用发展的办法，不断缩小收入差距、发展差距。大力发展乡村特色产业，在选准发展方向中积极培育“土特产”，在完善配套设施中加快补齐短板弱项，在落实联农带农机制中努力让脱贫群众受益更多。积极扩大就业，实施防止返贫就业攻坚行动，加大力度支持脱贫人口外出务工，进一步拓宽就地就近就业渠道，探索建立“企业+就业帮扶车间”运营机制。提升脱贫群众技能素质。深入调研脱贫地区脱贫群众生产经营和就业技能方面的培训需求，提高教育培训的针对性和实效性。

三是积极建设湖湘特色宜居宜业和美乡村。在硬件建设方面，逐步让农

村基本具备现代生活条件。稳步推进乡村建设，大力改善乡村人居环境，加强农村基础设施和公共服务建设，集中力量加强普惠性、基础性、兜底性民生建设。同时，健全风貌引导机制。引导乡村建设时，保留并彰显原本的湖南乡土特点，在此基础上融入现代化生活元素，确保留住留好乡风乡韵乡愁。在软件建设方面，着力塑造良好乡村精神风貌。聚焦培育文明乡风、良好家风、淳朴民风，持续加强农村精神文明建设，不断增加具有湖湘特色、富有农耕农趣农味、体现和谐和顺和美的乡村文化产品和服务供给，深入推动农村移风易俗，进一步完善乡村治理。探索建立在村党组织领导下群众广泛参与、以农村人居环境改善为重点、以美丽屋场建设为基本单元的和美乡村发展模式。

6. 完善社会治理体系，提升社会治理效能

一是健全扫黑除恶长效机制，维护社会安全稳定。贯彻实施《反有组织犯罪法》，常态化开展扫黑除恶，抓好扫黑除恶常态化“十件实事”落实。深化线索直核、伞网深挖、执行攻坚、境外追逃、案件督办等工作，全力追捕涉黑涉恶“漏网之鱼”、持续整治“村霸”。深化信息网络、自然资源、交通运输、工程建设等行业领域监管和专项整治。

二是强化系统治理，加强平安湖南建设。建立健全“双重预防机制”，深入落实安全生产十五条硬措施，坚持从源头上防范化解重大风险，加强信息化源头管控、精准化监测预警、动态化风险评估等制度机制建设。加强风险防范，高效应对自然灾害。优化预警信息发布方式、拓展发布渠道，强化针对特定地区、特定人群、特定时间的精准发布能力。发挥好应急管理部门综合优势和相关部门专业优势，紧盯防汛抗旱、森林防灭火、防地震地质灾害，形成整体合力，真正把问题解决在萌芽之时、成灾之前。根据灾情的发展态势，及时调拨救灾款物，统筹做好过渡期安置和灾后民房恢复重建等工作，防止因灾返贫和大灾之后有大疫。

三是推进社会治理整体智治，切实提高社会治理效能。推进基层治理数据共建共享，努力实现对人、地、物、事、组织等基本要素的精准管控。加强各级综治中心标准化、实体化建设，做实基层治理实战化平台。实施

"互联网+基层治理"行动，深化网格化服务管理，构建网格化管理、精细化服务、信息化支撑、开放共享的基层管理服务平台。深化社会治理专门平台、专业系统、应用场景的建设与应用，优化工作流程，提升社会治理智能化水平。坚持和发展新时代"枫桥经验"，推进乡镇（街道）矛盾纠纷多元化解"一站式"平台建设，实现群众诉求一站式接收、一揽子调处、全链条解决。完善正确处理新形势下人民内部矛盾机制，畅通和规范群众诉求表达、利益协调、权益保障通道，完善网格化管理、精细化服务、信息化支撑的基层治理平台，及时把矛盾纠纷化解在基层、解决在萌芽状态。

部门篇

Department Reports

B.3 2022年湖南法院改革发展情况及2023年展望

湖南省高级人民法院

摘　要： 2022年，湖南法院改革发展各项工作取得较好成绩：防范化解风险挑战，营造安全稳定的政治社会环境；积极服务保障大局，为实现“三高四新”美好蓝图提供法治保障；牢牢站稳人民立场，深化司法为民实践；持续深化司法改革，更好实现系统集成协同高效；永葆自我革命精神，锻造忠诚干净担当的湖南法院铁军。2023年，湖南法院将按照“讲政治、顾大局、精主业、强队伍”的总体要求，坚持聚焦中心大局、聚焦主责主业、两者有机结合的“两聚焦一结合”工作思路，坚持旗帜鲜明讲政治，牢牢把握全省法院工作正确政治方向；担当作为顾大局，全力护航全面建设社会主义现代化新湖南；依法履职精主业，持续提升审判质量、效率和公信力；全面从严强队伍，着力锻造忠诚干净担当的湖南法院铁军。

关键词： 民事审判　刑事审判　行政审判　司法改革　湖南

一 2022年湖南法院改革发展情况

2022 年，全省法院收案 129 万件，结案 124.9 万件，人均结案 237 件，多项审判执行核心质效指标位居全国法院前列，11 个集体、22 名个人获省部级以上表彰，1 名干警当选党的二十大代表。省法院获评全国机关事务工作先进集体、全国普法工作先进集体等荣誉称号，连续 5 年获评全国法院案例分析先进组织单位，连续 6 年获评省直和中央驻湘单位信访工作先进单位，就涉诉信访、打击养老诈骗、弘扬英模精神、后勤服务等 7 项工作在全国法院会议上作经验发言，最高法院、省委主要领导多次批示肯定。

（一）持续加强政治建设，牢牢把握正确政治方向

强化科学理论武装。深入学习贯彻习近平新时代中国特色社会主义思想、习近平法治思想，严格落实党组“第一议题”制度，开展党组会学习 43 次，每月开展党组理论学习中心组集中学习，始终紧跟紧学，第一时间传达学习习近平总书记重要讲话重要指示批示精神，引导全体干警坚定捍卫“两个确立”，坚决做到“两个维护”。高起点推进“两个确立”主题教育，广泛开展主题宣传、主题征文等活动，组织干警到任弼时故居等红色教育基地接受党性锤炼，最高法院 4 次专刊推介湖南省法院经验做法。始终把学习宣传贯彻党的二十大精神作为首要政治任务，通过党组理论学习中心组学习、全院干警大会、座谈研讨、专题党课等形式抓好学习贯彻。

始终坚持党对法院工作的绝对领导。严格执行《中国共产党政法工作条例》及省委实施意见，向省委、省委政法委等请示报告重要工作、重大事项、重大案件 168 次。把贯彻落实上级决策部署作为“两个维护”的检验标尺，建立健全习近平总书记重要讲话重要指示批示精神、党中央重大决策部署和最高法院、省委重要工作安排督促督导机制，每周一督办，半月一通报，确保执行不偏向、不变通、不走样。严格落实意识形态工作责任制，规范干警网络行为，坚决肃清流毒影响。开展负面舆情防控专项行动，旗帜

鲜明地抵制西方“宪政”“三权鼎立”“司法独立”等错误思潮，牢牢守住意识形态主阵地。

深化“三表率一模范”机关创建。持续加强政治机关建设，举办全省法院政工党务干部培训班，对全省法院6个单位和部门开展政治建设考察，每季度组织省法院机关党内政治生活检查。开展“党员先锋岗（队）”创建年、“优秀主题党日”评选和“一支部一品牌”创建活动，评选党员先锋岗（队）35个，着力激发创先争优的精气神，2个党建案例获评最高法院党建工作创新案例。坚持党建带群建促团建，举办女法官国际日纪念、“喜迎二十大、永远跟党走、奋进新征程”主题团日等活动，推动全省法院成立青年理论学习小组131个，不断提升队伍凝聚力、战斗力。

（二）防范化解风险挑战，营造安全稳定的政治社会环境

紧抓常态化扫黑除恶。制定常态化扫黑除恶工作方案，落实院庭长包案等工作机制，狠抓案件攻坚，全省法院一审审结涉黑恶案件135件384人，结案率84%，重刑率40%。扎实推进“打伞破网”，审结“保护伞”案件7件8人。持续推进“打财断血”，执结涉黑恶刑事涉财执行案件199件51.34亿元，执行到位率97.72%。深化综合治理，发出司法建议19条，深入推进重点行业领域整治，坚决铲除黑恶势力滋生土壤，得到中央、省委扫黑除恶专项督导组充分肯定。

重拳打击重点领域犯罪。全面贯彻总体国家安全观，依法严惩危害国家安全犯罪及涉恐、涉邪教等犯罪。开展“利剑护蕾”和打击毒品、电信网络诈骗、养老诈骗等犯罪专项审判活动，审结性侵未成年人犯罪案件3046件3707人，审结毒品犯罪案件5210件7809人，审结电信网络诈骗及其关联犯罪案件10803件16293人，审结养老诈骗犯罪案件161件840人。依法严惩危害食品药品安全犯罪案件198件319人，守护人民群众生命健康。坚持行贿受贿一起查，审结职务犯罪案件382件442人，积极助力党风廉政建设和反腐败斗争。会同省公安厅、省检察院联合推进危险驾驶罪综合治理，新收危险驾驶犯罪案件同比下降19.6%。

精准化解涉诉信访矛盾。深入开展“全力护航党的二十大”涉诉信访维稳专项行动，高标准开展涉诉信访“百日会战”，对14个市州开展现场督导，全面排查化解风险隐患。狠抓矛盾化解，开展全省三级法院领导班子大接访活动，全面落实领导包案机制，按照“三到位一处理”原则，集中治理涉诉重复信访、化解信访积案。2022年全省法院到省进京上访总量同比下降49%，其中进京上访下降82%，治理重复信访工作被中央信访联席办专报推介。

（三）积极服务保障大局，为实现“三高四新”美好蓝图提供法治保障

服务打造“三个高地”。开展知识产权审判多元共治专项行动，与省知识产权局健全知识产权纠纷行政调解司法确认工作机制，指导长沙知识产权法庭健全完善技术调查官制度，审结知识产权案件1.47万件，助力打造先进制造业和科技创新高地。2件案例入选湖南省知识产权强省建设第一批十大经典案例及十大优秀案例。指导10家法院成立涉台审判法官工作室，指导长沙、岳阳、郴州法院成立3个自贸片区法庭，签署服务保障自贸区发展合作协议，审结涉外、涉港澳台案件1172件，助力打造对外开放高地。1件案例入选人民法院服务保障自由贸易试验区建设十大典型案例。

着力优化营商环境。认真贯彻全省优化营商环境推进会部署，召开全省法院优化营商环境工作会议，开展全省法院民营企业大走访和“暖企”活动，贯彻善意文明司法理念，依法审结涉企案件36.75万件。充分运用涉企案件经济影响评估等制度，妥善审理因疫情引发的劳动争议、合同纠纷等，引导当事人共渡难关。妥善处置涉众房地产纠纷案件，助力化解区域性经济金融风险。充分发挥破产重整救治功能，审结破产案件309件，促进295家企业有序退出，运用重整和解等手段，帮助长丰猎豹、株洲华晨等30家企业获得新生，服务保障“六稳”“六保”。

护航美丽湖南建设。认真贯彻习近平生态文明思想，全面贯彻实施《长江保护法》，设立6个司法保护（生态修复）基地，扎实开展“环境资

源审判雷霆行动”，发布全省环境资源司法保护状况及十大典型案例，加大环境资源司法保护力度，1 件案例入选最高法院生物多样性司法保护典型案例。指导湘西中院妥善审结“锰三角”花垣县铅锌浮选企业系列行政案件，推动尾砂库渗透液超标排放企业主动履行生态环境损害赔偿责任。指导岳阳君山区法院审结涉 47671 斤渔获物的非法捕捞水产品案，是我国目前长江流域涉案渔获物最多的案件。加强环境资源审判区域协作，与湖北、江西两地省法院联合召开长江中游生态环境保护区域司法协作会议，签署《长沙·橘子洲绿色宣言》，指导长株潭三地法院签署环境资源司法协作框架协议，凝聚生态环境保护最大合力。

助力法治政府建设。深化行政案件集中管辖改革，强化行政行为合法性审查，注重行政争议实质性化解，审结行政诉讼案件 2.21 万件、非诉行政案件 5897 件。与省司法厅建立联合通报机制，推动将行政机关负责人出庭应诉情况纳入年度绩效考核，行政机关负责人出庭应诉率升至 96.2%。发布年度行政审判白皮书，及时向行政机关发送司法建议 200 余份，强化司法与行政良性互动。会同省自然资源厅强化资源资产行政争议多元化解，指导常德等地法院成立自然资源行政争议协调化解中心，全省法院资源类行政案件同比减少 1246 件。

（四）牢牢站稳人民立场，深化司法为民实践

强化民生司法保障。严格实施民法典，依法审结教育、就业、医疗等涉民生案件 14.46 万件，审结国家赔偿案件 859 件，司法救助 1310 人，持续开展为农民工讨薪行动，执行到位农民工工资 4.2 亿元，努力解决人民群众急难愁盼问题。扎实推进家事审判改革，联合省妇联、省检察院等成立湖南省女童保护指导中心，设立少年法庭 95 个，指导长沙市天心区法院发出全国首份家庭教育令，央视《今日说法》等予以报道。弘扬社会主义法治正能量，依法审结商业性使用袁隆平院士姓名和肖像的“袁米”案，宣判遭遇校园霸凌者围殴刺伤 3 人的少年无罪，发挥司法公正对社会公正的示范引领作用。加强公民个人信息保护，瞿小珍等侵犯公民个人信息刑事附带民事

公益诉讼案入选最高人民法院第35批指导性案例。加大普法宣传力度，省法院蝉联省直机关“谁执法谁普法”考评优秀单位。协助拍摄全网热播法治剧《底线》，努力唱响法治湖南好声音。

持续优化诉讼服务。推进诉讼服务中心“一窗通办”，开展一站式诉服平台服务事项“清零行动”，常态化整治“立案难”，一审案件当场立案率达98%。深化诉源治理，指导设立诉源治理工作站1521个，与20家单位建立诉前多元解纷联动衔接机制，诉前调解纠纷46.6万件，全省万人成讼率连续3年处于全国最低位。开展银行卡纠纷诉源治理专项行动，银行卡纠纷案件同比下降58.4%。人民法院“非凡十年看法院”系列直播专题报道湖南省法院多元解纷工作，长沙中院在最高法院会议上介绍“总对总”在线诉调对接经验，浏阳法院“三进”工作经验入选人民法院一站式建设白皮书。

努力兑现胜诉群众权益。联合省自然资源厅深化不动产司法网络查控和转移登记协作，完善综合治理执行难大格局。开展“湘执利剑2022”专项行动，纳入失信被执行人名单6.19万人，限制高消费20.87万人，追究拒执犯罪刑事责任129人，执结案件33.77万件，执行到位金额941.84亿元，执行核心质效指标持续稳居全国法院前列。全面升级上线智慧执行系统，持续整治执行不廉、违规终本、超标的查封等突出问题，进一步规范执行权力运行。

（五）持续深化司法改革，更好地实现系统集成协同高效

深化审级职能定位改革试点。召开全省法院审级职能定位改革推进会，出台专门实施方案和细则，制定《案件提级管辖办理程序的意见》等文件，科学调整级别管辖标准，建立健全案件提级管辖办理程序，完善省法院民事、行政申请再审案件立案原则和审理流程，推动三级法院各司其职、高效运转。强化基层法院案件监管，明确应当适用“四类案件”监督管理措施的7类案件情形，防范大标的案件下沉后的廉政风险。

持续强化司法权力制约监督。牢牢抓住司法责任制这个“牛鼻子”，压

实院庭长监督管理主体责任，全省入额院领导共办理各类案件 11.1 万件。严格落实类案强制检索，健全随机分案为主、指定分案为辅的案件分配机制，持续加强个案事中监督。开展常态化、制度化案件质量评查，对“利剑护蕾”等案件开展专项评查，全力提高审判质量、效率和公信力。成立全省法院首届法官惩戒委员会，责令退出员额 44 人，努力做到放权不放任。坚持以公开促公正，持续深化司法公开，多项司法公开指标位居全国法院前列。

持续优化司法资源配置。认真做好政法专项编制动态调整“后半篇”文章，持续推动人员、编制向案多人少的长沙法院和部分市州城区法院流动。着力加强人民法庭建设，优化、整改、新建人民法庭 141 个，改造巡回审判点 40 个，夯实基层基础。3 个法庭建设经验入选最高法院新时代人民法庭建设案例。加快推进“智慧法院 2.0”建设，建成远程视频提讯、智慧庭审互联网直播等系统，发挥科技驱动作用。

（六）永葆自我革命精神，锻造忠诚干净担当的湖南法院铁军

持续整治顽瘴痼疾。开展全省法院“问计策、办实事、解难题”调研活动，常态化摸排整治顽瘴痼疾，持续推进巩固队伍教育整顿成果 10 项重点工作落实落地。集中整治司法作风突出问题，着力解决全省法院的突出纪律作风顽疾。

加强法院文化建设。在张家界挂牌“国家法官学院湖南分院”“最高人民法院法官国际交流中心湖南基地”，着力打造中部地区国际司法交流高地。大力弘扬春梅精神，精心开展“弘扬春梅精神，汲取奋进力量”等活动。举办审判技能竞赛活动，评选办案标兵 10 名、办案能手 50 名，打造全省法院集先智库工程。打造湖南法院特色文化传播矩阵，持续推进新媒体培育工程，全省法院涌现出《法官周春梅》《年轻的翅膀》等一批接地气、传得开、留得下的文艺作品。

建设清廉湖南法院。出台“清廉法院”建设实施方案等 9 个制度文件，连续五年召开全省法院党风廉政建设和反腐败工作推进会、全省中级人民法

院院长述职述廉会议，层层压实全面从严治党管院政治责任。严格执行中央八项规定实施细则，落实新时代政法干警“十个严禁”、省法院“十二条禁令”，常态化推进“三个规定”落实落地。

成绩的取得令人鼓舞，但也要清醒地认识到，全省法院工作仍然存在一些问题和困难：一是司法能力还有不足，少数干警与新时代人民群众对公平正义的新期盼还有差距；二是诉源治理还需多方努力，收案数依然高位运行；三是司法改革系统集成、协同高效有待加强，人财物统管配套机制还需健全，偏远地区基层法院招人难留人难现象仍然存在；四是有的法院履行全面从严治党管院主体责任不到位，基层法院监督力量相对不足，个别干警违纪违法仍有发生。针对这些问题，我们将采取有力举措，努力加以解决。

二　2023年展望

2023 年全省法院工作的总体思路是：坚持以习近平新时代中国特色社会主义思想为指导，全面贯彻落实党的二十大精神，深入贯彻习近平法治思想，始终坚持党对法院工作的绝对领导，紧紧锚定“努力让人民群众在每一个司法案件中感受到公平正义”的目标，为实现“三高四新”美好蓝图奋楫前行，按照“讲政治、顾大局、精主业、强队伍”的总体要求，坚持聚焦中心大局、聚焦主责主业、两者有机结合的“两聚焦一结合”工作思路，加快推进审判体系和审判能力现代化，努力提高审判质量、效率和公信力，为全面建设社会主义现代化新湖南提供有力的司法服务和保障。

（一）旗帜鲜明讲政治，牢牢把握全省法院工作正确政治方向

一要始终同以习近平同志为核心的党中央保持高度一致。要坚决维护习近平总书记在党中央的核心、全党的核心地位，坚决维护党中央权威和集中统一领导。二要始终用习近平新时代中国特色社会主义思想凝心铸魂。要把学习宣传贯彻党的二十大精神作为首要政治任务，真学真信笃行习近平新时代中国特色社会主义思想、习近平法治思想。要持续推进党的理论创新进课

堂、进头脑。三要始终把党的绝对领导贯彻到法院工作全过程各方面。要自觉接受党委及党委政法委领导，严格落实《中国共产党政法工作条例》和省委实施意见。要自觉接受人大及其常务委员会以及方方面面的监督，严格落实意识形态工作责任制，加强网络舆论阵地建设，持续加强对负面舆情的防控。

（二）坚持担当作为顾大局，全力护航全面建设社会主义现代化新湖南

一要助力建设更高水平的平安湖南。要坚决维护国家安全。树牢总体国家安全观，深入开展打击危害国家安全犯罪专项行动，坚定维护国家政权安全、制度安全、意识形态安全。要全力维护社会安定。依法严惩涉枪涉爆、黄赌毒、危害安全生产等犯罪，持续推进扫黑除恶常态化，切实维护公共安全和社会秩序。坚持将受贿行贿一起查，依法妥善审理职务犯罪案件，重点惩治权力集中、资金密集、资源富集领域和群众身边的腐败犯罪，助力更高水平清廉湖南建设。要有力守护人民安宁。巩固“利剑护蕾”和打击电信网络诈骗、养老诈骗等专项行动的成果，依法保护人民群众生命健康和财产安全。要着力化解重大风险。统筹发展与安全，进一步健全常态化风险评估机制，妥善审理涉房地产、证券欺诈、非法集资、网络传销等涉众纠纷和刑事案件，紧紧依靠党委和政府，把握好工作时度效，切实把稳控工作做在前面。

二要服务保障经济高质量发展。深入开展“服务高质量发展年”专项活动，优化法治化营商环境三项专项行动，以高质量司法服务全省高质量发展。要助力营造市场化、法治化、国际化的一流营商环境。要健全以公平为原则的产权保护制度，尊重市场主体的意思自治，弘扬契约精神和企业家精神，用好涉企案件经济影响评估制度，平等保护各类市场主体合法权益。要服务创新驱动发展战略，开展“知识产权保护多元共治深化年”专项活动，创新知识产权解纷方式，加强知识产权侵权源头治理，呵护市场主体的创新活力。

三要加大生态环境司法保护力度。坚持系统保护思维，推动构建多元生态环境共治格局。坚持恢复性司法理念，建立刑事制裁、民事赔偿与生态补偿有机衔接的环境修复责任制度，构筑生态安全的屏障。坚持最严密法治最严格制度，加大对环境污染、生态破坏行为的惩治力度。

四要切实保障和改善民生。要妥善审理涉民生案件。依法妥善审理涉教育、就业、医疗、住房等民生领域案件，解决人民群众“急难愁盼”问题。妥善审理涉高空抛物、窨井盖肇事、食品药品安全等案件，依法守护老百姓“头顶上”“脚底下”“舌尖上”的安全。要加强司法人文关怀。深化“治愈式”家事审判改革，落实未成年人利益最大化原则，广泛运用人身安全保护令、家庭教育令、未成年人犯罪记录封存、儿童救助协作等机制，全面加强未成年人权益司法保护。要营造全民守法氛围。严格落实“谁执法谁普法”责任制，持续创新“小案件大道理”等以案释法和新媒体普法工作机制，大力弘扬社会主义核心价值观，让公平正义的阳光照亮百姓心田。

五要积极推动健全社会治理体系。要坚持和发展新时代“枫桥经验”。坚持把非诉讼纠纷解决机制挺在前面，以“部分民事案件调解前置试点”为契机，扎实推进人民法院调解平台进乡村、进社区、进网格，全面凝聚多元解纷合力。要用心化解涉诉信访矛盾。认真贯彻《信访工作条例》，扎实开展涉诉信访问题源头治理“三年攻坚”行动，切实把信访这项送上门的群众工作做好做细做实。要延伸审判职能。通过专题调研、司法建议、法院信息等方式，每年推出一批有实践指导价值的研究成果，当好党委、政府法治参谋，助力提升社会治理法治化水平。

（三）坚持依法履职做精主业，持续提升审判质量、效率和公信力

要树立“八个有机统一”的新时代正确司法理念，既脚踏实地，又登高望远，认真抓好审判执行各项工作，努力让人民群众在每一个司法案件中感受到公平正义。

一要做精刑事审判。要持续推进以审判为中心的刑事诉讼制度改革。始终坚持诉讼以审判为中心、审判以庭审为中心、庭审以证据为中心，绝不让

案件埋下质量隐患。要准确把握宽严相济的刑事政策。既要当严则严，对严重暴力犯罪、严重挑战法律和社会底线的犯罪依法应当适用重刑的坚决依法适用重刑；同时又要当宽则宽，坚持刑罚的谦抑性原则，严格把握入罪标准，防止打击面过宽，造成社会对立。要加强人权司法保障。坚持罪刑法定、疑罪从无，依法保障被告人及辩护人的权利，有效防范冤假错案发生。

二要做强民商事审判。要深化民事案件繁简分流改革。按照“分调裁审”改革要求，实现一审民事案件繁简分流、轻重分离、快慢分道。要加强裁判文书释法说理。要把裁判理由悟透、搞准，合理运用说理技巧，增强说理效果。要整治虚假诉讼问题。健全虚假诉讼防范机制，加强最高法院立案辅助系统运用，提高法官甄别和查处虚假诉讼的司法能力。

三要做实行政审判。要坚持行政合法性审查。把行政行为合法性审查作为行政审判的核心内容，公平公正处理行政案件，既监督行政机关依法履职尽责，又依法纠正违法行政行为，有力维护行政相对人的合法权益。要深化一审行政案件集中管辖改革。认真总结集中管辖改革经验，优化行政审判资源配置，巩固集中管辖改革成效。要强化司法与行政良性互动，优化行政审判环境。深入推进行政机关负责人出庭应诉工作，切实提升行政机关负责人实质性参与庭审活动的能力。推动行政争议源头性预防、实质性化解，更好地助力法治政府建设。

四要做优立案、执行。要优化一站式诉讼服务。积极推进各项诉讼服务向“一窗通办”集成，大力推广在线立案、跨域立案，努力让数据多跑腿，让群众少跑路。要加大执行工作力度。加强与政府相关职能部门的执行联动，完善综合治理执行难大格局。坚持常规执行与专项执行相结合，重点聚焦涉党政机关、涉黑恶犯罪财产刑、涉民营企业、涉工程机械、涉民生、涉农民工工资等案件的集中攻坚，切实保障胜诉当事人权益。要进一步规范执行行为。强化执行权监督制约，坚决整治违法超标的查封、扣押和冻结等行为，依法保护被执行人合法权益。

五要做细改革创新。要深化四级法院审级职能定位改革。精准把握不同层级法院的职能定位，努力在一审和二审阶段实现案结事了，切实提升服判息诉率。把再审依法纠错和统一裁判尺度有机结合，强化审级监督指导，有效防止“程序空转”。要全面准确落实司法责任制。坚持“让审理者裁判、由裁判者负责”，严格落实独任法官或合议庭办案责任制。要强化司法权力监督制约，全面落实类案强制检索和法律适用分歧解决机制，努力做到放权不放任。要加快建设智慧法院。坚持问题导向，强化数据共享，畅通办案系统有效对接，提升智慧法院“数助决策”能力。

（四）坚持全面从严强队伍，着力锻造忠诚干净担当的湖南法院铁军

一要加强组织建设。要提升领导班子的凝聚力。严格落实党组工作条例、组织工作条例等党内法规要求，贯彻执行民主集中制，不断提高领导班子建设水平。要提升关键少数的战斗力。强化领导干部的“头雁作用”，带头锤炼本领、带头狠抓落实、带头严以律己，把精力用在干事创业上。要提升广大干警的执行力。落实新时代好干部标准，坚持重实干、重实绩、重能力的用人导向，统筹用好各领域、各年龄段干部，营造风清气正的良好政治生态、干事创业的良好工作环境。

二要加强能力建设。要加强教育培训。突出培训重点，针对业务考核、案件评查等暴露出的知识弱项、能力短板、经验盲区，实施分类分级精准化培训，做到干什么学什么、缺什么补什么。要推进实战练兵。主动把干部放在重大任务上淬火摔打，放到关键岗位培养锻炼，不断提高政治能力、调查研究能力、科学决策能力、改革攻坚能力、应急处突能力、群众工作能力、抓落实的能力。要培养高素质人才。建设高水平专家智库，打造专业人才成长平台，努力培育更多的审判业务专家和行家里手。广泛开展业务竞赛、岗位练兵等活动，每年开展“双十双百”评选活动，形成争先进、创一流的浓厚氛围。

三要加强廉政建设。要扣紧责任链条。压紧压实党组书记的第一责任人责任和班子成员的“一岗双责”，层层传导责任压力。要坚持从严管理。围绕“不想腐”“不能腐”“不敢腐”，坚决打赢反腐败斗争攻坚战持久战。要涵养优良作风。大兴调查研究之风，毫不松懈纠治“四风”，全面检视、

靶向破除形式主义、官僚主义。密切联系群众，大力弘扬马锡五审判方式，适应新时代群众工作内在要求，用心走好新时代人民司法群众路线。要关心关爱干警。健全干警履行法定职责保护机制、受到侵害后的救济保障机制和不实举报的澄清正名机制，积极回应基层诉求，每年开展两次员额法官遴选和递补工作，持续增进广大干警的职业荣誉感、获得感。

四要夯实基层基础。要加强基层司法资源配置，积极推动重心下移、资源下沉，推动基层法院全面进步、整体提升。要加强人民法庭建设，持续优化人民法庭布局，打造一批在省内外叫得响、有特色的人民法庭品牌。持续开展“枫桥式人民法庭”创建活动，深入推进人民法庭“三进”工作，积极助力平安法治乡村建设。

B.4
2022年湖南省加强和创新社会治理进展及2023年展望

湖南省平安建设领导小组办公室

摘　要： 2022年，湖南省扎实推进市域社会治理现代化，大力提升社会治理智能化水平，大力化解矛盾纠纷，常态化推动扫黑除恶，不断深化平安创建活动，为全省经济健康发展创造持续稳定的社会环境，全省公众安全感满意度进一步提升。2023年，湖南省将扎实做好第一批全国市域社会治理现代化合格城市试点验收工作，推进社会治理整体智治，坚持和发展新时代"枫桥经验"，健全扫黑除恶长效机制，努力建设更高水平的平安湖南。

关键词： 社会治理　扫黑除恶　平安创建　智能化建设　湖南

2022年，全省各级各有关部门坚持以习近平新时代中国特色社会主义思想为指导，认真贯彻习近平总书记关于平安中国建设的重要论述，坚决落实党中央决策部署和省委工作要求，以为党的二十大胜利召开创造安全稳定的政治社会环境为主线，履职尽责、攻坚克难、锐意创新，全力做好防风险、保安全、护稳定、促发展各项工作，社会治理取得新进展新成效，全省社会大局持续稳定，治安秩序、社会风气、发展环境持续向好，人民群众的获得感、幸福感、安全感不断增强。全省刑事案件、治安案件、命案同比下降4.53%、17.19%、27.11%；公众安全感测评得分99.44分，同比提升0.39分；2021年全国平安建设考评中，湖南省考评结果进入全国第一方阵，位居中部地区前列。

一 2022年工作简要情况

（一）扎实推进市域社会治理现代化

省委政法委统筹推进全省市域社会治理现代化工作，召开全省试点工作推进会，建立成员单位对口包联指导市州制度，组建7个检查组赴14个市州进行督导，推动试点工作进一步走深走实。成立试点工作专班，将《全国市域社会治理现代化试点工作指引（第二版）》细化为371项任务要求，逐一明确牵头和参与单位，提炼出36项硬性任务和30项量化指标，对完成进度定期通报排名。及时总结提炼经验，就衡阳“湾村明白人”、株洲“四德工程”等5个市州的做法在全国试点工作会议上交流，10余项典型经验被中央政法委专刊推介，一批具有市域特色的经验做法初具规模效应。

1. 坚持高位统筹抓推进

省平安建设领导小组高度重视、统筹推进全省市域社会治理现代化试点工作。省“两办”在印发《关于推进全省社会治理创新的指导意见》基础上，印发《关于加强基层治理体系和治理能力现代化建设的若干措施》，指导各地有效提升基层治理现代化水平。省平安办抽调人员组建试点工作专班，实行集中办公，具体承担试点工作日常任务。召开全省市域社会治理现代化试点工作推进会，就深入推进试点工作作出部署安排。各市州高度重视试点工作，充分发挥党委在市域社会治理中的领导核心作用，完善组织领导机制，市州委书记亲自抓，统筹部署调度，推进试点工作与经济社会发展同部署同落实。各市州党委书记或党委常委会专题听取试点工作情况汇报，研究迎接试点评估验收工作。各市州均组建试点工作专班，多次召开试点工作推进会、迎检部署会、调度会、任务交办会等部署推进试点工作。对照全国《工作指引》（第二版），各地分别制定指导意见、工作方案、任务清单、操作指南、流程图等，分解任务数百项，逐项明确牵头市级领导、责任单位和配合部门，确保每项工作有人抓、有人管、有人办、有人促。长沙、益阳、怀化等市将试点工作纳入全市绩效考核内容，邵阳、怀化等市将试点工作开展情况作为领导干部选拔任用的重要依据，长沙、衡阳、株洲、湘潭、邵阳、郴州等市通过编发工作简报、举办专题培训等方式，推动试点工作深入开展。

2. 密集调度督导补短板

省平安办加强对各市州试点工作的调度和督导，总结推广经验，激励先进、鞭策后进。下发开展全面自查的通知，要求各市州全面梳理汇总试点工作情况，形成自查报告和佐证材料。同时，对照全国《工作指引》（第二版），梳理36项硬性任务和30项量化指标，下发通知要求各市州自查并上报完成情况。在此基础上，分两轮对各市州上报的台账资料进行认真审核，将存在的问题和短板向市州点对点反馈，并下发情况通报。7月上旬，从相关成员单位抽调人员组成7个督导组，赴全省14个市州开展当年第一轮实地督导，分别形成督导报告，并下发督导通报。各市州在省平安办的督促指导下，加强对试点工作的调度督导，及时查漏补缺，补齐短板弱项。长沙专题调度行政机关负责人出庭应诉工作，对试点工作开展全市督查，半月通报一次，对民调排名靠后的乡镇（街道）进行约谈。株洲开展3轮督导并印发通报，对相关工作排名末位的单位进行约谈。湘潭将采取“上门督导+专项督查”相结合，下发书面督办函7件，电话口头督办53次。邵阳市委书记主持召开专题调度会，并开展3轮专项督查。常德建立工作专班周调度机制，以市“两办”名义开展2轮专项督查。郴州市平安办向7位市级责任领导送达工作提示函，督促协调解决20个跨系统复杂疑难问题。永州开展2轮督导，就存在的问题分别发函给市级领导及统筹单位，对问题整改情况每日排名通报。

3. 加强分类指导促联动

省平安办强化统筹协调，印发关于加强分类指导工作的文件，根据省平安建设领导小组社会治理组各成员单位的职能职责，结合各市州认领的“试点项目”、选定的特色工作，确定各成员单位结对包联市州，加强分类指导。省法院成立以分管院领导为组长的包联工作组，赴包联市州实地调研指导；与20多家单位建立诉前多元解纷联动衔接机制，2022年以来诉前调解纠纷19.2万件，占一审立案数量的比重超70%，调解成功率超70%。省检察院成立试点分类指导工作领导小组，制定分类指导工作方案，将各内设机构开展试点指导工作情况纳入年终考评。省司法厅成立以党组书记、厅长为组长的试点工作领导小组和以分管厅领导为组长的包联指导工作组，印发包联指导工作方案，两次派出工作组赴包联市州实地调研指导。省民政厅出台《关于推进基层治理工作的实施意见》《关于建立健全村规民约（居民公约）监督和奖惩机制的指导意见》，下发加强全省民政领域试点工作任务分工文件，成立包联指导组，深入包联市州开展实地督导。省信访局加强对包联市州的督促指导，成立工作专班实时调度情况。省教育厅全面加强教育系统安全风险管控和隐患治理，全省教育系统2.8万多所学校、1500多万师生安全形势平稳向好。省卫健委全力推进社会心理健康服务体系建设，全面强化严重精神障碍患者等重点人群管理服务。团省委成立工作领导小组，深入推动青年参与基层治理，为推进市域社会治理现代化注入青春动能。

4. 完善制度机制强根基

各市州结合实际，创新并完善一批推进市域社会治理行之有效的制度机制，并以此为带动寻求重点突破，持续做实做强基层治理。衡阳创新推出抓安全生产“五全一常态”、抓信访维稳“五步一规范”、抓助企纾困“五赋一聚焦”等标准化机制。株洲推进社会治理风险防控“N合一”机制建设。湘潭根据新版《工作指引》，建立任务、亮点、问题、机制四个清单，细化371项具体任务，选树41个特色亮点实地考察点，整理21个单位35项短板问题，完善516项制度机制。邵阳制定“一表三清单”（时间表、问题清单、工作清单、亮点清单）。常德落实基层群众性自治组织“三张清单”，开展“四会”协商，建立网格化“434机制”（四支队伍、三张清单、四项制度）和“众创平安之星”评选激励机制。张家界充实壮大专群结合的治安巡逻队伍，形成“三结三联”（内外结合、城乡结合、动静结合和警民联手、区域联合、社会联动）的无缝防范态势，社会面见警率大幅提升。郴州建立政法干警联村（社区）联企“户户见干警”制度，全市7000余名政法干警进村入户访企。永州建立信访维稳月例会制度。怀化落实责任、目标、进度、完成时限、负面“五张清单”，实行分项包干、倒排工期、动态评价。娄底建立“娄底红”网格志愿服务模式，推行以“屋场会”为载体的群众议事协商新机制和以“积分制”为代表的村民自治新规则。永州、湘西等建立周调度、月通报、项目责任、联席会议、对口督导等机制，推动试点工作取得突破。

5. 打造特色亮点树品牌

各市州充分发挥市域主体作用，积极探索推进市域社会治理现代化的新举措、新方法、新路径，打造了一批特色亮点，形成了典型经验，巩固了创建品牌。长沙以“五治”为主题确定50个创新项目，打造“党建聚合力”、“智治支撑”、社会治安防控体系建设、诉源和访源治理、法治政府建设示范市创建等特色亮点。衡阳聚焦“自治强基”，推动“湾村明白人”“屋场恳谈会”“法治物业”等特色工作提质升级。株洲开发集双网登录、群众申报、落地审核、统计分析等功能于一体的疫情防控网格化管理平台“格防码”，有效助力返乡人员疫情管控。湘潭创新发布每月平安指数，构建“同城共享”平安建设积分工作机制。邵阳探索出“三治融合”、城乡末端感知系统、“紫薇花开”未成年人保护、“幸福敲门、平安到家”等一批可复制、可推广的创新经验做法。益阳坚持把支部建在网格上，将每一名党员纳入基层网格，2289家社会组织、8.9万余平安志愿者入驻“网小格”，群防群治新模式发挥重要作用。张家界打造“天门微治理”“旅游纠纷在线调解”“乡村治理”智治平台，构建“政策一竿子插到底、群众一声喊到顶”的快速信息渠道，助力市域社会治理与旅游发展“两促进、双提升”。永州打造“农村15分钟快速反应圈”、推行“政法五老”+“好邻居”调解等经验获全国推介。怀化一体推进访源、诉源、警源“三源共治”，创建园区、校区、社区“三区警务”体系，溆浦县创新落实“二不决策、四让群众”工作理念，有效助力基层社会治理。

（二）大力提升社会治理智能化水平

1. 完善城乡社会治理智能感知系统布局，增强社会治安态势感知能力

深化“雪亮工程”建设与应用，积极推进“中小学安防设施建设”重点民生实事项目建设，截至12月底，全省各类公共部位视频监控摄像头累计建设达231.9万个（2022年新建34.8万个），基本实现对重点公共区域和重点行业、重点领域重要部位的覆盖。突出视频监控资源联网共享，以省级共享交换平台为中枢，汇聚各级各部门视频监控资源72.8万路，初步形成跨级跨部门视频图像共享应用能力。省“雪亮工程”示范和重点支持城市项目（共6个）已全部通过中央的验收评估。强化实战应用，将“雪亮工程”与社会治理各项工作进行有机融合，实现“雪亮工程+N”，有效发挥其在治安防控、防灾减灾救灾、服务发展、智慧治理、保障民生等方面的优势和作用，目前视频监控直接或间接破获刑事、治安案件比例达60%以上。指导协调各地各部门结合实际，有序推进X光机安检、水电煤气异常情况实时监测、微信群感知、消防末端感知等系统建设，提升对“人、地、物、事、组织、网络”等社会治理基本要素的智能感知管控能力。

2. 开展网格化服务管理标准化建设，提升基层社会治理智能化水平

坚持和发展新时代“枫桥经验”，健全乡镇（街道）政法委员统筹协调工作机制，加强乡镇（街道）综治中心规范化建设，市、县、乡三级综治中心建成率分别为100%、100%、99.75%。整合部门资源，融合共建“全科网格”，共划分网格12万多个，配备专兼职网格员15万多人，构建基层治理“一张网”。完善与相关省直部门、市州涉及社会治理的数据共享交换机制，健全“信息收集—分析研判—任务派遣—监督管理—问题处理—核实结案—考核评价”的事件发现与处理机制，强化“12345”社会求助系统、“110”报警服务系统、综治信息系统的联动整合。全省共采集综治基础数据1.92亿条，累计录入矛盾纠纷、治安隐患等各类事项3123.7万件，处理3034.9万件。综治视联网市、县、乡、村的联通率分别为100%、

100%、98.7%、76.7%。协调省住建厅将加快“人、地、物、事、组织”等社会治理基本要素数字化、标准化转型，加强智慧社区建设等内容纳入《湖南省全面推进城市信息模型（CIM）基础平台建设工作方案》，推动基础数据一次采集、多方利用。将社会智治建设的技术难点、盲区弱项列入省重点科技攻关计划、省智库重点研究课题，明确任务要求和时间节点，提供配套研究经费，集中公开发布，鼓励有实力的科研院所、高科技企业前来“揭榜应战”，有条件的地区先行先试，形成“一地创新、全域受益”的良好局面。“基层社会治理中重点人群行为态势关键技术研究”“基于多源传感和边缘计算的违禁品智能识别技术与应用”已列入省2023年度社会发展领域重点研究计划项目，“提升社区治理韧性研究”列入省智库2023年度重点研究课题，社会治理风险监测预警防控应用正在益阳试点建设。

（三）大力化解矛盾纠纷

以护航党的二十大胜利召开为工作主线，创新和发展新时代枫桥经验，部署开展矛盾风险隐患大排查大化解和婚恋家庭纠纷排查化解专项行动，推动构建重大风险“预见、应对、处置、总结、提升”闭环机制，最大限度地把隐患消灭在萌芽状态。一是把好源头关。完善重大决策社会稳定风险评估机制，做实源头减量工程，开展平安创建活动，依托网格化服务管理、平安建设微信群、综治信息平台、城乡社会治理智能感知系统和政府公共服务平台等平台系统，努力把问题解决在决策之前，做到防范在先。二是把好排查关。制定《全省党的二十大维稳安保突出风险问题及责任清单》，每月调度工作情况，下发情况通报，对排查出来的风险隐患，及时组织风险评估，根据风险等级及时提出预防处置意见，确保“民不转刑、刑不转命”。建立一命案一分析制度，严格溯源矛盾纠纷排查、调解、处置情况，倒逼各部门举一反三，补齐短板弱项。三是把好协同关。建立健全调解、仲裁、行政裁决、行政复议、诉讼等多元化纠纷解决机制，完善人民调解、行政调解、司法调解“三位一体”矛盾化解机制，积极拓展第三方参与矛盾化解的制度化渠道，切实做到工作联动、问题联治、矛盾联调、风险联控、平安联创。

四是把好责任关。落实各级党委和政府主要领导负总责、分管领导具体负责、其他领导“一岗双责”的领导体制，严格落实“属地管理”“条块结合，以块为主”和“谁主管谁负责、谁审批谁负责、谁监管谁负责”的责任制度，对重点矛盾纠纷，建立清单台账，采取挂牌督办、领导包案等方式，逐级压实责任，坚决稳控化解。

（四）常态化推动扫黑除恶

各地各有关单位认真贯彻落实中央、省委决策部署，紧紧围绕全国扫黑办“十件实事”和省扫黑除恶“十五项工作”，以强烈的政治担当、使命担当、责任担当，狠抓常态化扫黑除恶各项工作推进，取得了显著成效。

1. 持续加强常态化扫黑除恶组织保障

省委、省政府将扫黑除恶工作纳入经济社会发展全局谋划推进，纳入省绩效考核、平安建设考评体系，作为政法工作和平安建设的重点任务进行部署。省委书记张庆伟、省长毛伟明充分履行第一责任人责任，多次听取工作汇报，作出批示指示。省委常委、省纪委书记、省监委主任王双全多次听取重点案件办理情况，要求常态化惩治涉黑涉恶腐败和“保护伞”力度不减、尺度不松。省委常委、省委政法委书记、省扫黑除恶斗争领导小组组长魏建锋高度重视常态化扫黑除恶工作，亲抓直管、靠前指挥，亲自研究调度重大涉黑恶案件线索，审定重要工作方案，先后33次作出工作批示，为全省扫黑除恶斗争谋篇布局、凝心聚力。省扫黑除恶斗争领导小组先后两次组织召开全省常态化扫黑除恶斗争推进会，全力推进常态化扫黑除恶走深走实。省扫黑办充分发挥牵头抓总、统筹协调、督办落实职能，加强协同攻坚，推进齐抓共管。各成员单位和各市州领导小组自觉扛牢政治责任，出台制度文件，明确任务分工，压实工作责任。

2. 坚持除恶务尽，始终保持对黑恶势力的高压严打态势

强化重点线索核查，推进线索核查进度，对12337平台以及自收的有效线索全面清仓起底。2022年，12337平台线索222条，已核查完结220条，核查期满完结率99.1%。强化大要案攻坚，实行重大复杂案件“省级统筹、

领导包案、骨干蹲案”和涉黑案件及重大涉恶案件均由省法院、省检察院把关指导。2022 年，全省共打掉涉黑组织 17 个、涉恶犯罪集团 161 个、恶势力犯罪团伙 80 个，破获刑事案件 1570 起。

3. 坚持严督实导，推动工作责任落实落地

充分发挥督导督查利剑作用，采取书面督导、电话督导、实地督办、专项督查、全面督查相结合等多种方式，切实加强督查督导工作，层层压实工作责任，推动各项工作落实落地。常态化开展日常督办，采取周调度、月考核、季通报等方式，对重点案件线索跟踪调度，下发线索核查通报，多次召开重点案件协调会，推动重点线索查深查透、重点案件攻坚突破。及时派出工作组，对重点挂牌市县和有关行业开展专项督导工作。各市州结合本地实际开展对下督导。2022 年 9~10 月，对 14 个市州和 4 个省直政法单位开展“四不两直”全面督导，通过听取汇报、实地走访查看、个别谈话、查阅资料等方式全面掌握工作情况，督导指导帮助解决疑难复杂问题，取得了很好的效果，得到建锋书记的批示肯定。

4. 坚持广泛宣传，持续营造常态化扫黑除恶斗争良好社会氛围

坚持扫黑除恶宣传内外结合、上下互动、无缝对接，形成“省扫黑办管总、市县管面、行业管线”宣传工作格局。针对社会关注的重大敏感案件正面发声，及时引导，回应关切；针对典型案件开展以案说法，切实弘扬法治文化。全省各级各部门将《反有组织犯罪法》宣传贯彻作为政治任务统筹推进，将宣传贯彻工作列入议事日程，认真组织，有力推进。综合运用省市党报、党刊等主流媒体和新湖南、红网微信公众号等网络新媒体，建立横向到边、纵向到底的宣传矩阵。全省共举办专题讲座、培训辅导 2.2 万余场次，深入乡村、社区、学校、企业宣传 12 万余场次。新媒体线上宣传 32 万余次，阅读点击量达 500 万人次；线下布置宣传海报、横幅、显示屏 62 余万处，在 7 万辆公交车、出租车上进行文字滚动宣传，发放宣传册、纪念品 875 万余件。人民群众运用法律与黑恶势力作斗争的勇气和信心不断增强。湖南省宣传贯彻有关做法被全国扫黑办工作简报、人民网推介。

（五）不断深化平安创建活动

1. 坚持高位推动，不断完善体制机制

省委、省政府坚持统筹发展和安全，把平安建设纳入经济社会发展总体规划中一体谋划、一体部署，主要领导亲自调度推进。各级领导班子、领导干部严格落实平安建设领导责任制规定，切实担负起维护一方稳定、确保一方平安的重大政治责任。省平安建设领导小组不断完善实体化运作制度机制，充分履行统筹谋划、协调推动、督办落实、考评激励等职责，有效整合各方资源力量，协调推进平安建设，先后组织召开四年一度的平安湖南建设表彰大会、党的二十大维稳安保工作部署会议暨更高水平的平安湖南建设工作会议，制定出台《2022年平安湖南建设工作要点》《全省党的二十大维稳安保工作方案》，为深化平安湖南建设提供基本遵循。市州、县市区充分发挥平安建设工作协调机制作用，不断优化完善平安建设考评体系，建立了权责明晰、高效联动、上下贯通、层层推进的平安建设指挥体系。

2. 坚持防范风险，不断提升防控能力

贯彻落实总体国家安全观，深入推进政治安全保卫“七大体系”建设，深化反颠覆反邪教反恐怖斗争。坚持打、防、管、控并举，加快构建立体化智能化社会治安防控体系，强力推进公安大数据中心、大数据平台、智慧公安系统“三大工程”建设。建立重大风险“预见、应对、处置、总结、提升”闭环机制，推动矛盾纠纷源头治理、多元化解，最大限度地把隐患消灭在萌芽状态。加强重点人群服务管理，部署开展易肇事肇祸精神障碍患者摸排救治，健全社会心理服务体系和危机干预机制，有效防范化解个人极端案事件风险。围绕“发案少、秩序好、群众满意”的具体目标，分类推进各领域各行业平安创建活动。

3. 坚持重点整治，不断增强平安质感

坚持以人民为中心，对涉黑涉恶、性侵未成年人、养老诈骗、电信网络诈骗、黄赌毒等群众深恶痛绝的各类违法犯罪始终保持严打高压态势，对社会治安重点地区和突出治安问题开展排查整治，全力维护人民群众的生命财

产安全。深入开展“利剑护蕾”专项行动和未成年人保护综合治理工作，全省立案2491件，破案2481件，破案率99.6%，共抓获犯罪嫌疑人3487人，13人被依法判处死刑；两次开展专项督导，推动全省发案呈明显下降趋势。部署开展打击整治养老诈骗专项行动，坚持宣传教育、依法打击、整治规范“三箭齐发”，全省立案1482起，破案1405起，查处涉案资金92.2亿多元，追赃挽损30.6亿多元。加强重大安全隐患防范治理，全省较大事故数、死亡人数同比分别下降35.3%、43.55%，重特大道路交通事故“零发生”。

二　2023年工作展望

总体思路：深入贯彻落实党的二十大精神和省委第十二届三次全会、省委常委会会议要求，坚定不移贯彻总体国家安全观，坚持以共建共治共享为导向，以防范化解影响安全稳定的重大风险为切入点，以市域社会治理现代化、基层社会治理创新、平安创建活动为着力点，不断创新理念思路、体制机制、方法手段，全面提升平安建设科学化、社会化、法治化、智能化水平，推动《“十四五”平安中国建设规划》主要指标、重点任务落地见效，加快建设更高水平的平安湖南，以新安全格局保障新发展格局，为全面建成社会主义现代化新湖南创造安全稳定的政治社会环境。

（一）深入推进市域社会治理现代化

推动第一期试点市州按照中央政法委《全国市域社会治理现代化试点工作验收办法》明确的任务，严格按照时间节点、验收流程和具体任务，分层次、分步骤、高标准推进各项验收工作。对市域内存在的矛盾风险进行全面摸排，对社会治理中的薄弱环节和难点问题进行深入查找，对主客观原因进行具体分析，研究提出有针对性的对策建议，推进提高治理效能、降低治理成本，挖掘培育一批试点优秀创新经验，推动有关工作取得明显成效。同时，部署第二期市州试点工作，全面提升全省社会治理水平。

（二）推进社会治理整体智治

推进基层治理数据共建共享，努力实现对人、地、物、事、组织等基本要素的精准管控。加强各级综治中心标准化、实体化建设，做实基层治理实战化平台。实施“互联网+基层治理”行动，深化网格化服务管理，构建网格化管理、精细化服务、信息化支撑、开放共享的基层管理服务平台。深化社会治理专门平台、专业系统、应用场景的建设与应用，优化工作流程，提升社会治理智能化水平。

（三）坚持和发展新时代“枫桥经验”

推进乡镇（街道）矛盾纠纷多元化解“一站式”平台建设，实现政法及有关单位与基层党政组织、社会力量协同发力，实现群众诉求一站式接收、一揽子调处、全链条解决。完善新形势下人民内部矛盾处理机制，畅通和规范群众诉求表达、利益协调、权益保障通道，完善网格化管理、精细化服务、信息化支撑的基层治理平台，及时把矛盾纠纷化解在基层、解决在萌芽状态。按照中央政法委要求，配合做好“枫桥经验”纪念大会筹备工作，并推荐一批乡镇（街道）“枫桥式”工作方法。

（四）健全扫黑除恶长效机制

贯彻实施《反有组织犯罪法》，常态化开展扫黑除恶，抓好扫黑除恶常态化“十件实事”的落实。深化线索直核、伞网深挖、执行攻坚、境外追逃、案件督办等工作，全力追捕涉黑涉恶“漏网之鱼”、持续整治“村霸”。深化信息网络、自然资源、交通运输、工程建设等行业领域监管和专项整治。

B.5
2022年湖南教育发展情况及2023年展望

湖南省教育厅课题组*

摘　要： 2022年，湖南教育系统党的领导全面加强，立德树人扎实推进，民生实事抓实办好，服务效能不断提升，改革创新持续深化，基础保障得到强化，安全稳定得到有力维护。湖南教育发展整体水平与先进省份相比、距离教育强省的目标要求仍有较大差距，不少方面仍存在短板弱项。2023年，全省教育系统将全面贯彻党的二十大精神，锚定加快建设教育强省目标，坚持稳中求进工作总基调，致力于教育、科技、人才三位一体统筹推进，努力建设高质量教育体系，着力办好人民满意的教育，为落实“三高四新”美好蓝图、奋力谱写中国式现代化湖南新篇章作出新贡献。

关键词： 教育强省　高质量教育体系　湖南省

一　2022年湖南教育事业发展情况

2022年，全省教育系统坚持以习近平新时代中国特色社会主义思想为指导，紧紧围绕迎接学习宣传贯彻党的二十大主题主线，迎难而上、真抓实干、争先进位，推动教育事业发展取得新进展新成效。

---

* 课题组组长：王玉清，湖南省委教育工委副书记，省教育厅党组副书记、副厅长。课题组副组长：余伟良，湖南省教育厅办公室主任。课题组成员：郭尚武、李永睿、王可、汤灵。

（一）党的领导全面加强

省委十二届三次全会作出“加快建设教育强省”的决策部署。十二届省委第一次专项督查就是落实教育优先发展，省委书记第一次专题会议就是研究改善高校办学条件。省委决定由省委副书记兼任教育工委书记，目前已有10个市州和40个县市区对标建立教育工委机制，各地党委教育工作领导小组的高位统筹作用充分发挥。推动落实高校党委领导下的校长负责制，建立负面清单、开展专题研讨和专项督查；中小学校党组织领导的校长负责制落实69.7%。稳妥推进直属高职院校换届，加强民办学校和校外培训机构党建工作，新增43个党组织为全国“双创”项目建设单位，加强流动党员教育管理的经验被中组部推介。统筹推进本科高校巡视整改，全面加强清廉学校清廉机关建设，省教育厅入选省直2个清廉机关样本之一。持续推进教育系统正风肃纪反腐，统筹抓好非教育事项进校园、高等学历继续教育、校外违规培训、教材教辅资料等专项整治，严肃查处一批违纪违法问题，风清气正的政治生态和育人环境逐步形成。在省委抓基层党建工作年度述职中，省委教育工委获评最高档“好”等次。

（二）立德树人扎实推进

广泛开展迎接党的二十大系列主题活动，推动党的创新理论和二十大精神进教材、进课堂、进头脑，在全省高校全面开设习近平新时代中国特色社会主义思想概论课，广大师生听党话、跟党走的磅礴力量进一步汇聚。深入推进“三全育人”综合改革，投入4600万元建设一批思政平台、精品项目和“金课”。建强高校思政工作“三支队伍”，在辅导员国赛中湖南1名选手以全国第一名获“十佳标兵”、2名获“特别表现”奖，获奖情况继续居全国第一，入选“最美高校辅导员”“辅导员年度人物”数均占全国总数的10%。“我是接班人”“为时代育新人”网络大课堂总学习人次近15亿，在全国产生广泛影响。芙蓉学校共享“红色课堂”的做法被《人民日报》和央视《焦点访谈》报道。实施体育美育三年行动计划，启动中小学劳动教育实验县、实验校、实践基地建设。

（三）民生实事抓实办好

始终坚持以人民为中心发展教育，在更高水平上不断满足人民群众教育需求。着力扩大优质高等教育资源供给，通过多方积极争取，本科录取人数较上年增加2.86万人，增幅居全国第一，其中“双一流”高校在湘录取增加近4000人，农村和脱贫地区录取增加4700余人，深受老百姓好评；11所本科大学通过新建、扩容、租赁等多种方式新增床位约2.5万个，确保了新增学生住宿需求。启动实施职业教育“楚怡”行动，将其纳入省政府民生实事高位推进，14所中职学校改扩建项目全面开工，省、市、县三级已累计投入资金近20亿元。如期完成规范民办义务教育专项工作，相应增加公办学位44万个，民办学生占比降至4.24%，一年可减少老百姓学费负担60亿元。统筹推进“双减”取得阶段性成效，校内作业管控和课后服务实现全覆盖，线上线下学科类培训机构压减率分别达100%和83%，在全国率先将非学科类培训全面纳入监管。调研省内8万个样本后测算可知，每年可节省老百姓开支448亿元。持续加强学前普惠资源供给，普惠园覆盖率达89.55%，公办园在园幼儿占比55.2%，较上年增长1.41个百分点，超出国家规定5个多百分点，实现乡镇公办园全覆盖。加快推动义务教育优质均衡发展，完成419所乡镇标准化寄宿制学校建设，提质改造1100多所乡村小规模学校，主动将122个县市区纳入国家义务教育质量监测，出台提高义务教育质量的“省20条”，反响良好。

（四）服务效能不断提升

5所高校15个学科入选全国新一轮“双一流”建设序列，新增3个学科；第五轮国家学科评估中湖南获评的A类学科大幅增加；获批国家一流本科专业建设点184个、一流本科课程158门。继续实施研究生教育“质量工程”和“创新能力提升工程”。新获国家自然科学基金项目1547项、国家社科基金项目278项，在全省占比分别达97%和95%以上；教育部认定湖南高校2个省部共建协同创新中心，全省认定15所高校为首批科技成果转化与技术转移基地。加快部省共建职教高地建设，全面实施“双高”“双优”计划，湖南职教再获国务院真抓实干督查激励。在就业市场低迷的情况下，高校毕业生去向落实率为 88.04%，与上年基本持平。出台振兴乡村教育和教育振兴乡村一系列举措，有力有序落实各项学生资助政策，全年共发放各类资助资金 80.97 亿元，资助学生 685.65 万人次。

（五）改革创新持续深化

稳步推进教育评价改革试点省建设。完善新高考政策办法，进一步改进和规范中小学招生入学工作。研制加强基础学科人才培养实施意见，出台加强普通高校教风学风建设的文件，探索开展中高职贯通培养，开展教育教学成果评奖，推出了一批改革创新典型，石门足球育人经验被中央深改办向全国推介。有序推进省直单位主管高职院校管理体制调整，9 所高职院校平稳移交省教育厅管理。完成首次市县两级政府教育履职评价，实施首次线上线下高中阶段学校督导评估，完成首轮幼儿园办园行为督导，在全国首个开展民办高校专项督导。加快教育数字化转型，获批国家智慧教育平台整省试点。教育政务服务“三化”改革提质增效，全省教育系统窗口累计办件 65.6 万件，省教育政务窗口再次以排名第一获优秀等次，被评为全省学雷锋活动示范点。

（六）基础保障得到强化

督促各地落实“两个只增不减”要求。全年全省公共财政教育支出 1502.5 亿元，增长 9.4%，高出全国 3.9 个百分点。2022 年高校盘活资产所得收益 19 亿元，争取中央强国工程投资 5 亿元，改善高校办学条件发行地方专项债 4.18 亿元，有关院校设备购置与更新贴息政策贷款获国家审批额度 76.85 亿元。巩固拓展师德师风建设年活动成果，出台高校教师违反职业道德行为处理办法，省教育厅建立委厅领导联系教师制度，推动教师地位和待遇不断提升。继续实施乡村教师公费定向培养专项计划，目前全省已累计培养 5.45 万人，成为全国典范，做法获国办推介。开展徐特立教育奖评选等活动，涌现了“全国教书育人楷模”郭晓芳、“最美科技工作者”梁步阁等一批先进人物。

（七）安全稳定有力维护

积极应对政治大年多重风险与挑战，落实意识形态工作责任制，统筹抓好疫情防控与教育重点工作，大力处置因疫涉稳事件，确保了教育系统阵地稳固、人员稳控、校园稳定。防范性侵学生专项整治初见成效。配合做好“4·29”望城居民自建房倒塌特别重大事故处置安抚工作，全面开展教育安全“百日攻坚行动”，受到中央领导多次肯定。坚持不懈抓好防溺水工作，学生溺亡人数2022年比2021年下降46%，对此毛伟明省长先后4次予以表扬。

二　存在的困难和问题

湖南教育发展整体水平与先进省份相比、与教育强省的目标要求比仍有较大差距，不少方面仍存在短板弱项。一是教育发展不够充分、资源供给不足；二是教育发展不平衡、协调性不够，地区间教育水平差距大，“城市挤、乡村弱”和校际差距大的现象仍很突出；三是人才培养体系不健全、质量不高；四是学科专业结构不优、支撑服务能力偏弱；五是师资和投入不足，基础保障滞后。

三　2023年湖南教育事业发展重点

2023年，全省教育系统将以习近平新时代中国特色社会主义思想为指导，全面贯彻党的二十大精神，紧紧围绕加快建设教育强省，坚持稳中求进工作总基调，对标对表省委、省政府重大决策部署和教育部专项行动及重大项目，加强教育、科技、人才“三位一体”统筹推进，努力建设高质量教育体系，着力办好人民满意的教育，为实现“三高四新”美好蓝图、建设社会主义现代化新湖南作出新贡献。

（一）以学习贯彻党的二十大精神为主线，谋划推进教育强省建设

按照党中央统一部署和省委要求，扎实开展主题教育，把持续深入学习习近平新时代中国特色社会主义思想和党的二十大精神作为首要政治任务，深刻领悟“两个确立”的决定性意义，坚决做到“两个维护”。专门组织专家团队逐字逐句学习解读党的二十大对教育的新部署新要求，开展贯彻落实的专题研究。全方位组织开展教育强省重大专项调研行动，梳理安排“人无我有”的战略先手任务、“人有我强”的战略必争任务、“人强我优”的战略制胜任务，研究好建设的主要目标，设计好未来发展的“四梁八柱”。高规格召开教育强省建设推进大会，出台专门文件，进行全面部署动员，凝聚各方合力，加快推动教育强省建设。

（二）以立德树人为根本，推进“五育”融合发展

把实施“时代新人铸魂工程”摆在首要位置。深入推动习近平新时代中国特色社会主义思想和党的二十大精神进教材、进课堂、进头脑，用好《学生读本》，开好《概论》课。用好用活湖南红色文化等思政资源，构建高质量思政工作体系，推进大中小学思想政治教育一体化建设。持续创新“我是接班人”“为时代育新人”等大思政课，开展系列主题活动和项目建设，擦亮湖南思政教育品牌。突出抓好教材建设与管理。把促进学生身心健康摆在突出位置。强化健康第一的教育理念，健全促进学生体质健康的长效机制。优化校园疫情防控措施，不断提升学校公共卫生管理基础能力。保证必要设施和工作力量，加强对学生的思想引导和心理疏导，用心用情去呵护学生的身心健康。把提升学生综合素养作为核心主题。明确 2024 年起将实验操作纳入中考，着力培养学生动手操作能力和科学素养。丰富科普资源供给，推动中小学校内与校外科普教育双向贯通。增强美育熏陶，加强劳动实践教育。大力开展读书行动，引导学生养成爱读书、读好书、善读书的良好习惯。把健全学校家庭社会育人机制作为政治任务。积极构建学校积极主导、家庭主动尽责、社会有效支持的协同育人新格局。

（三）以促进公平、提高质量为主题，推进基础教育提质扩优

推进学前教育、特殊教育“普及普惠发展”。提高公办园、普惠园在园幼儿占比，补齐乡镇中心园和城镇人口集中流入地短板。加强省、市、县、校四级特教资源建设，鼓励中小学设立特教班，推进普特教育融合。推进义务教育“优质均衡发展”。实施义务教育薄改与能力提升计划，加快乡村小规模学校优化提质，深化义务教育学区制管理和集团化办学。完善乡村教育振兴的政策举措，推进精准资助，健全控辍保学常态化机制，提升乡村学校办学水平。促进普通高中学校“多样特色发展”。启动100所县域普通高中“徐特立项目”建设。立足各地各校实际，优化学校布局，分类建设发展，探索形成科技高中、人文高中、外语高中、体艺高中和综合高中等多样化、特色化办学新格局。

（四）以增强职业教育适应性为重心，加快构建现代职业教育体系

深入实施“楚怡”行动。继续推进楚怡公办中职学校改扩建工作，推动新增100所中职学校办学条件达标。以“双高”“双优”建设为引领，充分发挥示范作用，打造湖南职业教育改革发展引擎。完善职业教育体系。构建普职横向融通和中职、高职、职教本科纵向贯通的育人模式和人才培养发展机制，探索本科高校和优质高职合作试点培养本科层次技术技能型人才，打通职业教育学生上升通道。持续深化产教融合。推动出台省部深化职业教育产教融合服务国家先进制造业高地建设的实施方案，打造一批区域产教联合体、行业产教融合共同体、园区产教融合实践中心，助力实体经济和制造业转型升级。

（五）以“双一流”建设为抓手，推进高等教育内涵式高质量发展

实施新一轮“双一流”建设。建好15个“世界一流建设学科”，抓好21个“世界一流培育学科”建设，推动更多高校更多学科冲刺“世界一流”。加快推动“十四五”高校设置工作，优化高校布局和资源配置，统筹推进高校分类分层发展。提高人才自主培养质量。推动优化与湖南电子信

息、新能源汽车、现代石化“新三样”相关的专业人才培养方案。加大统筹指导力度，引导和推进高校积极发展新兴专业，改造提升传统专业，打造特色优势专业，重点布局一批急需学科专业。加强基础学科拔尖创新人才自主培养，为破解关键技术领域“卡脖子”难题提供人才支撑。提升高校科技创新能力。聚焦国家和湖南战略需求，支持高校深度参与湖南四大实验室和四大科技基础设施的建设和运行。布局新建一批科技创新平台和团队，着力提高青年科技人才的参与比例。加强高校科技成果转化和技术转移基地建设，推动高价值专利成果来湘在湘转化落地。扩大优质高等教育资源供给。进一步争取教育部和相关高校支持，持续增加在湘本科招生计划，逐步扩大省属高校研究生培养规模。持续做好高校毕业生就业工作。强化就业指导服务，千方百计拓宽就业渠道，引导毕业生投入重点区域、重点行业及基层，加大对就业困难毕业生的指导帮扶力度，促进毕业生积极充分就业。

（六）以教育评价改革为牵引，深化教育领域综合改革

深化教育评价改革试点省建设。充分发挥教育评价改革牵头作用，推动中央《总体方案》和湖南《实施方案》落实落地。健全省市分工协作的督导评价机制，压紧压实各级党委、政府优先发展教育的职责。健全以居住证为主要依据的义务教育招生入学管理机制，扩大将优质普通高中招生计划分配到初中学校的比例，推动艺术类专业考试招生和专升本考试招生改革。推动“双减”走实走深。继续把“双减”工作摆在突出位置，提高课堂教学水平、作业设计水平和课后服务水平，出台分学科课堂教学和作业设计指南，利用非学科类机构资源拓宽学校课后服务渠道。加强校外培训执法力量建设，依法严查隐形变异违规培训。引导规范民办教育发展。坚持分类指导、因校施策，全面规范各级各类民办教育发展，引导和促进民办学校全面加强内涵建设、提升质量形象。实施教育数字化战略行动。扎实推进国家智慧教育平台应用整省试点，加强教育新型基础设施建设，拓展平台在服务教育教学、教育均衡、乡村振兴等方面的融合应用。深化数字校园建设，创新数字教育资源供给，以数字化、信息化引领支撑教育现代化。

（七）以加强党的全面领导为关键，推进教育治理体系和治理能力现代化

健全党对教育工作全面领导的体制机制。严格落实高校党委领导下的校长负责制，推动中小学校党组织领导的校长负责制全覆盖。推动民办高校党建工作重点任务落地落实。继续推进高校“对标争先”和基层党组织示范点建设。推动清廉学校建设，系统治理继续教育违规乱象，全面净化教育生态。完善教育经费保障机制。强化政府教育投入法定责任，建立教育经费投入监测机制，依法落实“两个只增不减”。有效拓宽教育投入渠道，用好用活相关政策，加快改善办学条件。加强教师队伍建设。持续完善师德师风建设体系，选树宣传优秀教师典型，严肃查处各类师德违规问题。实施“特岗”“银龄”计划及教师转岗培训，推动义务教育教师“县管校聘”和教师、校长交流轮岗。实施新时代基础教育名师名校长“百千万”计划，分学段分学科（领域）集中培养一批省级名校长、名教师。设立一批省级教学改革研究项目，促进教师教学教研水平整体提升。维护校园安全稳定。树牢底线思维，守住学校政治安全和意识形态安全，全面落实意识形态工作责任制。建立健全安全治理体系，着力推动落实“四方责任”，突出抓好防溺水、防性侵、防欺凌和暴力伤害、扫黑除恶等重点专项工作，理顺校车安全管理体制。认真落实“乙类乙管”下疫情防控各项措施，最大限度地保障师生生命安全和校园平安稳定。提升依法治教水平。加快完善政策法规体系，推动民办教育促进法实施办法、职业教育法实施办法修订工作，大力推进依法治校，推动学校章程建设，深入开展法治宣传教育。

B.6

2022年湖南民政事业发展情况及2023年展望

曹忠平*

摘　要： 2022年，在省委省政府的坚强领导下，湖南民政系统认真学习贯彻党的二十大精神，立足“三高四新”战略定位和使命任务，兜底保障基本民生，倾情关爱“一老一小”，创新基层社会治理，推动全省民政事业高质量发展取得新成效。2023年，湖南民政系统将以习近平新时代中国特色社会主义思想为指导，不断完善社会救助体系，促进基本养老服务发展壮大，全力加强未成年人关爱保护，统筹推进基层社会治理现代化，提升专项社会事务管理水平，以民政事业高质量发展服务全省工作大局。

关键词： 兜底保障　“一老一小”　社会治理　湖南

一　2022年全省民政工作情况

2022年是极不平凡、极不寻常的一年，全省民政系统以迎接、学习、贯彻党的二十大精神为主线，以习近平新时代中国特色社会主义思想武装头脑，在省委、省政府的坚强领导下，接受中央审计和省委巡视双重政治体检，在狠抓问题整改中“刮骨疗伤”，在狠抓作风建设中“强筋健体”，在狠抓工作落实中建设“有为民政”，带领全省民政干部全力保民生、兜底

* 曹忠平，湖南省民政厅党组书记、厅长。

线、救急难、促稳定，推动全省民政事业发展取得新成效，社会救助、养老服务、区划地名、殡葬改革、福彩发行等20多项工作在全国创造成功经验。

（一）全面加强党的领导

强化理论武装。将学习贯彻党的二十大精神作为首要政治任务，举办全省民政系统党的二十大精神培训班，多次邀请专家教授集中辅导，通过党组会议、中心组学习进行研讨，通过党组带头学、专家辅导学、支部跟进学、系统联动学，深刻领悟“两个确立”的决定性意义，不断增强“四个意识”，坚定“四个自信”，做到“两个维护”。强化政治统领。坚决扛起管党治党政治责任，制定加强班子自身建设意见，强化湘民讲坛政治属性，创新开展青年理论研讨，落实“第一议题”制度，全年组织理论学习48次，举办湘民讲坛6期，以“四个意识”为标杆接受省委巡视，动真碰硬抓好巡视组反馈的83个具体问题整改，建立110项制度。强化机关党建。实施支部“五化”提质工程，落实“三会一课”制度，组织开展新时代文明实践、“支部联基层”、主题党日活动80多次，挖掘宣传“百年党史中的民政故事”201个、老区红色故事80多个，基层党组织政治功能明显增强。强化清廉建设。部署启动清廉民政建设，全省开展作风建设专项行动，联合各级纪委监委派驻纪检监察组狠抓养老专项监督，开展困难群众救助补助资金审计发现问题专项治理，专项整治违规收送红包礼金问题，严查群众身边腐败和不正之风，保障了民政事业健康发展。

（二）兜底保障基本民生

助力乡村振兴。紧紧围绕巩固拓展脱贫攻坚成果与乡村振兴有效衔接，制定支持重点帮扶县十条举措，全力加大老区、驻村帮扶力度，建立社会救助主动发现机制，大力推进低保“扩围增效”，坚决防止规模性返贫，全年认定低保边缘家庭9.47万户30.34万人，将90.55万名脱贫人口、22.55万名防止返贫监测人口纳入社会救助保障范围。强化兜底保障。部署增发一次性补贴，累计为低保和特困人员发放一次性补贴46542.2万元，惠及困难群众

214.08万人。指导14个市州先后启动价格联动机制，累计为困难群众发放物价补贴643.95万人次，发放资金1.38亿元。全年开展临时救助55.85万人次，因疫救助10685人次，因灾救助4.75万人次，流浪救助6.8万人次，救助管理机构实现“三个清零”。办好民生实事。全省城乡低保平均标准分别达到619元/月和5593元/年，月人均救助421元和271元；困难残疾人生活补贴和重度残疾人护理补贴平均每人每月85.6元和79.3元，均超过省定最低指导标准；实施特殊困难老年人家庭居家适老化改造20051户，新增养老机构护理型床位5000张，圆满完成省政府既定任务。深化救助改革。发挥城乡社会救助体系建设协调小组作用，持续推进34个市县开展改革试点示范，推动市州完成2项以上、县市区完成3项以上改革事项。积极推进“精准救助先行区”建设，全省县市区实现收入精准核算、对象精准认定、资金精准发放。

（三）倾情关爱“一老一小”

加强养老服务体系建设。制定出台推进基本养老服务体系建设的实施方案，在全国率先颁布养老助餐服务省级地方性法规，指导4个市纳入国家居家和社区基本养老服务提升行动项目，全省实现基本养老服务补贴全覆盖，城乡社区居家养老设施覆盖率分别达到96.9%和65.7%。加强养老服务综合监管。全力化解养老服务领域涉嫌非法集资存量案件，全年立案26家，判决16家，有序整治10家。推行特困供养服务机构由“乡建乡管”改为“县建县管”，关停并转240余家特困人员供养服务机构，有效提升农村兜底养老服务质量。开展养老机构安全生产专项整治行动和房屋安全隐患排查整治“百日攻坚”行动，整改养老消防安全隐患4900多个，支持15个县市区建设县域安联网。加强未成年人关爱保护。全面落实未成年人保护法，推动各级党委、政府建立领导协调机制，两次开展全省未成年人保护综合治理专项督导，有效保护未成年人合法权益。目前，全省各地共成立未保中心82个，乡镇（街道）建立未保工作站1313个，覆盖率达67.5%，7个县市区成功创建全国未成年人保护示范县市区。提升儿童福利工作质量。孤儿及事实无人抚养儿童散居和集中养育基本生活标准每人每月达到1006元和

1447 元。积极推进儿童福利机构转型发展，全省实现孤弃儿童市州集中养治教康。举办各类关爱保护活动 6 万多场，链接社会资源 1.3 亿元，关爱农村留守和困境儿童 39 万人次。

（四）创新基层社会治理

深化基层民主自治。制定出台加强基层治理体系和治理能力现代化建设的实施意见，编制湖南省“十四五”城乡社区服务体系建设规划，建立村规民约监督和奖惩机制，对全省 2.4 万个村“三资”进行监督清理，全省实现村居议事协商全覆盖，“三个清单”得到全面有效落实，切实为基层减负赋能。规范社会组织管理。完善综合监管机制，扎实开展行业协会商会脱钩改革“回头看”，查处非法社会组织 219 家，清理“僵尸型”社会组织 1261 家，持续整治行业协会商会违规收费行为。全面加强社会组织党建引领，制定支持社区社会组织发展政策，全省社会组织总量达到 3.77 万家，引导 5200 家社会组织参与乡村振兴，建设“四个小屋”（宝贝小屋、直播小屋、阅读小屋、医生小屋）240 间、惠及 30 余万人。加强区划地名管理。全面加强党对行政区划工作的领导，全局谋划全省区划调整方案。宣传贯彻地名管理条例，衡阳、邵阳、郴州等地大力建设平安边界，全省完成鄂湘线、湘黔线和 49 条市县界线联检和 160 多万条地名审核，稳慎清理整治不规范地名 133 个，《湖南古镇》正式出版，湖南省管界治界做法得到民政部高度评价并推介。发展社工志愿服务。建立社工督导的激励、使用和信用评价机制，创新推进“五社联动”，开展社工站星级评定，推动建成 1000 多个星级社工站，社会工作专业人才总量达到 9 万人。全面开展志愿服务记录与证明抽查工作，全省民政部门注册登记志愿者达 742 万人，社区志愿服务站点覆盖率达 92%。

（五）发展社会福利事业

持续推动殡葬改革。启动全省殡葬改革综合试点，长沙惠民殡葬、岳阳违建墓地整治、益阳全域火化、吉首分类施策等经验推动全省殡葬改革稳中有进、稳中向好，全省火化量较2021年增加了15%，整治违建墓地6.5万余座，殡葬服务价格普遍下降20%以上。部署推进婚俗改革。实现婚姻登记“全省通办”，完成档案电子化近1000万份，办理婚姻登记38.35万对，全省111个婚登机关达到3A标准，市县普遍建立特约颁证员制度、举办国潮等集体婚礼，开展婚姻家庭辅导11万人次。精神障碍社区康复服务8.8万人，“五大爱残助残行动”关爱11万余人次。加强残疾人福利保障。开展残疾人“两项补贴”精准认定，部署开展“五大爱残助残行动”，通过主动服务将7.6万名特殊困难残疾人纳入社会救助保障范围，2.9万多名精神障碍患者得到集中治疗和康复，免费为3700名残疾人发放康复辅具、免费开展精神社区康复服务2.8万人11.5万人次。大力发展慈善事业。加强慈善组织日常监管，强化慈善组织信息公开，举行“爱心改变命运”20周年活动暨“中华慈善日”宣传活动，依托慈善超市、乡镇社工站、乡村相见小院、爱心传承基地等平台，打造基层慈善空间1200多个，全年募集慈善款物29.4亿元。实施福彩“十百千万”工程，建设福潮渠道，布局智慧站点，融合多种业态，擦亮公益形象，福彩2022年发行58.47亿元，呈现稳中求进、健康发展良好态势。

（六）激发民政治理效能

加强“五化”建设。全年出台民政政策法规9个，制定地方标准4个，新建信息系统13个，支持重大项目建设205个。加强新闻宣传。落实意识形态责任制，深化厅媒合作共建，联合《湖南日报》、《中国社会报》、湖南经视、湖南电台、新湖南、红网等新闻媒体共同讲好民政故事，全年刊发宣传报道2000余篇。改进政务服务。实现扶残助困、婚育、身后“一件事一次办”，婚姻登记、社会救助、养老服务、儿童福利等7项业务实现“网上办”“掌上办”，信访、保密、统计等工作得到全面加强，政务公开走在全省前列。抓好安全生产。全年开展安全生产“四不两直”检查3次，暗访民政服务机构400多个，每季度召开全省安全生产视频会议，督促整改风险隐患。抓好疫情防控。严格落实防重症、防死亡“乙类乙管”防控要求，建立“四个一”医疗救治机制，抓实抓细民政服务机构各项防疫措施，有效防止了聚集性疫情发生，保障了服务对象生命健康安全。

二 2023年民政事业发展思路

2023年是全面贯彻落实党的二十大精神的开局之年，是实施“十四五”规划承上启下的重要一年，全省民政系统将坚持以习近平新时代中国特色社会主义思想为指导，全面贯彻落实党的二十大精神，深入贯彻落实习近平总书记关于湖南工作、民政工作的重要指示批示精神，坚持和加强党的全面领导，坚持以人民为中心的发展思想，坚持稳中求进工作总基调，完整、准确、全面贯彻新发展理念，全面落实“三高四新”战略定位和使命任务，把握和落实“发展六仗”要求，着力加强民政“五化”建设，致力打造“四个先行区”，更好地统筹疫情防控和服务群众，更好地统筹发展与安全，坚持系统观念，全面深化改革，推进高质量发展，为全面建设社会主义现代化新湖南做出新的更大贡献。

（一）坚持和加强党的全面领导

坚持党要管党、从严治党，扛牢全面从严治党主体责任。完善党的领导机制，深刻把握民政工作政治属性，增强“四个意识”，坚定“四个自信”，做到“两个维护”，充分发挥党组把方向、管大局、抓落实的领导作用。加强基层组织建设，坚持党管干部原则，加强“四强”支部建设，增强党组织政治功能，建设忠诚干净担当的干部人才队伍，创建“三表率一模范”机关，积极服务保障中心工作开展。严明政治规矩纪律，严肃党内政治生活，培育积极健康政治文化，加强党员干部全方位管理、经常性监督、常态化教育，不断涵养风清气正的政治生态。

（二）完善分层分类的社会救助体系

办好民生实事，抓紧制定实施方案，强化地方财政配套，加强工作定期调度，确保城乡低保、残疾人“两项补贴”、孤儿和事实无人抚养儿童基本生活保障标准不折不扣提标到位。强化兜底保障，围绕巩固拓展脱贫攻坚成果与乡村振兴有效衔接，健全主动发现机制，加大主动救助力度，强化信息共享、监测预警，推动落实低保扩围增效，加大低保边缘人口、支出型困难人口救助力度，切实做好因疫因灾遇困人员基本生活保障。推进精准救助，修订社会救助家庭经济状况核对办法，完善低收入家庭核对机制，加快推进精准救助全覆盖，确保救助对象精准识别、收入信息精准核对、救助资金精准发放、保障政策精准衔接、救助需求精准供给。深化制度改革，发挥领导议事协调机构作用，推进社会救助政策衔接、对象认定互纳、部门资源统筹、数据信息共享、工作推进协同，加快形成综合救助格局。

（三）促进基本养老服务发展壮大

用好真抓实干指挥棒，推动各级党委真抓，相关部门实干，努力让广大老人过上更加幸福的生活。强供给，推动市县制定落实基本养老服务清单，通过问题整改、质量改造、资源整合、服务优化、“关停并转”等举措，加快公办机构提质升级，全年建设家庭床位 1.2 万张、养老助餐点 100 个以上。调结构，完善适度普惠性养老福利制度，协同推进长期护理保险制度建设，推动专业机构开展居家养老服务，完善社区养老服务中心功能，推进特困供养机构“县级统筹”，全面提升医养结合水平。提质量，推动养老机构“五统一”改造，加强护理型养老床位建设，开展标准化示范和等级评定，强化从业人员培训，举办养老护理员职业技能竞赛。活市场，加强养老机构纾难解困，深化政银政企合作，引导国有企业、国有资产、国有资本参与，支持民办养老企业健康发展，树立平台经济思维，实施互联网+养老工程，不断繁荣养老服务市场。抓监管，全面完成养老机构消防验收，持续整治养老领域各项风险隐患，坚决防范和打击养老服务领域非法集资等违法问题，牢牢守住老百姓的“养老钱”。

（四）全力加强未成年人关爱保护

强化工作责任，发挥各级未保领导协调机构作用，开展未成年人保护示范县创建，抓好重点问题检查督导，推动未保法全面落实。强化政策执行，推进儿童福利机构精准化管理、精细化服务，全面落实孤儿与事实无人抚养儿童政策，巩固深化孤弃儿童集中养治教康。强化关爱服务，加强儿童主任队伍建设，开展儿童之家示范创建，完善市县乡村四级保护网络，提高农村留守儿童关爱水平。强化社会动员，依托“五社联动”助推基层未保试点，大力引导社会组织参与“合力监护　相伴成长”行动，浓厚全社会关爱保护儿童氛围。

（五）统筹推进基层社会治理现代化

认真落实加强基层治理体系和治理能力现代化建设政策措施，认真实施《湖南省“十四五”城乡社区服务体系建设规划》，推动出台规范村级组织工作事务、机制牌子、证明事项实施意见，完善村（居）民自治体系，强化村规民约约束作用，加大民主协商力度，大力推进全过程人民民主实践。加强社会组织党建，大力支持社区社会组织、重点领域社会组织发展，严厉打击整治非法社会组织，积极引导社会组织服务湖南乡村振兴。规范区划工作，稳妥开展区划调整，修订街道设立标准，制定地名管理制度，完成边界联检任务，深化平安边界建设，让边界线成为助推边界地区乡村振兴的团结线、平安线。大力发展社会工作，组织实施“三区计划”“牵手计划”等重点项目，启动“五社联动”助力“一小一老”试点，开展基层社工站示范创建和星级评定，分类培育专业社工人才。大力发展志愿服务，加强社区志愿服务站点建设，规范志愿服务记录证明工作，培育民政领域志愿服务品牌，浓厚全省志愿服务氛围。

（六）提升专项社会事务管理水平

深化殡葬改革，制定完善殡葬事业发展政策，大力开展殡葬改革综合试点，完善惠民殡葬政策，稳步提高遗体火化率，推动节地生态安葬、农村土葬改革取得新进展。优化婚姻服务，制定新时代加强婚姻家庭建设政策文件，深入推进湖南婚俗改革，完成婚姻登记档案电子化，推动婚姻家庭辅导教育普遍开展。加强救助管理，规范救助工作流程，推动各项政策落实，开展专项执法检查，动态实现“三个清零”，严防发生冲击社会道德底线的极端行为。广泛爱残助残，加强精神卫生福利机构建设，制定困难重度残疾人集中照护服务政策，启动“精康融合”三年行动计划，推动“五大爱残助残专项行动”取得新成效。大力发展慈善事业，加强慈善组织专业化建设，开展慈善奖评选表彰，推进慈善总会系统协同联动，持续壮大慈善力量，打造助力乡村振兴品牌。

B.7
2022年湖南司法行政工作进展及2023年展望

湖南省司法厅课题组*

摘　要： 2022年，全省司法行政系统深入学习贯彻党的二十大精神，坚定践行习近平法治思想，奋发有为，攻坚克难，各项工作取得新进步、实现新进展。2023年，全系统将全面贯彻落实党的二十大精神，坚持党对全面依法治国的集中统一领导和对司法行政工作的绝对领导，坚持以人民为中心的发展思想，坚持更好地统筹发展和安全，重点做好七个方面工作：坚定拥护“两个确立”，坚决做到“两个维护”；强化科学统筹，奋力建设法治湖南；聚焦“三高四新”，深度服务经济发展；致力于防范风险，始终坚守安全底线；突出为民利民，不断优化法律服务；坚持强基固本，着力增强发展后劲；弘扬自我革命，从严锻造过硬铁军，奋力推进司法行政工作现代化，为全面建设社会主义现代化新湖南提供坚强法治保障。

关键词： 全面依法治省　司法行政　法治保障　湖南

一　2022年湖南司法行政工作进展

2022年，是党和国家历史上极为重要的一年，在省委省政府的正确领

---

* 课题组组长：方华堂，湖南省司法厅党组书记、厅长。课题副组长：李铖，湖南省司法厅办公室主任。课题成员：吴兆宏，湖南省司法厅办公室副主任；陈浪，湖南省司法厅办公室一级主任科员；曾郁，湖南省司法厅办公室二级主任科员。

导、司法部精心指导和省委政法委直接领导下，全省司法行政系统坚持以习近平新时代中国特色社会主义思想为指导，深入学习贯彻党的二十大精神，坚定践行习近平法治思想，奋发奋进、攻坚克难，各项工作取得新进步、实现新进展，为全省经济社会发展提供有力法治保障。部省领导多次作出指示批示肯定，多项工作走在全国前列、获得推广推介。

（一）坚定坚决做到“两个维护”

坚持政治机关定位，深入践行“司法行政讲政治”的要求，深刻领悟“两个确立”的决定性意义，进一步增强“四个意识”、坚定“四个自信”、做到“两个维护”。认真落实党组“第一议题制度”，及时跟进学习习近平总书记最新重要讲话重要指示批示精神，33 次党组会安排政治议题学习 118 次。组织全系统 1144 个基层党组织、1.6 万余名党员干部收看党的二十大开幕式盛况。全系统开展党组（党委）集中学习 130 场次、精神宣讲 420 场次、支部学习 2600 场次，持续掀起学习宣传贯彻热潮。健全落实重大事项请示报告制度，报送请示报告事项 213 件次，落实部省领导指示批示 81 件次。有序完成厅直属机关党委、湘警职院和 57 个厅机关、监所党支部（党委）换届。统筹推进党史学习教育常态长效，政法队伍教育整顿成果不断巩固深化。完成厅局机关处级干部、全系统纪检干部政治建设考察。厅管干部政治专题培训实现全覆盖。深入开展“做党和人民满意的好律师”主题活动，1600 余名律师、党支部书记参加政治轮训。开展公证和司法鉴定全行业线上党建培训，党建工作基本制度有效落实。完善“一把手”和领导班子监督任务清单，进一步压实管党治警责任。开展领导干部收送红包礼金专项整治，锲而不舍纠治“四风”、整治“两个主义”。扎实开展 3 个专项监督，对 4 个监所开展政治巡察。2 所监狱成功创建部级“清廉监狱”。71 个集体、474 名个人获全国人民满意公务员、司法部“双先”表彰等厅级以上奖励。圆满完成援沪抗疫重大政治任务。稳步推进实施湘警职院创“双高”三年行动，多项教研课题取得历史性突破。牢牢把握宣传舆论主动权，围绕“喜迎二十大、奋进新征程”开展主题宣传，切实讲好司法行政故事。

（二）有力有为推进法治建设

承办省委全面依法治省委员会第六次会议、年度工作推进会，指导市州召开全面依法治市（州）委员会会议 18 次。推动将全面依法治省首次纳入市州绩效考核。出台《关于建立健全省直单位（部门）法治建设工作机制的指导意见》，推进党政主要负责人全面述法。细化法治建设“一规划两方案”任务清单，法治湖南、法治政府、法治社会建设一体推进。全系统累计举办习近平法治思想报告会、研讨会 130 场次。推动中南大学、湘潭大学、湖南工商大学 3 所高校成立研究中心，发表理论研究论文 300 余篇。健全党领导地方立法工作机制，落实立法“双组长”制，高效完成省政府年度立法项目 13 个，指导市州完成政府立法 29 个。签订《长江中游三省司法厅区域协调立法合作框架协议》。首次编制省司法厅立法项目库，动态纳入立法项目 112 件。中央依法治国办法治政府建设督察反馈问题 108 项整改任务基本完成。对法治建设相对落后的 3 个市州、15 个县市区开展专项督察。3 个地区和 1 个项目，成功创建第二批全国法治政府建设示范地区（项目），综合示范创建地区数量并列全国第一。依法审查省市县三级规范性文件 1.1 万件、重要政府合同 5495 个，参与处理重要涉法事务 5100 余次。举办第三届省政府法律顾问聘任仪式，10 名法律顾问、3 家法律顾问单位受聘履职。推动党政机关普遍设立法律顾问、公职律师，全省公职律师达到 3796 名，同比增长 25%。出台《湖南省行政应诉工作规定》，全省行政机关负责人出庭应诉率达 96.5%，同比提升 60%，100 余家单位正职负责人出庭应诉。全面实施“八五”普法规划，公民法治素养不断提升。举办宪法宣传周活动，超 600 万人次参加宪法知识网上答题竞赛。开展分众分类学法考法，150 余万名国家工作人员通过学法考试。对 59 家省直国家机关和中央在湘单位开展“谁执法谁普法”考评。制定方案，进一步压实媒体公益普法责任。出台湖南省新时代法治人才培养实施方案，加快法治人才培养。安全有序完成国家统一法律职业资格考试客观题组考，报考人数再创新高。

（三）高质高效服务发展大局

高效审查全省“稳经济大盘”1+8 政策文件。出台司法行政助力经济社会发展 63 条举措，制定服务“强省会”战略 10 条措施，为全省重大部署提供优质高效法律服务。主动服务全省首届旅发大会，近 100 万人次参与“你学法我送票·跟着旅发大会游湖南”普法答题。从讲政治高度完成全国首部居民自建房安全管理地方立法。聚焦重点领域，推动乡村振兴促进条例、实施《粮食流通管理条例》办法、茶产业发展促进条例等法规规章出台。系统清理妨碍全国统一市场建设等规章、文件，为优化法治化营商环境扫清障碍。指导 30 余个省直单位完善行政处罚裁量基准，推动市州出台免罚轻罚事项清单，免罚轻罚事项清单基本实现全领域覆盖。深入推进全省道路交通安全和运输领域执法专项督察，移交整改突出问题线索 477 条。加强对食品安全、校外培训等热点重点领域执法监督。全系统乡村振兴驻村帮扶工作全面推进，黄茅村驻村帮扶工作被省驻村办推介。组建 260 个高水平法律服务团，全面服务工业新兴优势产业链、重大产业项目、专精特新“小巨人”企业。开展“万所联万会”活动，深入企业开展“法治体检”1.6 万次，出具风险防范意见书 1.1 万份。落实长江中游城市群仲裁协作机制，办理仲裁案件 3200 件，标的额超 80 亿元。组织 367 名律师常态跟进服务中非经贸合作，中非经贸合作法律服务机制不断健全完善。长沙公证处入选全国涉外法律服务示范公证机构，3 家公证机构纳入司法部海外远程视频公证试点机构，20 家公证机构开展涉外公证认证“一站式”办证 1500 余件。马栏山公共法律服务中心建成投入使用，创新打造湖南省首个视频文创主题法治园区。岳阳、郴州自贸片区建成公共法律服务中心平台，岳阳仲裁委片区法律服务平台被列入自贸区第一批制度创新成果。

（四）尽职尽责维护安全稳定

积极推进律师行业“制度落实年”活动，全省 95%以上律师参加网上答题学习。扎实开展监狱“忠诚保平安、护航二十大”专项行动，推进无违禁品监狱（监区）创建，提升全省罪犯关押能力，全面织牢监狱安全防线。开展戒毒场所“严执法、强管理、清隐患、保安全”专项活动，启动新一轮“百千万”戒毒操守工程，强戒所全面实现“六无”。“安全生产三年行动”圆满收官，监狱戒毒安全生产水平进一步提升。深入贯彻落实《中华人民共和国社区矫正法》，社区矫正对象定位核查率达100%。深入宣传贯彻《中华人民共和国反有组织犯罪法》，扫黑除恶常态化斗争走深走实。坚持人民至上、生命至上，从严从细从实统筹推进司法行政各战线、各领域疫情防控。因时因势调整优化落实防疫措施，动态调整监所执勤备勤模式。扎实推进“调解促稳定、喜迎二十大”矛盾纠纷排查调解专项行动，累计化解矛盾纠纷27万件，调解成功率98.1%。牵头召开湘鄂赣粤桂黔渝第四次边界矛盾纠纷联防联调协作现场会，环湘“6+1”边界联防联调机制不断巩固。指导湘西州开展市域社会治理现代化试点，协力打造民族地区善治标杆。行政复议全年收受案数同比增长16%，直接纠错率、调解和解率均高于全国平均水平。开展复议决定履行监督，督促超期未履行案件“案结事了”。涉法涉诉信访“百日会战”成效明显，中央信访联席办交办案件全部办结。

（五）全心全意践行法治为民

全域覆盖、创新开展大学生寒暑假“送法下乡”工作，吸引省内外513所院校2.2万余名大学生参与，开展普法活动超4万场次，惠及群众千万人次。着力拓展新媒体普法，网上普法总点击量达7700万次，新媒体普法播放量超1亿次，湖南普法抖音、快手号上榜中政委“四个一百”优秀政法新媒体榜单。“县市区委书记谈法治”反响热烈。深入开展农村法治宣传教育月活动，“利剑护蕾”、防范非法集资、反电信和养老诈骗专题普法融合推进。158个村（社区）被命名为全国、全省民主法治示范村（社区）。2个地区入选全国第四批法治宣传教育基地，数量居全国第一梯队。完成全省公共法律服务体系建设评估验收，25项实施指标全部达标，37项发展指标总体完成。12348热线与政务服务12345热线顺利归并，提供咨询服务25.7

万次。开设省政务服务大厅“法律服务专区”，受理法律服务事项 2400 余件。法律援助办案质量连续 5 年稳居全国前列。组织 3 家律师事务所赴西藏“无律师县”设立分所，向 16 个法律服务资源短缺县区选派律师志愿者，法律服务资源进一步均衡配置。律师、公证、司法鉴定、法律援助、仲裁、基层法律服务等全年办案（证）超 100 万件。“乡村振兴、法治同行”深入推进，1.5 万名律师和基层法律服务工作者担任村（社区）法律顾问。持续深化“法援惠民生、助力农民工”系列活动，帮助农民工追回欠薪 1.1 亿元。人民陪审员参与审结各类案件 6.6 万件，人民监督员参与监督检察办案活动 2109 人次。

（六）重视实效，推动改革落地

持续推进“减证便民”，全省累计取消证明事项 662 项，实行告知承诺制 507 项。完成“证照分离”改革中期评估。深入推进市场监管、应急管理等领域综合行政执法改革。指导 11 个园区开展相对集中行政许可权、相对集中行政处罚权改革。将乡镇（街道）行政执法人员纳入全省统一资格管理。全省 12.2 万名行政执法人员换发新证，4.1 万名综合行政执法人员换发新式服装标志。成立湖南省行政复议咨询委员会，三级行政复议改革机构编制人员落实到位。公证执业区域统一调整为全省辖区。完成司法鉴定机构和司法鉴定人全面评查，重新核定登记机构 172 家、鉴定人 1512 人。有序推进市州监狱收归省级直管，改革总体方案获省政府常务会议审议通过。全面推行监狱刑罚执行案件集中办案和减刑假释案件逐案审查制度，办案质效不断提升。监所企业改革取得实质性进展，“围墙外企业”改革任务有效落实。“智慧法治”信息化体系建设加速推进，建成启用湖南司法智能一体化平台。“智慧监狱”二期建设全面启动。智慧矫正中心建设全面覆盖，建成验收 42 个。

二　2023年湖南司法行政工作展望

2023 年，全省司法行政系统将坚持以习近平新时代中国特色社会主义思想为指导，全面贯彻落实党的二十大精神，深入落实习近平总书记对政法工作和湖南工作的重要讲话重要指示批示精神，深刻领悟“两个确立”的决定性意义，增强“四个意识”、坚定“四个自信”、做到“两个维护”，坚持党对全面依法治国的集中统一领导和对司法行政工作的绝对领导，坚持以人民为中心的发展思想，坚持更好统筹发展和安全，加快建设更高水平平安湖南、法治湖南，坚守安全稳定底线，优化公共法律服务，深入服务经济发展，大力夯实基层基础，从严锻造过硬队伍，奋力推进司法行政工作现代化，为全面建设社会主义现代化新湖南提供有力法治保障。

（一）坚定拥护“两个确立”，坚决做到“两个维护”

一是把准把牢正确政治方向。严格遵守党的政治纪律和政治规矩，坚决贯彻落实党中央决策部署，切实做到党中央提倡的坚决响应、党中央决定的坚决执行、党中央禁止的坚决不做。二是深学深悟党的二十大精神。深入开展党的二十大精神大学习、大讨论、大培训，在全面学习、全面把握、全面落实上下功夫，切实学出本领方法、学出使命担当。扎实开展习近平新时代中国特色社会主义思想主题教育，高质量完成规定动作、创新自选动作。三是坚决加强党的领导。坚持和加强党中央对全面依法治国的集中统一领导和对司法行政工作的绝对领导，坚决贯彻习近平总书记重要指示精神及上级领导批示。严格执行政法工作条例及实施意见，及时全面、准确规范请示报告重大事项。四是抓常抓实全系统党的建设。实施全省司法行政系统党的建设三年提质计划，深化“三表率一模范”机关创建。持续整顿软弱涣散基层党组织，不断增强全系统党组织政治功能和组织功能。加强律师、公证、司法鉴定、基层法律服务、仲裁、调解等法律服务行业党的建设。持续开展“做党和人民满意的好律师”主题活动和标杆党组织创建活动。构建司法行政新媒体矩阵，打造大宣传格局。

（二）强化科学统筹，奋力建设法治湖南

一是进一步学习贯彻习近平法治思想。聚焦党的二十大关于全面依法治

国的部署要求，分领域开展习近平法治思想学理性研究，培养一批学术带头人，推出一批高质量研究成果。加快打造湖南省习近平法治思想研究实践基地。进一步推动将学习宣传习近平法治思想纳入党委（党组）理论学习中心组、党校（行政学院）、国家工作人员学法考法、干部教育培训和高校法治理论教学体系重点内容，深化法治工作队伍全战线、全覆盖培训轮训。二是进一步完善全面依法治省体制机制。充分发挥依法治省办职能作用，推动落实“两规则一细则”。加强市县法治建设，推动各地进一步完善法治建设议事协调机构和工作机制。完善考核评价体系，督促“一规划两方案”任务措施等“三张清单”落地落实。探索打造省市县三级联动法治督察体系。扎实推进党政主要负责人履行法治建设第一责任人职责，提高述法针对性、有效性。三是进一步推进法治政府建设。扎实推进第三批全国法治政府建设示范创建。科学编制省政府年度立法计划。健全立法“双组长”制，推进“小切口”“小快灵”立法，切实提升政府立法质效。进一步完善政府法律顾问和公职律师制度，落实重大行政决策程序，严格文件合法性审查。加快推进四级行政执法协调监督体系建设，开展提升行政执法质量三年行动。探索行政复议案件繁简分流机制，建立行政复议官任命管理制度。深化府院互动，积极推动行政机关负责人出庭应诉。四是进一步加快法治社会建设。实施法治宣传“四大工程”，创作一批法治与非遗相融合的普法精品，命名一批红色法治文化基地，打造普法特色品牌。深化国家机关“谁执法谁普法”履责评议，建立领导干部应知应会法律法规清单，推进分层分类分众学法考法。扎实开展“八五”普法中期评估抽查。发挥人民陪审员、监督员作用，促进司法公开公正。深入实施法治人才培养方案，加强青年律师、涉外律师人才培养。认真做好国家统一法律职业资格考试组考工作。有序开展法律职业人员统一职前培训。

（三）聚焦“三高四新”，深度服务经济发展

一是着力优化营商环境。扎实开展优化法治化营商环境专项行动。大力推进证明事项告知承诺制，持续推进“减证便民”。依法高效审查湘江新区

条例、科学技术进步条例、湖南省数据条例等重点立法。提升公平竞争审查能力，助力优化经济发展环境。探索建立全省统一的政府合同管理制度，完善合同审查管理机制，防范政府合同风险。加快政务诚信诉讼执行协调机制建设，推动落实国务院营商环境创新试点举措。二是着力服务经济主战场。紧盯企业、产业、产业链、产业生态“四个着力点”，提供全要素、全流程法律服务。持续跟进服务“强省会”战略、“五好园区”建设等决策部署。精选法律服务力量助力打好全省发展“六仗”。积极支持第二届全省旅游发展大会。开展“千所联千企”服务中小微企业专项活动，常态推进民营企业“法治体检”。聚焦房地产、地方债务、金融等领域风险，引导法律服务力量积极参与防范化解重大风险。改革完善仲裁机制，推动化解民商事经济纠纷。三是着力助推对外开放。实施“双一流”工程，加强涉外法律服务示范机构创建。主动服务中非经贸合作，探索构建全方位中非经贸合作法治保障机制。健全完善自贸区全流程法律服务机制，促进对外开放法律服务水平整体提升。

（四）致力防范风险，始终坚守安全底线

一是防范社会风险。全面建立司法行政领域重大风险“预见、应对、处置、总结、提升”闭环机制，有效提升防范化解重大风险能力。加强律师政治引领和教育管理，建设党和人民满意的高素质律师队伍。持续深入服务全省扫黑除恶斗争工作大局。贯彻中央纪念毛泽东同志批示学习推广“枫桥经验”60周年暨习近平总书记指示坚持和发展“枫桥经验”20周年大会精神。扎实开展矛盾纠纷大排查大化解专项行动，推进多元解纷地方立法。建立多方参与预防化解行政争议工作联席制度，实现行政争议“前端治理”。依法依规做到“四个到位”，着力解决好信访突出问题。二是抓好疫情防控。完整、准确、全面把握执行中央防疫工作决策，坚持“防疫标准高于社会面”要求，统筹防疫与安全，稳妥有序落实“乙类乙管”政策措施，努力做到保健康、保安全、防重症、防死亡、防不可控局面。三是确保监管安全。强化安全隐患排查整治，确保监管场所安全稳定。认真落实安

全生产责任制，提升监狱戒毒企业安全生产水平。推进“无违禁品监狱”创建，开展刑释人员回访跟踪调查，推行改造工作量化管理，打造具有湖南特色的监管改造模式。实行办案质量终身负责制，依法办理“减假暂”案件。科学应对戒毒人员收治低位运行常态，积极探索体制性应对之策。加强戒毒康复工作，开展社区戒毒康复指导（工作）站标准化建设。深入推进“百千万”操守工程，切实降低复吸率、提升操守率。加强社区矫正监管和隐患排查整治，创新教育矫正模式，不断提升教育矫正质效。

（五）突出为民利民，不断优化法律服务

一是持续深化普法依法治理。健全机制，丰富载体，持续推动大学生“送法下乡”，擦亮普法志愿服务品牌。培树公益普法典型，探索“新媒体+普法”模式，着力提升普法实效性。以全国守法普法示范城市、示范县创建为抓手，推动提高依法治理水平。积极参与市域社会治理实践，加快推进市域社会治理现代化。开展“千所联千村”律师助力乡村振兴行动，建设一批高水平法治乡村。深化乡村振兴驻村帮扶工作，努力将新泽村打造成“幸福美丽村庄”。二是持续优化法律服务便民举措。加大基本公共法律服务有效供给，巩固发展现代公共法律服务体系。推动公共法律服务三大平台融合发展，开展热线服务“品质提升年”行动。续推“法润三湘”活动，推动城乡法律服务资源配置更加均衡。开展“走基层、惠民生”活动，引导法律服务工作者积极开展公益法律服务。稳妥推进律师、公证、人民调解员协会换届，筹备成立湖南省仲裁协会、省破产管理人协会。三是持续强化群众合法权益维护。聚焦食品药品、交通运输、教育培训等关系群众切身利益的重点领域，加强行政执法监督。推进律师、公证、司法鉴定等法律服务行业规范化建设，提升法律服务行业规范水平和队伍履职能力。试点司法鉴定机构诚信评估和法律援助衔接。聚焦服务农民工、残疾人、老年人、妇女儿童等重点群体，提高应援尽援优援能力。打造省政务服务中心法律服务专区，创建政务服务优质窗口。

（六）坚持强基固本，着力增强发展后劲

一是切实推进全面深化改革。支持符合条件的县市区、园区开展相对集中行政许可权、行政处罚权改革。启动警务技术职级序列改革。加快推进市州监狱收归省级直管。深化检察院驻所试点，打造检察监督试点示范所。健全监狱、戒毒企业治理结构，确保企业平稳运营。启动审查起诉阶段刑事案件律师辩护全覆盖试点。稳步推进公证、司法鉴定、仲裁等领域改革，提升公共法律服务质效。规范合作制公证机构建设，健全法人治理结构。二是切实推进重点项目建设。进一步优化监狱、戒毒场所功能布局方案和湘警职院校园发展规划。推进监狱证据保全中心建设，完善证据保全工作体系。加快创建全国统一戒毒模式“示范所”。指导市州强戒所完善戒治康复布局。抓实司法所规范化建设三年行动。支持湘警职院项目建设，不断改善办学教学条件。三是切实推进科技支撑。加快湖南行政执法综合管理监督信息系统建设，推动行政执法与刑事司法有效衔接。推进“智慧立法辅助系统”建设。实施新一轮“智慧监狱”“智慧戒毒所”建设，争创一批部级“智慧矫正中心”。探索建设“智慧复议”“智慧公证”平台。加强全系统指挥中心运行体系建设，提升应急指挥能力。

（七）弘扬自我革命，从严锻造过硬铁军

一是提升队伍能力。分级分批组织政治轮训，开展新一轮省属监所单位领导干部政治素质考察。组织各战线岗位大练兵、技能大比武，增强干部斗争精神和斗争本领。健全干部培养选拔机制，完善干部考核评价体系。坚持专业升本与“双高校”建设同步推进，加大引进高层次人才力度，不断提升司法警院办学治校水平。二是加强班子建设。持之以恒抓班子带队伍，推进厅局机关、湘警职院和监所班子联动布局调整，进一步选优配强各级领导班子。落实领导干部能上能下规定和异地交流任职制度。全面构建厅局（院）监所三级述责述廉体系，加强对“一把手”和领导班子的监督。三是强化正风肃纪。坚持“风”“腐”同查，以严的基调推动

党风廉政建设和反腐败斗争向纵深发展、向基层监所延伸。严格落实中央八项规定及其实施细则精神，扎实开展“绝对忠诚、勤学善谋、执法为民、敢于担当、清正廉洁”作风建设。以零容忍态度反腐惩恶。继续推动政治巡察全覆盖，抓实问题整改。大力培育清廉机关、清廉监所、清廉支部。

B.8
2022年湖南人力资源社会保障发展情况及2023年展望

湖南省人力资源和社会保障厅

摘　要： 2022年，湖南省人力资源社会保障系统以党的二十大精神和习近平新时代中国特色社会主义思想为根本遵循，上下同心，团结奋斗，砥砺奋进，坚持在发展中保障和改善民生，圆满完成了目标任务，主要指标实现了稳中有进、稳中向好。2023年，坚持稳中求进、服务大局、服务发展、服务民生，聚焦高质量充分就业，深化社会保障制度改革，加强技术技能人才队伍建设，完善工资收入分配制度，提升劳动关系治理效能，统筹办好民生实事，奋力谱写人社事业新篇章。

关键词： 就业　社保　人才人事　劳动关系　湖南

一　2022年湖南人力资源社会保障发展情况

2022年是党和国家历史上极为重要的一年。面对严峻复杂的经济形势和艰巨繁重的工作任务，湖南人社系统坚持以党的二十大精神和习近平新时代中国特色社会主义思想为根本遵循，坚决贯彻党中央、国务院和人社部有关决策部署，全面落实“三高四新”战略定位和使命任务，积极履职尽责，主动担当作为，圆满完成了各项工作任务，主要指标实现了稳中有进、稳中向好。

（一）就业工作服务大局

一是就业局势保持总体稳定。全面强化减负、稳岗、扩就业、保民生措施，制定出台《稳岗位提技能保就业十六条措施》，精准帮扶高校毕业生、退捕渔民、退役军人等重点群体就业。2022 年全省城镇新增就业 73.65 万人，完成年度任务的 105.2%；城镇调查失业率平均值 5.5%，为中部地区最低最好。“促创业保用工强服务用心用情做实家门口就业”被国务院第九次大督查列为典型经验做法，湖南省政府在全国稳就业工作会上作典型发言，湖南连续两年荣获国务院真抓实干表扬激励，相关经验被央视推介。二是落实稳经济一揽子政策。贯彻落实全国稳住经济大盘电视电话会议精神，配套出台了落实国务院稳经济一揽子政策的实施办法，不断加大惠企纾困力度，全面提振市场信心。2022 年，全省共减征社保费 46.31 亿元，其中失业保险 33.06 亿元、工伤保险 13.25 亿元；发放失业保险稳岗返还资金 12.68 亿元，惠及 12.43 万家企业；为 4833 家企业累计缓缴三项社保费 25.9 亿元，其中养老保险 24.25 亿元、工伤保险 1.05 亿元、失业保险 0.6 亿元。三是就业创业服务成效明显。深入开展“创响三湘”“稳企业保就业”等专项行动，强化全方位公共就业服务。2022 年，省内转移就业农村劳动力 635.69 万人，同比增长 18.74 万人。推动长株潭三市与 51 个脱贫县深化协作，建成帮扶车间、基地等就业载体 7841 个，吸纳 10.24 万名脱贫劳动力在家门口就业。支持建设和认定“湖南铸造工匠”“电力湘军”等劳务品牌 35 个，带动从业 130 万人，产生经济效益近 3000 亿元。全省新发放创业担保贷款 44.56 亿元，扶持创业超 1.35 万人，新增带动就业近 9.74 万人。全省开展职业技能培训 68 万人次，其中农村转移就业劳动者补贴性职业培训 35.58 万人次。“迎老乡、回故乡、创三湘”活动，达成意向投资项目 1410 个、资金累计 579.92 亿元。四是职业技能大赛实现突破。高标准举办了湖南省首届职业技能大赛，大赛以“技行三湘、能创未来”为主题，共设集中比赛项目 55 个，全省市州、行业部门共有 35 个代表团参赛，1087 名选手同台竞技，直接带动超 50 万名企业职工和院校师生参与，达到了以赛促学、以赛促训、以赛促产、以赛促业的良好效果。人社部和省委省政府主要领导高度评价：组织最好、标准最高、影响最大。湖南省本土培养的选手董青、伍远州在2022年世界技能大赛上分别荣获时装技术、砌筑项目金牌，刷新了历史最好成绩。

（二）社会保障兜牢底线

一是参保扩面有序推进。深入实施全民参保计划，截至2022年底，全省基本养老保险参保5314万人、工伤保险参保894万人、失业保险参保724万人。社保体系覆盖范围持续扩大。二是待遇水平稳步上升。2022年基金收入2355亿元，同比增长7.9%；基金支出2259亿元，同比增长7.4%；基金可支撑能力比较稳定。城乡居保基础养老金实现8次提标，企业退休人员基本养老金实现“18连调”。机关事业单位退休人员养老金与企业退休人员养老金连续第7次同步调整，全省退休职工月人均基本养老金增长116元。落实城乡居民基础养老金调标政策，基础养老金最低标准从113元提高到118元。三是保障能力不断提升。充分发挥民生保障“安全网”、经济运行“减震器”作用。2022年，为116万困难群体代缴城乡居民养老保险费，为14.35万享受工伤保险待遇人员支付工伤保险费50.37亿元，为14.82万名失业人员发放失业保险金12.76亿元，为2000名农民工发放一次性生活补助金1200万元，为9.98万名不符合领取失业保险金条件的参保失业人员发放失业补助金2.35亿元。四是监管质效持续提高。企业养老保险全国统筹、工伤保险及失业保险省级统筹有序推进。省委省政府以“两办”名义出台了《关于切实加强社会保险基金监管工作的意见》（湘办〔2021〕28号），在此基础上，省直部门配套出台了死亡人员信息申报、数据共享比对、经办内控管理等67个实施办法，逐步形成了具有湖南特色的社保基金监管“1+N”制度体系。《湖南省社会保险基金监管条例》已被纳入省人大2023年立法计划。社保基金监管工作首次纳入了巡视、真抓实干督查、纪检监督、绩效考核、审计等工作范围。厅党组带头在全省14个市州集中宣讲习近平总书记关于社会保障工作重要指示批示精神，收到良好成效。

（三）人才活力竞相激发

一是创新技术技能人才评价。深化专业技术人才职称评审改革，出台深化职称制度改革的实施意见，推进高校、科研院所和国有企业职称自主评审，设置高级职称评审委员会236个，着力构建全省“1（实施意见）+4（监管办法）+30（系列标准）+N（配套政策）”职称制度新体系。全国首创开展网络文学专场评审和农艺专业职称评审，获得社会一致好评。健全职业技能人才评价激励，引导企业健全基于岗位价值、能力素质和业绩贡献的技能人才薪酬分配制度，实现多劳者多得、技高者多得，发布技能等级的工资指导价位信息，建立高技能人才技能职务津贴和特殊岗位津贴制度。开展企业职业技能等级认定试点工作，支持大型企业、重点企业开展技能人才自主评价。截至2022年底，全省备案自主评价企业66家、自主评价院校124家、社会评价组织200家、专项职业能力考核站83家。二是强化高层次人才选拔培养。聚焦“三高四新”战略定位和使命任务，创新事业单位专业技术二级岗位和国务院、省政府特殊津贴人员选拔（评审），一大批青年科技创新人才和先进制造业人才脱颖而出。截至2022年底，全省共评聘专业技术二级岗位1519人，全省获批享受国务院特殊津贴专家2393名、享受省政府特殊津贴人员500名。博士后科研站点建设稳步推进，12个高校一级学科博士点获批国家级博士后科研工作站，50家企业获批设立国家级博士后科研工作站和省级博士后创新创业实践基地。三是深化事业单位人事管理。稳步实施县以下事业单位管理岗位职员等级晋升制度，截至2022年底，全省40222人晋升职员等级。持续推进“放管服”改革，进一步落实高校、科研院所用人自主权，在湖南农业大学开展人事综合管理改革试点；进一步深化公立医院薪酬制度改革，出台《湖南省深化公立医院薪酬制度改革实施方案》；开展省直属事业单位高层次人才绩效工资单列政策试点，落实以增加知识价值为导向的收入分配政策；完成事业单位工作人员基本工资调标工作，月人均增资300元。在全国率先部署开展事业单位工作人员培训，截至2022年底，参加培训人数达103.7万，参训率77%，《中国事业单位发展报告》《中国组织人事报》相继推介湖南培训工作经验。四是人力资源服务产业蓬勃发展。截至 2022 年底，全省共有各类人力资源服务机构 2324 家，从业人员 2.75 万人，行业收入 469.5 亿元，为 573.9 万人次提供求职和流动服务，为 67 万家次用人单位提供专业服务。

（四）劳动关系稳健和谐

一是收入分配调控更加合理。从 2022 年 4 月 1 日起，全省最低工资标准分别提高到 1550 元/月、1740 元/月、1930 元/月三个档次，小时工资提高到 15 元/小时、17 元/小时、19 元/小时。制定发布 2022 年度企业工资指导线，基准线为职工货币工资平均增长 6%，上线为 10%，下线为 1%。2021 年度城镇非私营单位在岗职工平均工资达到 88874 元（月均 7406 元），同比增长 7.91%。组织开展工资集体协商“春季要约行动”，覆盖职工 257 万人。二是根治欠薪更加有力。全力打造实施“用心用情·湘薪湘护”品牌行动，常态化、长效化、标准化推进全省根治欠薪工作，维护和保障好农民工的劳动报酬权益。2022 年为 9.65 万名劳动者追回工资待遇 11.34 亿元。在国务院 2021 年度根治欠薪工作考核中，湖南省获评 A 级，排名全国第八。三是品牌创建更有特色。印发《关于对劳动关系和谐企业（园区）联合实施正向激励的意见》，积极推动和谐劳动关系创建示范。湖南省劳动关系和谐企业（工业园区）公共服务标准化试点，成功获批国家标准委第八批社会管理和公共服务综合标准化试点项目，是全国首个获批建设的和谐劳动关系公共服务标准化试点项目。四是调解仲裁更有质效。全省劳动人事争议调解组织和仲裁机构共处理争议案件 54611 件，涉及劳动者 60241 人，涉案金额 15.7 亿元。劳动人事争议仲裁结案率保持在 90%以上；调解成功率保持在 60%以上。仲裁结案率和调解成功率均超过部、省目标。五是农民工工作更有温度。打造 65 个省级市民化融合样板街道、园区、社区，推动形成农民工“本人融入企业、子女融入学校、家庭融入社区、群体融入城镇”的良好格局；全省 128 家“湘融湘爱”农民工服务保障社会协作单位助推农民工服务保障高质量发展，“三湘邮情”等一批以“湘融湘爱”为主题的协作品牌成为亮点特色，“湘融湘爱·春运邮情”“湘融湘爱·春暖农民工”系列活动反响良好；建立农民工权益监测点127个，在长三角、珠三角等地建立了“农民工服务站”；多措并举推动家政服务劳务对接行动，促进就业5万人次，新增197家员工制家政服务企业，带动脱贫劳动力就业6600人，就近就地就业1.71万人次。六是民生实事更有成色。2022年全省10件重点民生实事22个指标全部完成，一大批群众“急难愁盼”问题得到集中解决，具有湖南特色的民生实事招牌进一步擦亮，人民群众叫好，社会各界点赞。其中，农村水源保障及灌溉能力提升项目在全省抗旱保灌稳产方面发挥了重要作用；普通门诊费用跨省直接结算让“湖湘儿女异乡不愁医”的愿景变成实景；农村“三路”建设典型经验获全国推广。

（五）行风建设走深走实

一是改进机关作风。以“五型双一流”机关建设为载体，扎实推进“三表率一模范机关”建设。2022年，在全省机关党的工作会议上，人社厅作经验交流发言，厅机关获评“省文明标兵单位”。坚持全面从严治党，梳理完善全厅“三重一大”项目制度安排，出台《加强作风建设“十严禁”》，围绕思想作风、组织作风、学风、工作作风等方面，明确红线、底线、高压线。二是优化系统行风。全面开展行风建设提升行动，围绕政策制度供给“最先一公里”和政策服务落地“最后一公里”两头发力，系统行风建设由阶段性向常态化长效化转变。深入实施“快办行动”，人社服务“打包办”“提速办”“简便办”“跨省办”，特殊情况“上门办”等做法获得一致好评。全面推行“一门办”“一窗办”，打造人社便民服务圈，政务服务实现“就近可办”“多点可办”。深入开展“厅局长走流程”，2022年全省人社系统累计开展“走流程”1322人次。湖南省获2022年度全国人社系统窗口单位业务技能练兵比武“团体二等奖”，3名选手获得全国“岗位练兵明星”称号。三是推进信息化建设。金保二期项目核心系统功能开发已基本完成，企业养老保险全国统筹信息系统、全省企业养老保险信息系统于2022年6月30日正式上线运行。系统共精简48项办事环节和1/4的证明材料；非即办业务承诺办结时限平均减少 4.5 天，网上可受办业务超过 85%；27 项业务免申即办，9 项业务全国通办，5 项业务省内通办，极大地提高了便企惠民服务水平。四是落实依法行政。贯彻落实习近平法治思想，全面推进法治政府建设各项工作。将习近平法治思想纳入党组中心组学习及人社系统学法考法重要内容，厅党组成员带头学、处室单位共同学，全厅干部学法率、考法率、通过率均为 100%。人社厅获评省直机关“谁执法谁普法”优秀单位。依法办理行政争议案件，2022 年厅行政机关负责人出庭率达到 100%，相关经验做法得到人社部、省委依法治省办的高度肯定，并在全省作经验介绍。五是打造过硬队伍。抓紧抓实思想淬炼及政治历练，项目化、清单化推进学习培训。组织全厅 215 名干部，深入全省 14 个市州 196 个村（社区）开展百人百村（双百）调研督导活动，组织 49 名 35 岁以下青年干部赴怀化开展“三进三同三问”实践培训，选派 25 名干部参加省委组织部调训，选派 23 名干部参加万名干部联万企、省政府大督查等工作。长沙市开福区人社局等 4 个单位和省人社厅王宝库等 4 名同志分别荣获全国人社系统先进集体和先进工作者称号。全面加强党的二十大主题宣传，制作推出了一批接地气、有温度的宣传产品，“湖南人社这十年”线上成果展及《躬耕民生总关情》专题报道反响热烈。拍摄警示教育片《红线不容逾越》，组织全省系统集中观看；将每年 10 月定为全省社保基金安全警示教育月，常态化落实专题教育。制定出台《关于推进“清廉人社”建设的实施意见》，坚持严的主基调不放松，对违法违纪现象发现一起、查处一起。

二　湖南人力资源社会保障事业2023年展望

2023 年是贯彻落实党的二十大精神的开局之年，做好人社工作的总体思路：以习近平新时代中国特色社会主义思想为指导，全面贯彻党的二十大精神，深刻领悟“两个确立”的决定性意义，增强“四个意识”、坚定“四个自信”、做到“两个维护”，践行以人民为中心的发展思想，扎实推进中国式现代化，坚持稳中求进工作总基调，完整、准确、全面贯彻新发展理念，加快构建新发展格局，着力推动高质量发展，积极推进共同富裕，全面做好稳就业工作，积极稳妥地推进社会保障制度改革，加强人才人事工作，完善工资收入分配制度，构建和谐劳动关系，驰而不息地推进全面从严治党，为实现“三高四新”美好蓝图、奋力建设社会主义现代化新湖南贡献人社力量。

（一）坚持供需匹配对接，落实就业优先战略

坚持就业工作部署优先、政策落地优先、重点群体优先、公共服务优先“四个优先”。紧盯“城镇新增就业 70 万人、城镇调查失业率控制在 5.5%左右”两项关键指标，深入实施就业优先战略和政策。持续推动解决就业结构性矛盾，扎实推进职业技能培训，健全完善终身职业技能培训制度。突出抓好高校毕业生、农民工、脱贫人口、就业困难人员等重点群体就业。

（二）坚持扩面提质并举，深化社保制度改革

打造全民社保、温暖社保、数字社保、平安社保、清廉社保“五个社保”。深入实施全民参保计划，持续做好灵活就业人员、农民工等群体精准扩面，切实做好为困难群体代缴保费和基本养老保险应保尽保工作。积极稳妥地推进基本养老保险全国统筹和工伤保险、失业保险省级统筹，加强基金风险防控，健全覆盖全民、统筹城乡、公平统一、安全规范、可持续的多层次社会保障体系。

（三）坚持评价激励并重，强化人才人事支撑

健全人才培养机制、使用机制、评价机制、激励机制“四个机制”。持续深化职称和职业资格制度改革，完善博士后和政府特殊津贴制度，加强技能人才培养，完善竞赛体系，为建设现代化新湖南提供人才支撑。持续深化事业单位人事管理“放管服”改革，稳妥推进县以下事业单位管理岗位职员等级晋升工作。进一步完善表彰奖励制度体系，强化宣传激励。

（四）坚持规范引导结合，完善工资收入分配

深化国有企业工资改革、事业单位工资改革“两个改革”。以提高劳动报酬在初次分配中的比重为目标，严格执行国家政策，稳步推进改革，推动形成公平合理有序的工资分配格局。深入推进国有企业负责人薪酬制度改革和国有企业工资决定机制改革，加强企业工资分配宏观指导和调控。完善事业单位工资制度，适时开展高校、科研院所薪酬制度改革试点，全面深化公立医院薪酬制度改革，保障义务教育教师工资待遇。

（五）坚持治标治本同步，构建和谐劳动关系

强化法治、自治、共治、数治“四治”联动，提升劳动关系治理水平。完善劳动用工制度和三方协商机制，加强劳动保障监察和争议调解仲裁，持续做好根治欠薪工作，促进劳动关系和谐向好。开展和谐劳动关系创建示范，规范劳动监察执法，搭建“一站式”调处平台、基层调解平台、智能化应用平台。持续深化根治欠薪，推进落实工程建设领域农民工工资支付保障制度，组织开展专项执法行动。

（六）坚持协同联动聚力，办好重点民生实事

实行清单管理、进度管理、标准管理“三个管理”。坚持尽力而为、量力而行，继续实施“十大重点民生实事”，统筹协调、跟踪推进，用心用情办好重点民生实事，擦亮湖南为民办实事品牌，集中力量打好“重点民生保障仗”。

（七）坚持目标问题统一，持续加强行风建设

持续优化政务服务，深化“一网通办”，打造“一件事一次办”升级版。全面完成金保工程二期建设和验收，深入推进社会保障卡“一卡通”应用。全面推进法治人社建设，强化法治思维，严格依法行政，推动出台《湖南省社会保险基金监管条例》。强化行政执法监督，落实行政执法责任，

组织执法案卷评查。启动全省法治人社示范创建工作，组织开展“全国法治人社建设示范单位”宣传活动。聚焦解决人民群众急难愁盼问题，围绕人社重点工作，深入开展调查研究，切实解决工作中的难点、痛点、堵点，推动形成一批制度性成果。

（八）坚持严管厚爱并进，全面加强队伍建设

加强政治机关建设，深入推进“三表率一模范”机关建设，深入开展学习贯彻习近平新时代中国特色社会主义思想主题教育。全面贯彻新时代党的组织路线，落实新时代好干部标准，树立选人用人正确导向，关心关爱青年干部成长，着力培养一支忠诚干净担当、堪当时代重任的高素质干部队伍。持续深入加强党风廉政建设，以清廉单元建设为载体深入推进清廉人社建设，营造政治清明、干部清正、系统清廉的政治生态。

B.9

2022年湖南住房城乡建设发展情况及2023年展望

唐道明*

摘　要： 住房城乡建设一头连着民生，一头关乎发展，特别是"4·29"事故惨痛教训，为住建领域统筹发展和安全敲响长鸣警钟。2022年极不寻常、极其不易，需要全面回顾过去一年得与失，以更好地汲取经验、砥砺前行。2023年全省住建系统全力"守安全"，严格落实安全生产工作"六全"要求，举全系统之力打好安全生产翻身仗。着力"防风险"，把握房地产、突出环境问题、信访维稳等关键点，通过解决主要矛盾带动有效化解其他矛盾。倾力"保民生"，全面推进老旧小区改造，加大住房保障力度，保障农民工工资支付。大力"促发展"，保持房地产市场平稳健康运行，实现向新发展模式平稳过渡；加快建筑业转型升级，推动绿色低碳发展。致力"强队伍"，强化系统能力建设，打造一支忠诚、干净、担当的住建铁军。

关键词： 住房城乡建设　住房保障　湖南

2022年是湖南住房城乡建设发展极具压力、极不平凡的一年。面对多重超预期因素的重重挑战，面对艰巨繁重的发展稳定任务，全省上下坚定贯

* 唐道明，湖南省住房和城乡建设厅党组书记、厅长。

彻“疫情要防住、经济要稳住、发展要安全”的重要要求，知难不畏、迎难而上、克难攻坚，以超常努力应对超常挑战，交出了一份难中求成、殊为不易的发展答卷。

一　2022年初心如磐奋楫笃行

（一）最艰难的事，始终不避责、勇担责，守牢安全底线，体现“住建担当”

推进自建房安全整治有力有效。“4·29”事故带来的风险挑战前所未有，省委省政府高位统筹、超常施策，张庆伟书记3次召开省委常委会、毛伟明省长6次主持省政府常务会等研究部署推进，分管副省长两周一次会议调度，严督实导居民自建房安全专项整治“百日攻坚”行动。全省尽锐出战、靠前攻坚，以超常韧劲拼劲抓落实，以苦干实干求成效，第一次全面摸清了居民自建房“底数”，截至2022年12月底，全省共排查居民自建房1445万栋，完成评估鉴定83万栋，经营性居民自建房评估鉴定实现全覆盖，及时有效消除了一大批重大安全风险隐患。《湖南省居民自建房安全管理若干规定》颁布实施获中央、省领导肯定。建立“三到位”“六步法”排查机制，安全“四性”分类整治等做法获住建部高度肯定并全国推介。

安全生产“十五条”硬措施落实见效。开展市政工程安全生产专项治理行动，全年房屋与市政工程生产安全事故起数和死亡人数同比下降20.9%、17.3%。面对1961年以来历史最严重旱情，指导各地积极应对、科学处置，确保了旱期城镇自来水厂安全保供。创新提出燃气安全“六化”管理，开展“百日攻坚”行动，排查整治燃气隐患7.96万个。联合应急、市场等部门加大工业丙烷和环保油整治，会同省自然资源厅等四部门加强新建建筑高度管理。督导各地加强市政道路桥梁隧道、城市公园、污水垃圾处理安全隐患整治，确保了城市设施安全运行。

（二）最难闯的关，始终不畏难、啃硬骨，扛起民生重担，彰显“住建作为”

“保交楼”迈出坚实步伐。保交楼是民生大事，全省主动出击、前沿作战，推出“化老账、结新账、算总账”以及减免土地出让利息、调规调容等支持政策，采取“去恒大化”处置措施，建立府院联动机制有效防范跨区域冻结资产等。全省45个恒大“保交楼”项目销号率、复工率100%。全省争取国家第一批“保交楼”专项借款资金147亿元、居全国第2；争取第二批资金93亿元、居全国第6。第一批“保交楼”263个项目复工率达到99.2%，交付房屋18371套，居全国第一。

住房保障能力持续增强。2022年，完成棚改2.5万户、保障性租赁住房4.58万套、公租房6202套，改造农村危房1.72万户，全省争取住房类专项资金38.09亿元，老旧小区和农村危房改造资金量居全国第2、第6。全省乡村教师住房保障工作获住建部、教育部肯定并推介。湘潭市城镇老旧小区改造、棚户区改造和发展保障性租赁住房工作获国务院真抓实干激励。

（三）最考验的仗，始终不懈怠，全力拼，稳定经济大盘，做出“住建贡献”

住房市场企稳向好。全年完成房地产开发投资5180亿元（同比减少4.6%）、新建商品房销售面积6793万m^2（同比减少26.1%），开发投资降幅低于全国平均水平，在全国楼市降温低迷的情况下，全省房地产市场保持了相对稳定。坚持“房住不炒”，全省制定完善政策工具箱，因城施策、持续发力，推动各地陆续出台财税、金融、住房公积金等一系列政策“组合拳”。持续开展整治规范房地产市场秩序三年行动，推行商品房预售资金识别监测账号试点，督办郴州、邵阳等地查处违规预售案件50余件。

建筑管理稳中有进。全省完成建筑业总产值1.45万亿元，同比增长9%，增加值占全省GDP的比重为8.2%。实行建筑业纾困解难十二条措施，推进建筑市场主体倍增及“万千百”工程，全省总承包和专业承包的独立核算建筑企业数量同比增长10.2%。全年获批高等级资质119项，居中部六省第2。打造工程审批制度改革2.0版，推进分阶段办理施工许可，对重点项目试行部门承诺制。优化计价依据动态调整，加快造价立法。持续推进BIM技术应用，在施工图审查系统可对776条标准规范条文智能审查。推进绿色建造国家试点，加快打造绿色建造"湖南样板"，高效完成省委书记专题办公会议交办的高校宿舍标准图集编制和并联审批工作。全省加强招标代理机构及专职人员事中事后监管做法获住建部充分肯定和专题推广，并列入国家发改委招标投标领域改革创新成果。

（四）最重要的活，始终不松劲，干出彩，提升城乡品质，厚植"住建底蕴"

改善人居环境有新成效，出台全省《关于推动城乡建设绿色发展的实施意见》，统筹推进以人为核心的新型城镇化建设，2022年全省常住人口城镇化率达到60.31%；加强园林城市创建，全省县以上城市新改建口袋公园100余个。汝城县、溆浦县获评全国传统村落集中连片保护利用国家示范县，新增第六批中国传统村落46个。在长沙、岳阳、益阳等3个市州开展第一批省级绿色完整居住社区创建示范。2022年，全省纳入改造计划的3222个老旧小区全部开工，省级加快项目审批做法以及长沙、湘潭、常德等地8项工作经验获住建部全国推广，全省工作成效获国务院第九次大督查通报表扬。全年加装电梯开工4443台（已竣工2303台），超额完成年度任务。

城市管理水平有新提升，推进构建省市县三级城市信息模型CIM体系，常德市加快试点、实现平台数据互联互通。永州市城市管理工作体系建设住建部试点全面铺开。衡阳市国家智能社会治理（城市管理）实验基地建设启动并授牌。"株洲市智慧城管实践"入选"2022年数字政府建设优秀案例"。湘潭市制定城市管理综合执法协作规定，张家界市、娄底市等11个地级市相继出台住建领域行政处罚与事中事后监管衔接配合制度。

在总结成绩的同时，要客观认识困难挑战。一是安全生产压力前所未有。“4·29”事故暴露出居民自建房领域已形成周期性安全风险，也反映出安全意识不强、监管底数不清、监督执法“宽松软”等问题。住建领域传统安全和非传统安全问题交织叠加，安全生产形势十分严峻。二是风险防范化解不容忽视。房地产业“高负债、高杠杆、高周转”的开发经营模式亟待转变，风险楼盘化解任务依然艰巨。生活垃圾填埋场先期建设标准不高，渗滤液渗漏问题高发，污染环境风险高。三是补齐民生短板刻不容缓。新市民、青年等群体住房困难问题比较突出，老旧小区改造与城市更新、城市体检等有机结合不够，基础设施建设重地上、轻地下现象还比较严重，保障和改善民生还要持续用力。四是绿色低碳转型势在必行。建筑业、房地产、勘察设计等企业创新能力和核心竞争力有待提高。传统建筑行业劳务工人老龄化严重，用工荒现象逐步显现，正倒逼行业转型升级。五是能力作风建设迫在眉睫。尽管干部队伍在重大任务中得到了锻炼，但也存在精神不振、推诿塞责、不敢担当等问题，能力和作风不强不硬，难以完全适应新形势下的任务要求。

二　稳中求进量质并举，全力完成2023年住房城乡建设发展任务

2023年全省将坚持以习近平新时代中国特色社会主义思想为指导，全面贯彻党的二十大精神，完整准确全面贯彻新发展理念，全面落实“三高四新”战略定位和使命任务，坚持稳中求进工作总基调，更好地统筹发展和安全，全力守安全、防风险、保民生、促发展、强队伍，推动住房城乡建设工作高质量发展，努力为推进中国式现代化、建设现代化新湖南贡献力量。

（一）全力“守安全”

以提升本质安全为核心，按照“全面动员发动、全面梳理职责、全面摸清底数、全面压实责任、全面严格执法、全面考核考评”安全生产工作

“六全”要求，举全系统之力打好安全生产翻身仗。

一是进一步树牢安全生产底线意识。深刻吸取长沙“4·29”以及住建领域房屋市政工程生产安全事故教训，通过身边典型案例剖析、交流研讨和警示教育，全面学习、全员动员、全面强化安全生产意识，时刻紧绷安全生产这根弦。

二是进一步压实安全生产责任。加强安全标准化、监督规范化、监管信息化建设，聚焦职责边界不清、监管底数不清、“打非治违”不力、执法“宽松软”、安全管理失管失控等突出问题，全面压实属地、部门、企业、个人等各方责任，畅通有奖举报渠道，推动形成严管严查高压态势。

三是进一步加强督导考核。加大监督规范化考核力度，通过联点督导、季度督查、明察暗访等方式，加强层级监督管理，建立评价排名机制，按行业领域对各级主管部门和质量安全监督机构进行考核考评，并将其纳入安全生产考核和督查激励范围，重点检查现场检查率、隐患整改率、安全生产违法行为处罚率等情况，严格督办落实到位，坚决守住安全生产底线红线。

（二）着力“防风险”

住建领域风险防范呈现系统性、关联性、历史遗留性等特点，重点表现在房地产、突出环境问题、信访维稳等方面。要深刻把握突出风险问题的源头成因和关键环节，抓住事物的主要矛盾和矛盾的主要方面，牵住“牛鼻子”，把握关键点，通过解决主要矛盾带动其他矛盾有效化解。

一是防范化解房地产领域风险。严格预售许可，遏制新增风险。牢牢抓住预售许可这个关键环节，坚持无评估不预售，全方位全过程评估预售后是否存在逾期交付、质量安全、设施配套不完善等风险，做到审慎稳妥审批。加强预售资金监管，坚决杜绝新预售项目逾期交房风险，发现一起查处一起，坚决做到新增风险“零容忍”。有条件的地方，鼓励提高预售门槛，探索现房销售。全力“保交楼”，消除存量风险。省政府拟成立湖南省房地产平稳健康和安全运行协调小组，负责统筹协调全省房地产平稳健康发展和居民自建房安全整治工作。要充分发挥协调小组牵头抓总、预警预判、问题交办、督办落实等作用，按照分类处置原则全力“保交楼”，以房屋交付为重点，对各市州交楼率等情况进行考核，定期排名通报。省工作专班强化日常督办，实行“周调度、月通报”和警示约谈等机制，压实属地责任，有效防范化解房地产领域风险。

二是防范化解城乡突出环境问题风险。积极协调发改、财政等部门，适当提高垃圾处理费伴水征收标准，解决资金来源问题，保障垃圾填埋场遗留环境问题整改到位。加强项目策划包装，将垃圾填埋场整改与绿色循环经济、乡村振兴等项目包装结合，积极争取专项债券。按照污水管网全覆盖、全收集、全处理要求，大力推进县以上城市污水管网建设改造攻坚行动，加强小区庭院排水管网排查整治，加快推行“厂网一体化”，补齐管网短板，提升进水浓度。加强乡镇污水处理设施建设运营，协调相关部门全面开征乡镇污水处理费，推动将污水处理费开征情况与绩效奖补资金安排挂钩，确保设施建得起、用得好。打好城市黑臭水体治理攻坚战，定期开展水体水质监测，健全长效管理机制，防止返黑返臭，确保“长制久清”。加强城乡垃圾收转运体系建设，充分发挥焚烧发电和厨余垃圾设施处理效能，鼓励跨区域共建共享处理设施。加强区域统筹，合理布局焚烧飞灰处置设施建设，加快补齐设施短板，大中型城市可适度超前建设规模化污泥集中处理设施，共建共享。

三是防范化解住建领域信访维稳风险。按照国家统一部署，扎实开展住建领域信访问题源头治理三年攻坚行动。围绕房地产、物业管理、房屋质量、拖欠农民工工资等信访重点领域，对相关典型案例认真研究分析，全面“解剖麻雀”，查找政策不合理、执行不到位等制度性短板，进一步完善政策和保障落实，变事后维稳为源头防范，认真做好“送上门来的群众工作”。

（三）倾力“保民生”

习近平总书记深刻指出，“民生是最大的政治”，并强调“坚持在发展中保障和改善民生”，为新时代做好民生工作指明了方向，提供了根本遵循。

一是扎实推进城镇老旧小区改造。坚持在城市更新的整体框架下策划和储备项目，坚持与城市更新、城市体检、海绵城市建设、历史文化保护传承等有机结合，以绿色完整社区创建标准为重要依据开展城市体检，聚焦国家、省重点投资支持方向，系统性、整体性包装策划项目，推动项目集成、整体改造、片区提质。坚持提前策划、严格入库、滚动实施，至少提前半年至一年开展项目策划储备，严格执行入库标准，编制项目改造方案，办理开工前期手续。鼓励有条件的地方实施一批有代表性、带动作用明显的“综合改一次”项目，总结推广改造经验和做法，形成示范引领。以“城市更新，美好生活”为主题，围绕新型城镇化、城市更新、城市体检、老旧小区改造、绿色完整社区创建等工作举办高峰论坛。

二是扎实抓好住房保障工作。以解决好新市民、青年等群体住房困难问题为重点，扩大保障性租赁住房和公租房供给，开展监测评价和满意度调查，推进公租房小区无障碍设施改造和配套设施完善，开展公租房分配领域专项督查，加强公租房准入退出管理。推进“智慧公积金”平台建设，支持以住房公积金增值收益购买公租房。

三是扎实保障农民工工资支付。以建筑工人实名制管理工作为抓手，加强在建工程项目劳务用工日常检查，联合人社部门开展专项检查，强化不良行为记录管理，规范劳务用工环境，着力保障建筑工人合法权益。推进工程款支付担保，严格查验开工安全条件，防范工程款拖欠引发农民工工资拖欠，让住建领域劳务工人有更好的就业和作业环境。

（四）大力“促发展”

打好经济增长主动仗，是2023年湖南发展“六仗”的第一仗，住建部门责无旁贷、重任在肩，始终要把稳增长、促发展作为头等大事来抓。

一是促进房地产市场平稳健康发展。一方面，推动房地产市场企稳回升。坚持“房住不炒”定位，推进住房领域“一网通办”平台建设，建立省、市、县“两端六量”预警预判监测体系，根据供应端（土地供应量、新开工量、批准预售量、库存量）、需求端（楼盘来访量、销售量）等关键指标分析研判房地产市场趋势，为精准调控提供数据支撑。因城施策、调控市场，科学完善政策工具箱，根据预警预判数据，优化长沙限购限贷政策，其他市州完善财税、金融、公积金、人才购房、去库存等政策措施，逐步推动市场企稳向好。要充分发挥房地产平稳健康和安全运行协调小组统筹协调作用，加强部门联动，压实城市主体责任，对各地调控情况及政策效果进行评估通报；同时加大市场违法违规行为打击力度，为企稳回暖创造良好市场环境。另一方面，推动房地产业向新发展模式平稳过渡。要主动顺应房地产业从大规模增量建设向增量结构调整和存量提质改造相结合的发展趋势，探索提高预售门槛，逐渐向现房销售过渡，完善房企融资、购地交易资金监管等措施，降低房企负债率，鼓励培育养老地产、智慧地产、城市更新等新业态，打造集开发、建设、运营、管理于一体的全产业链。

二是推动建筑业高质量发展。坚持建筑业“六化”发展方向，聚焦质量安全底线，推动建筑市场发展向“宽进、严管、重罚”转变，稳中求进实现量的合理增长和质的有效提升。抓好安全复工复产，强化“一项一策”，督促企业完善复工计划，加强安全检查，督促企业安全隐患排查等主体责任落实到位。推动建筑业转型升级，坚持以产品思维为导向，以模数化、标准化设计为核心，健全政策体系，推行 EMPC 建造模式，培育设计施工一体化集成生产商，引进智能绿色建造保险机制，选择高校学生宿舍作为绿色转型突破口，分类推进高品质绿色建造。依托第三届中非经贸博览会组织湖湘建筑企业推介会。开展精品住宅创建行动，增加住宅工程芙蓉奖和省优质工程奖占比，推广住宅工程质量潜在缺陷保险，让人民群众住上好房子、好小区。加强住建领域财源建设，深入实施市场主体倍增工程，聚焦企业税收贡献、履行社会责任等情况分类帮扶，将企业纳税情况作为“建筑强企”评选依据，支持骨干税源企业发展壮大。深化改革，打造工改 3.0 版，针对设计施工一体化的建筑工业化项目，定制审批流程，提高审批效率。针对限额以上居民自建房等项目，成套提供标准化图纸服务，推行集中审批、施工分片、统一监管等政策措施。推进数字化城建档案馆建设，建立增量数据动态归集和存量数据需求牵引的城建档案数字化归档体系，打造全省房屋市政工程项目大数据平台。以项目为核心，强化“两场联动”，构建可评价、可量化、可感知的信用评价机制。

（五）致力“强队伍”

坚持以人民为中心，不断强化系统能力建设，着力打造一支忠诚、干净、担当的干部队伍，建设一支规模宏大、改革创新、素质优良的行业人才队伍。

一是旗帜鲜明讲政治，践行宗旨诠释“忠诚”。牢牢把握政府机关首先是政治机关的政治属性，坚定捍卫“两个确立”，坚决做到“两个维护”。坚持“两个至上”，始终站在人民立场想问题、作决策、办事情，增强履职尽责的责任感和使命感。

二是牢记“两个永远在路上”，清正廉洁坚守“干净”。把贯彻落实党中央决策部署作为最基本的政治纪律和政治规矩，严格执行中央八项规定精神，加强对权力运行的制约监督，综合运用监督执纪“四种形态”，以“清廉住建”建设带动全系统清廉行业建设，一体推进不敢腐、不能腐、不想腐。

三是敢于负责善于作为，真抓实干勇于“担当”。加强政策研究、专业训练、实践锻炼，强化政策创新和供给能力。加快能力建设，强化智慧赋能，注重在业务板块内统筹人员力量配备，科学设置工作 AB 角，培养一专多能、胜任一岗多职人才。坚持“考在平时、考在日常”，建立科学客观的人才评价机制，激励干部担当作为。

B.10

2022年湖南文化和旅游发展情况及2023年展望

湖南省文化和旅游厅课题组*

摘　要： 2022年是湖南文旅发展极不平凡的一年。面对复杂多变的疫情环境、艰难繁重的旅发大会筹备工作等严峻挑战，全省文旅系统把迎接和学习贯彻党的二十大精神作为主线贯穿始终，坚决按照“疫情要防住、经济要稳住、发展要安全”指示要求，奋力实干担当，勇于开拓创新，湖南文旅的影响力、驱动力、渗透力空前提高，创造了一个又一个里程碑，湖南文旅业实现了由部门推动向党委和政府高位推进转变、由经济建设的助攻手向经济建设的主攻手转变、由行业行动向全社会广泛关注和参与转变、由传统模式向创新驱动转变、由文旅融合向文旅赋能转变等“五个转变”，得到了省委、省政府领导多次肯定性批示。2023年是全面贯彻落实党的二十大精神的第一年，是贯彻落实省委、省政府《关于加快建设世界旅游目的地的意见》的第一年，湖南文旅承担新的使命、开启新的征程，必须牢牢把握历史机遇，坚决扛牢战略使命，踔厉奋发、勇毅前行，走在高质量发展、现代化建设前列。

关键词： 文化和旅游　文旅融合　湖南省

* 课题组组长：颜喜，湖南省文化和旅游厅办公室主任。课题组成员：郑康如，湖南省文化和旅游厅办公室副主任；徐庶，湖南省文化和旅游厅办公室一级主任科员；封哲学，湖南省文化和旅游厅办公室二级主任科员。

一 2022年工作

（一）围绕迎接党的二十大召开，大力营造浓厚思想文化氛围

深入开展“喜迎二十大·放歌新时代”主题音乐创作采风活动。着力抓好第十三届中国艺术节参评剧目的修改提升工作，花鼓戏《山那边人家》角逐“文华大奖”，湘剧《忠诚之路》获文华导演奖，7个作品入围第十九届群星奖，创9年来新高。省委、省政府印发《关于在城乡建设中加强历史文化保护传承的实施意见》，澧县鸡叫城遗址获评为“全国十大考古新发现”，益阳兔子山遗址等3个遗址获评“新时代百项考古新发现”。开展全省“文化和自然遗产日”系列宣传展示活动，成功举办首届非遗博览会，创新启动省级非遗工坊、非遗村镇、非遗街区示范点建设，4家非遗工坊入选全国典型案例。《十年传承发展路　湖南非遗焕新颜》在“文旅中国”推出，成为网络热文，在文旅部2022年文化和自然遗产日启动式上，湖南作为全国仅有的两省代表之一向全国介绍经验。

（二）围绕“办会兴城”，上下联动举办首届旅发大会

省委、省政府高度重视文旅业发展，出台了《关于加快建设世界旅游目的地的意见》，构建了“1+13+N”上下联动举办旅发大会的模式，各地出台了一系列促进文旅业发展的政策措施，形成了发展合力。省文旅厅、张家界市以“立标打样，办会兴城”为目标，成功举办了首届湖南旅发大会，并联动市州形成“各地争着办，大家抢着干”的热潮，推动各个承办地以旅游业带动和促进经济社会高质量发展，让旅发大会催生一种新的区域协调发展理念和模式，成为深入落实新发展理念的生动实践。张家界市铺排项目546个、投资708.86亿元，其他13个市州投资3亿元以上的文旅项目共193个、总投资1537.16亿元，文旅产业投融资大会省级签约招商引资项目85个、总投资额1147.17亿元，为稳住经济大盘注入了强劲动力。全省各

地通过举办旅发大会解决了一批景城之间、城乡之间不均衡的突出问题，城乡面貌全域优化。推出湖南旅游"五张名片"以及新的旅游形象宣传口号，社会反响巨大，湖南旅游的影响力、美誉度得到极大提升。各地通过深入开展"当好东道主，办好旅发会"活动，充分调动群众参与热情，"三湘四水　相约湖南"网络话题浏览量达12.4亿，旅发大会开幕式点击量上百亿次，相关报道36次登上微博热搜，6次登上全国前3。省文旅厅与省文明办联合印发《湖南省文化和旅游行业精神文明建设三年行动计划（2022-2025年）》，促推文明旅游形成风尚。

（三）围绕纾困解难促进市场复苏，激发旅游消费潜力

省文旅厅出台促进旅游业恢复发展的十条措施，深入开展首届湖南旅发大会惠民助企文旅消费券暨"五十万游客入张"活动，联合省商务厅开展"周游三湘"暑期消费季活动，成功举办2022年中国红色旅游博览会、2022年湖南文化旅游产业博览会，"万屏联动——喜迎首届湖南旅发大会"在长江中游、珠三角等地"破屏出圈"。大力发展民宿、露营、自驾等旅游新业态，深入推进旅游业与一二三产业融合创新发展，充分带动了社会消费升级。暑期，湖南稳居热门酒店预订省份前3，"全国一半人在长沙"成为网络段子、登上"热搜"。文化和旅游部公布第二批国家级夜间文化和旅游消费集聚区名单，湖南省占6处、排名第2。2022年，全省接待国内外游客4.35亿人次，同比增长0.97%，恢复到2019年的90.0%，高于全国23个百分点；实现旅游收入6487.96亿元，同比下降0.85%，恢复到2019年的85.4%，降幅高于全国30.8个百分点。2023年春节假期七天，全省共接待游客1567.58万人次，同口径比2022年春节假期增长71.33%，高于全国增幅48.2个百分点，同口径比2019年增长1.53%。文旅已成为湖南省创新驱动最明显、创新要素流动最迅速、创新产出应用最广泛的产业。全省动漫与游戏产业总产值超过239.88亿元，同比增长11.26%，成为全省增幅最高的产业之一。

（四）围绕创造高品质生活，健全文旅公共服务体系

城乡公共文化设施标准化建设成效明显，深入推进乡村公共文化服务“门前十小”示范工程，持续开展“最美潇湘文化阵地”创建，共338个乡镇（街道）综合文化服务中心和村（社区）综合文化服务中心入选。公共文化服务供给更加精准化，持续实施“湖南公共文化进村入户·戏曲进乡村”文化惠民项目，各县市区组织各类戏曲艺术表演团体深入全省1462个乡镇（村）开展惠民活动4790场。在全国率先出台《村（社区）综合文化服务中心建设与服务规范》省级地方标准，推动基层公共文化服务规范发展。联合省文明办制定《2022年湖南省文化和旅游志愿服务工作方案》，全省文旅志愿服务者超过38.9万名。湖南省就公共文化服务工作在全国作典型推介。

（五）围绕促进高质量发展，全面强化发展保障

省文旅厅深入开展全省文化旅游系统安全生产大检查“百日攻坚”行动，指导张家界、凤凰等地高效应对聚集性疫情，获得网络舆论好评，探索常态化疫情防控下旅游发展新路径，全省文旅市场无重大安全事故、无重大旅游投诉。把党建引领贯穿文旅发展全过程各方面，组织开展多轮中心组学习、厅领导深入基层宣讲、厅系统干部职工和全行业从业人员集中轮训等，掀起了学习贯彻党的二十大精神热潮；联合省委组织部专题举办市州、县市区政府领导干部文旅融合发展研讨班，举办县市区文化旅游广电体育局局长文旅融合发展研讨班，对全省文旅系统领导干部进行业务培训。以省委巡视和审计为契机，锲而不舍纠“四风”、树新风，开展“学习型、服务型、活力型”机关建设和“文旅融合小讲堂”学习活动，大力营造良好政治生态。老干、关心下一代工作特色鲜明，广受赞誉。工会、共青团、妇委会开展了一系列丰富多彩的活动，各项工作齐头并进，为全省文旅业发展提供了坚强保障。

二 2023年展望

中国旅游研究院发布的调研报告预计，2023 年全年国内旅游人次和国内旅游收入恢复至疫情前的 70%～75%，入出境旅游人次有望恢复到疫情前的三到四成。从全省看，2023 年春节文旅业来势喜人，清明节、端午节、劳动节等假日文旅需求形势看涨，第二季度文旅业将进入预期转强和供给优化的新轨道。湖南省全年旅游总收入有望达 8000 亿元左右，旅游及相关产业增加值占地区生产总值的比重为 5.6%左右，恢复到 2019 年疫情前水平，好于全国 25%～30%。根据当前形势，为全面完成 2023 年目标任务，全省文旅系统将重点抓好以下八个方面工作。

（一）深入学习贯彻党的二十大精神，进一步明确方向、增强动力

文旅战线肩负着带头宣传贯彻党的二十大精神的重大责任。要全面系统深刻把握党的二十大关于“加快构建新发展格局，着力推动高质量发展”“推进文化自信自强，铸就社会主义文化新辉煌”“繁荣发展文化事业和文化产业”“实施重大文化产业项目带动战略”“推动文化和旅游深度融合”“讲好中国故事、传播好中国声音”“人与自然和谐发展”等新部署新要求，深入贯彻习近平总书记考察湖南和关于文旅工作的重要指示批示精神，进一步坚定政治信仰，从更高站位、更深层次加强对文旅工作的政治把握，找准文旅业服务中国式现代化的历史新方位。按照党中央统一部署，认真组织开展主题教育，分期分批举办领导干部学习宣传贯彻党的二十大精神培训班，做好传达解读阐释文章。立足文化和旅游工作特色，组织好党的二十大精神主题创作、展演展播展示等活动，动员群众开展歌舞、曲艺、美术、书法等文化文艺活动，推进党的二十大精神在全省文旅系统、城乡基层广泛传播、落地生根。

（二）以举办旅发大会为抓手，构建文旅高质量发展新格局

总结好、提升好首届旅发大会的办会经验，着力办好第二届湖南旅发大

会，树牢“办会兴城”理念，坚持“项目为王”，进一步理顺机制、提高效率、扩大参与、高位推动，不断提升旅发大会的文化引领力、经济带动力、社会影响力。要深入推进“1+13+N”的旅发大会模式，建立健全市、县旅发大会备案制（省级旅发大会原则上每年 9 月中上旬举办，市、县级旅发大会原则上每年 11 月前举办完毕），避免扎堆举办、平均用力。要推动旅游业集聚发展，开展全省旅游资源普查，持续推进长征国家文化公园（湖南段）和长江国家文化公园建设，在高速高铁沿线、河湖岸线、县市干线，布局建设一批凸显山水自然、城乡风情、人文历史的旅游景观，打造一批高品质通道、航道、步道。出台贯彻落实《关于加快建设世界旅游目的地的意见》三年行动计划，着力擦亮“奇秀山水”“经典红色”“城市文化和都市休闲”“历史文化”“农耕文化”五张名片。

（三）有效促进文旅业恢复发展，提高文旅业在经济发展中的贡献度

推动全省上下牢固树立“抓大项目、促大发展”的理念，坚持政府引导、市场运作，重点推动《湖南省旅游企业融资担保风险代偿补偿实施办法》落地见效，凝聚一切力量推进省市两级旅发大会重点项目建设。鼓励旅游企业“升规入统”，引进世界 500 强旅游企业等，壮大旅游龙头企业。实施湖南文旅业复苏振兴九大行动，开展全省文旅消费促进系列活动，指导各地利用相对积极的财政政策、金融政策、社会保障政策和产业政策，刺激文旅经济复苏增长。要出台《湖南文旅新业态培育三年行动计划》（2023～2025），出台省级文旅新业态基地创建评定试行标准，通过“文旅+”推进文旅业与先进制造、数字信息、农产品加工、中医药养生等产业融合，促进文旅业与一二三产业深度融合发展。

（四）合力唱响“三湘四水　相约湖南”新品牌，全面提升文旅推广的综合效应

倾力打造湖南文旅主题形象品牌，各市县和重要景区要确立与“三湘四水·相约湖南”相协调的旅游形象口号，擦亮湘菜、湘茶、湘酒、湘瓷、

湘绣、湘戏等“湘字号”“老字号”品牌，形成以“三湘四水　相约湖南”为总品牌的区域品牌、地方品牌、产品品牌、企业品牌和人物品牌等系列文旅品牌。实施湖南文旅省外客源地推广传播工程、新媒体矩阵推广传播工程、“四站一场”推广引流工程、视觉创意推广传播工程、湖南文旅融合提质推广传播工程等“五大工程”，唱响“三湘四水　相约湖南”旅游新品牌。创新举办品牌旅游节会，将旅游宣传、旅游招商纳入省级重大经贸活动内容。以高铁、航线为纽带，加强对沿线客源市场及长三角、珠三角、京津冀、成渝城市群、长江中游城市群等重点客源市场的营销。加强湘、鄂、赣三省文旅交流合作。精准开展入境旅游市场营销，抓紧探索依托境内外知名专业机构在直航城市开展湖南旅游营销。

（五）持续做好基层基础工作，确保文旅业转型升级有可靠支撑

推动文旅数字化建设，强化全省智慧文旅信息系统项目建设运营，实现文旅管理模式、产业结构、监管水平、消费方式、服务手段全新变革。积极推动5G（第五代移动通信技术）、AI（人工智能）、VR（虚拟现实技术）、超高清视频等新技术在文化和旅游场景广泛应用。实施“游客满意在湖南行动计划”，持续开展文旅市场“春雷”“利剑”专项整治行动、安全生产“打违治非”专项行动和三年整治攻坚行动，引导企业诚信经营。要鼓励支持社会组织在推动产业发展、规范市场秩序、提升服务质量、促进行业自律中发挥积极作用。深化职称制度改革，创新文旅人才服务、培养、选派模式，实施能力提升、教育提质、名师引领三大计划，打造一支高素质复合型的文旅人才队伍。制定《文化和旅游及相关产业统计分类》湖南地方标准，推行文旅数据月度监测制度，提升数据统计规范化、精准化水平。推动标准化质量建设，完善文旅行业标准体系，推广标准化试点示范。

（六）积极探索文旅深度融合，推出更多高质量的文旅产品

推动精品创作生产，启动全省优秀剧本创作扶持工程三年行动，组织创作一批反映新时代新征程恢宏气象、具有“湘戏”品牌特色的重大现实题

材和优秀传统文化题材舞台艺术作品，实施“戏曲湘军”中青年拔尖文艺人才培养工程，创新群文创作机制，推动群众艺术文化发展。要加强公共文化服务体系建设，加快推进湖南图书馆新馆建设，策划推出全省公共文化服务高质量发展“四个一批”（优秀品牌、优秀案例、优秀团队、优秀空间），推动公共文化服务社会化建设，引导社会力量参与基层公共文化设施运营和服务供给。加强文化遗产保护利用工作，以省委、省政府名义印发《关于加强全省文物保护利用工作的意见》，实施文物考古和保护工程、湖湘文化保护传承工程、革命文物保护传承工程、让文物活起来工程、文物数字化工程、文物人才队伍建设工程等文物保护利用“六大工程”，出台《关于进一步加强非物质文化遗产保护工作的实施意见》，建设省级非遗保护综合管理平台，加强文化生态保护区建设。

（七）有力服务乡村振兴战略，全面提升乡村文旅工作质量

探索形成文旅赋能乡村振兴“湖南模式”，联合 19 个部门出台《关于进一步推动文化和旅游赋能乡村振兴的若干措施》，全面系统总结好、提炼好湖南文旅赋能乡村振兴的宝贵经验，推出一批实践创新、理论创新和制度创新成果。充分利用优秀传统民间文化，加强民间文化艺术之乡建设。均衡配置城乡公共文化资源，推动优质公共文化服务向基层延伸。深入推进公共文化服务“门前十小”工程，持续开展“最美潇湘文化阵地”创建。加大乡村现实题材作品创作力度，充分利用乡村农家书屋、文化长廊等阵地，培育乡村特色文化，促进移风易俗，倡导文明新风。深入实施《湖南省乡村旅游高质量发展三年行动计划》，支持全国和省级乡村旅游重点村镇建设，打造一批乡村旅游精品民宿聚集区、精品营地、精品村、精品廊道，重点支持 15 个省乡村振兴重点帮扶县，评定设立 10 个左右非遗助力乡村振兴创新示范点，创建 50 个非遗工坊、非遗村镇、非遗街区示范点，提升乡村产业发展水平。

（八）全面加强自身建设，以过硬作风推动文旅发展

进一步提高政治站位，深刻领悟“两个确立”的决定性意义，增强

“四个意识”、坚定“四个自信”、坚决做到“两个维护”，不断提高政治判断力、政治领悟力、政治执行力。要坚持对标对表、狠抓落实，确保习近平总书记重要指示批示精神、党中央决策部署和省委、省政府决策部署落实到文化和旅游工作各方面、全过程。2022 年，省文旅厅坚决贯彻落实省委、省政府决策部署，成功举办首届旅发大会，实现“办会兴城”的既定目标，达到了“立标打样”的办会效果，展示了闻令而动、团结拼搏、迎难而上、追求一流、勇于创新的优良作风，形成了宝贵的精神财富。全省文旅战线要把旅发大会激发出来的昂扬斗志和火热激情，转化为深入学习宣传贯彻党的二十大精神的自觉行动，转化为加快文旅业高质量发展的强大动力，永葆“闯”的精神、“创”的劲头、“干”的作风，努力干成一番新事业、干出一片新天地。

B.11

2022年湖南卫生健康事业发展情况及2023年展望

李小松*

摘　要： 2022年，湖南省卫生健康系统深入贯彻习近平总书记对湖南和关于卫生健康工作的重要讲话重要指示批示精神，统筹疫情防控和经济社会发展，抗疫情，抓安全，提能力，肃行风，圆满完成既定目标任务，全省卫生健康事业持续稳健发展。2023年是全面贯彻落实党的二十大精神的开局之年，全省卫生健康系统将以习近平新时代中国特色社会主义思想为指导，锚定“三高四新”蓝图，打好“发展六仗”，深入实施健康湖南各专项行动，奋力推进卫生健康事业高质量发展。

关键词： 卫生健康　疫情防控　湖南

一　2022年湖南省卫生健康事业发展情况

2022年是极不容易、极不平凡的一年，在省委、省政府的正确领导下，全省卫生健康系统深入贯彻习近平总书记对湖南和关于卫生健康工作的重要讲话重要指示批示精神，统筹疫情防控和经济社会发展，统筹发展与安全，全面落实“三高四新”战略定位和使命任务，坚持以人民健康为中心，尽锐

* 李小松，湖南省卫生健康委员会党组书记、主任。

出战，加压奋进，抗疫情，抓安全，提能力，肃行风，圆满完成既定目标任务，全省卫生健康事业持续稳健发展。

（一）疫情防控始终有力有效

动态清零阶段，坚持以快制快，成功处置长沙、株洲、邵阳、怀化等地多轮本土疫情；健全“平急结合”方案，疫情保持在全国较低水平。长沙市未发生大规模封城和停工停产。娄底 G2190 次列车疫情处置工作得到国务院联防联控机制表扬。“乙类乙管”转段阶段，围绕“保健康、防重症”，提前准备，提级管理，争取到中央和省级疫情防控专项经费 16.87 亿元用于医疗救治能力建设，平稳度过感染、门急诊、住院、重症高峰，得到国务院联防联控机制工作组高度肯定。全省卫生健康系统讲政治讲大局，50 余万医务人员积极参与疫情防控，2022 年累计派出 24 批次 5602 人次，支援全国 10 个省（自治区）的疫情防控。

（二）深化医改稳中有进

深入推广三明医改经验，积极落实药品耗材集中带量采购和使用政策，健全医疗服务价格动态调整机制，规范调整 350 余项医疗服务价格项目。全面启动公立医院高质量发展示范性医院和卓越服务示范医院建设。湘潭市获批财政部、国家卫生健康委公立医院改革与高质量发展示范项目。中南大学湘雅医院获批委省共建公立医院高质量发展试点医院。公立医院薪酬制度改革加快。三级公立医院门诊满意度位居全国第 2、住院患者满意度位居全国第 6。国家基本药物制度实施成果不断巩固。

（三）医疗卫生服务体系持续优化

推进优质医疗资源扩容下沉和均衡布局。中南大学湘雅二医院成为国家精神医学中心主体医院，湘雅医院被纳入国家首批综合类国家医学中心辅导建设名单，其他“双中心”建设单位创建达标率稳步提升。衡阳、株洲、湘潭、娄底等地积极争创国家区域医疗中心。进一步夯实基层医疗服务网底。出台促进基层卫生健康事业高质量发展的意见。推进紧密型县域医共体建设试点。实施县级医院“强边、强基、强链”计划，28 家县级综合医院达到三级医院水平。加大基层本土化人才、全科医生培养力度，培训基层医疗卫生机构相关人员 16 万余人次。提升医疗服务质量水平。举办首届医院质量大会。积极改进预约诊疗和日间服务，推动三级医院日间手术和多学科诊疗。深化城市三级医院对口帮扶，推行“科对科”精准帮扶与同质化培训相结合模式。优化公共卫生服务。统筹推进新冠病毒疫苗接种和常规免疫接种，扎实做好艾滋病、结核病等重大传染病防治工作。强化精神卫生和慢性病综合防治措施，严重精神障碍患者管理治疗工作综合考评排名全国第 2。基本公共卫生服务绩效评价综合成绩居全国第 3、中部省份第 1。推动出台《湖南省职业病防治若干规定》。突发公共事件紧急医学救援有力有效。在“4·29”望城区居民自建房倒塌事故、“10·21”新田县森林火灾等突发事件中，迅速反应，不惜代价抢救患者，有效减少伤亡。中医药传承创新发展提速。出台促进中药产业高质量发展的若干措施。在国家公立中医医院绩效考核中排名第 5 位（较上年度上升 7 位），基层医疗卫生机构中医药服务占比全国排名第 7 位。全省公民中医药健康文化素养在全国排名第 8 位。

（四）健康湖南建设步伐加快

积极推动将健康融入所有政策，实施 15 项专项行动，开展健康影响评估制度建设试点。爱国卫生运动深入开展。创建国家卫生城市 11 个、国家卫生县（市）42 个。7 个单位、10 名同志获评全国爱卫 70 周年先进集体和先进个人。居民健康素养不断提升。新建省级健康县区 11 个。建立省级居民健康素养监测统计调查制度，全省居民健康素养水平达 27.47%。“互联网+医疗健康”加快发展。健康码、核酸检测等信息系统有力支撑了疫情防控工作。推进互联网医院建设，169 家医疗机构开通互联网诊疗服务，138 家医疗机构开展互联网+护理服务。

（五）重点群体健康服务持续强化

“一老一小”服务体系不断完善。推动出台加强新时代老龄工作实施意见等文件。45 个社区获评全国示范性老年友好型社区，90%以上二级及以上公立综合性医院设立老年医学科。“新生儿出生一件事一次办”系统成功上线，实现《出生医学证明》电子证照全覆盖。联合省委编办等 4 部门印发托育机构登记备案办法等文件。启动母婴友好医院和儿童健康综合发展示范县创建活动，5 岁以下儿童死亡率、婴儿死亡率和新生儿死亡率均优于全国平均水平。“两癌”免费检查、孕产妇免费产前筛查和新生儿先天性心脏病筛查等重点民生实事超额完成任务。发布安宁疗护病房管理地方标准。持续推进农民工尘肺病救治救助工作，救治救助 2.67 万人次。进一步健全完善生育支持和配套措施。推动出台《关于优化生育政策促进人口长期均衡发展的实施方案》，积极组织实施三孩生育政策。开展计划生育爱心助孕特别行动，为计生特殊家庭免费提供辅助生殖技术服务。积极推进生育审批向登记服务转变，持续释放生育政策效能。各级计生协积极发挥联系政府与群众的纽带和桥梁作用，推进家庭健康促进行动、生育关怀行动，加强新型婚育文化阵地建设，深入实施特殊家庭住院补贴等民生项目，积极助力家庭健康和生育友好型社会建设。

（六）事业发展基础更加夯实

财政投入力度不断加大。2022 年共争取中央和省级财政补助资金 132.98 亿元，较 2021 年度增长 14.66%。持续推进公立医院经济管理年、规范和加强政府采购管理三年专项行动，公立医院资产负债率持续下降。大力实施高层次人才支持计划。推进卫生专业技术人员职称制度改革，提高高级职称岗位比例，扩大公立医院高级职称自主评审试点范围。关心关爱疫情防控一线医务人员，发放临时性工作补助 13.5 亿余元。积极推进医学教育标准化工作，制定本科、高职、中职 3 个层次 28 个专业的医卫类专业设置标准。扎实推进法治政府建设示范创建活动。狠抓生态环境保护督查、医疗废物问题整改，开展医疗废物、医疗污水联合“双随机、一公开”监管抽查，卫生健康领域污染防治攻坚战和打击整治养老诈骗专项行动取得积极成效。认真组织实施食品安全风险监测评估和标准制定工作及合理膳食行动，全面完成食品安全风险监测计划任务。新闻宣传、健康教育有声有色，中央媒体密集正面报道，营造了良好氛围。国际交流合作和援外医疗圆满完成任务，中非医疗合作扎实推进。安全发展基石有效夯实。狠抓安全生产、信访维稳工作，扎实开展建筑安全专项整治和“百日攻坚”行动，统筹推进扫黑除恶、医疗乱象专项整治等专项行动，加强实验室生物安全管理，全省卫生健康系统安全稳定局面持续巩固向好。

当前，推进全省卫生健康事业高质量发展还存在一些问题和不足。疫情防控资源不够均衡，基层特别是农村地区防控力量相对薄弱；深化医改在体制机制上还须进一步健全，亟待纵深推进；基层医疗卫生机构综合保障、人才激励措施落实不够到位；医疗卫生行业综合监管制度不够健全；安全生产、行风建设等防范化解风险工作任务艰巨等。

二 2023年湖南省卫生健康工作重点

2023 年是全面贯彻落实党的二十大精神的开局之年，是全方位推动卫生健康事业高质量发展的关键一年。全省卫生健康系统将以习近平新时代中国特色社会主义思想为指导，全面贯彻党的二十大精神，落实全国、全省“两会”和全国卫生健康工作会议部署要求，坚持以人民为中心的发展思想和稳中求进工作总基调，完整准确全面贯彻新发展理念，锚定“三高四新”蓝图，打好“发展六仗”，深入实施健康湖南各专项行动，踔厉奋发、勇毅前行，奋力推进卫生健康事业高质量发展，为推进中国式现代化新湖南建设做出新的更大的贡献。

（一）坚决巩固好疫情防控重大胜利成果

高度关注新冠感染过峰后抗体减弱引发的第二轮感染风险，围绕“保健康、防重症”，做好各项准备和应对工作。强化责任落实。坚持问题、目标导向，压实“四方责任”，落实“四早”要求，慎终如始抓好新冠病毒感染“乙类乙管”后各项防控措施落实。强化监测预警。加强疫情监测和常态化预警能力建设，密切跟踪病毒变异情况，抓好病例报告、哨点监测和病毒变异株等监测。健全疫情监测体系和信息报告制度，加强分析研判，密切跟踪和防范新的疫情高峰。强化医疗救治。健全分级分层分流的救治体系，继续保留必要的医疗救治设施和场所，重点加强重症医疗资源储备和医护人员准备。发挥基层医疗卫生机构“网底”作用，落实新冠医疗救治工作责任，畅通县乡绿色转诊通道，保障群众就医住院需求。加强医疗物资生产保供，完善储备制度和目录。强化重点防控。加强学校疫情防控，严格落实学生症状监测、晨午检和因病缺勤追踪登记制度。落实养老机构、社会福利机构等场所分区管理措施，严防疫情引入和扩散。加强农村地区疫情防控。持续加强新冠病毒疫苗接种，构建人群免疫屏障。强化宣传引导。全方位、多渠道宣传好三年多来疫情防控取得的巨大成绩和付出的艰苦努力，大力弘扬伟大抗疫精神，倡导“每个人都是自己健康第一责任人”的理念，筑牢个人卫生健康第一道防线。

（二）持续深化医药卫生体制改革

坚持以改革创新激发卫生健康事业发展活力，加强协同配套和系统集成，不断推进卫生健康治理体系和治理能力现代化。促进“三医”联动。以人民健康为中心，推动“三医”行动策略协调统一，推进药品耗材集中采购，提高人员支出占比和固定薪酬占比。加快推进医疗服务价格改革。完善基本药物优先配备使用政策，加强药品供应保障，加大药师配备力度，推进短缺药品保供稳价。推动公立医院高质量发展示范性医院建设。实施公立医院高质量发展促进行动，遴选一批公立医院，以建设现代医院管理制度为目标，健全维护公益性、调动积极性、保障可持续性的公立医院运行机制，实现“三个转变”。加快湘潭市国家公立医院改革与高质量发展示范项目建设。深化公立医院薪酬制度改革，注重医务人员稳定收入和有效激励。健全完善分级诊疗体系。优化分级诊疗运行机制，推动紧密型县域医共体建设，加快县乡一体、乡村一体协调发展。持续推进城市医联体网格化布局管理，在长沙市、湘潭市、常德市、郴州市建成1个以上有明显成效的紧密型城市医疗集团。持续推进城市三级医院对口帮扶县医院工作，推动优质医疗资源下沉，着力构建有序就医新格局。

（三）深入推进健康湖南行动和爱国卫生运动

加快完善健康促进、健康服务、健康管理的体制机制及工作体系。纵深推进健康湖南 15 个专项行动。加大健康湖南行动宣传力度，大力倡导文明健康绿色环保生活方式，着力提升居民健康素养水平，构建“人人关注健康、人人参与行动”的良好格局。强化信息化建设，推进“十四五”全民健康信息化规划实施，优化“互联网+医疗健康”便民服务。重点支持国家重点实验室建设、P3 实验室创建。开展爱国卫生运动，推动修订《湖南省爱国卫生条例》。推进健康城市、健康细胞、健康县区建设，规范开展病媒生物防制工作，提高社会健康综合治理能力。全面组织开展国家（省）卫生城镇新创和复审工作，推动卫生城镇创建工作实现全覆盖。对照健康湖南行动的考核目标，加快补齐短板弱项。

（四）积极构建优质高效医疗服务体系

深入把握卫生健康事业发展新的历史方位和战略定位，精准对接人民群众更加重视生命质量和健康安全的新需求新期盼，加快构建优质高效的整合型医疗卫生服务体系，切实满足人民群众全方位全生命周期的健康需要。提升医疗能力。加快国家“双中心”和省级区域医疗中心建设，推进中南大学湘雅医院建设国家医学中心项目落地，加快国家和省级区域医疗中心建设。实施县级医院综合能力提升“千县工程”。强化县域内资源统筹和布局优化，合理配置乡、村两级医疗卫生资源，发展壮大乡村医疗卫生人才队伍。实施大学生乡村医生专项计划。推进县域医疗卫生次中心建设，集中支持一批中心卫生院创建县域次中心。深入开展“优质服务基层行”和社区医院创建活动。实施深化基层卫生健康改革促进高质量发展项目，推进基层卫生健康综合评价。全面启动新一轮三级医院评审评价工作，推动医院评审科学客观、精准量化。学习相关先进地区的做法，进一步加大县级医院创建三级医院的力度。改善医疗服务。开展“改善就医感受、提升患者体验”主题活动，将人文关怀贯穿于医疗卫生服务各环节、全过程。改进预约诊疗和日间服务，推动三级医院日间手术、MDT、疼痛管理常态化、制度化。加强医疗管理。健全完善质量控制体系，深入推进以目标为导向的质量管理工作，发挥各级质控中心作用，推进临床路径应用管理，提高医疗质量安全同质化水平。实施基础医疗质量提升行动，开展医院死亡病例评价，办好医院质量大会，开展省、市、县三级“十项医疗新技术”评选活动。大力发展远程医疗，推进检查检验结果互认。加强献血屋规范化建设，强化血液安全管理，开展无偿献血优质服务行动。

（五）健全完善公共卫生体系

坚持预防为主，推进公共卫生体系建设和疾病预防控制体系改革，提高重大疫情早发现能力。加强重症医学、呼吸、麻醉等专业学科和院前急救建设。积极争创国家区域公共卫生中心。加快建设国家中医疫病防治基地和国家紧急医学救援基地，推进省“互联网+医疗急救”应急调度指挥系统建设。鼓励各地积极争取支持，建设辖区公共卫生中心、紧急医学救援基地。统筹抓好结核病、艾滋病等重大传染性疾病传播，申报消除艾滋病、梅毒和乙肝母婴传播国家评估。持续巩固血吸虫病传播阻断达标成果。推动二级及以上医疗机构普遍设置公共卫生专门机构，强化县级医院公共卫生服务职能。完善精神卫生综合管理协调机制，持续推进社会心理服务体系建设。深化高血压、糖尿病、慢性呼吸系统疾病医防融合，提高基层防病治病和健康管理能力。加强食品安全标准制定和修订工作，提升安全风险监测预警和评估支撑能力。深化职业病危害专项治理，强化职业病及危险因素监测和风险评估，持续提升职业病防治能力。

（六）全力优化重点人群健康保障

健全生育支持政策和配套措施。发挥好省优化生育政策工作领导小组作用，建立健全人口工作目标管理责任制。完善生育支持政策体系，推动实现适度生育水平。推进省级婴幼儿照护服务示范城市创建，加快省市婴幼儿照护综合服务中心建设。大力发展普惠托育，制定完善普惠托育机构认定标准、综合监管等政策，推动全省托育服务高质量发展。启动湖南省儿童健康综合发展示范县创建活动。推进《出生医学证明》电子证照应用。开展妇幼健康守护行动。完成48个县级妇幼保健机构标准化建设。继续开展农村和城镇低保适龄妇女“两癌”免费检查。推进危重孕产妇和新生儿救治中心标准化建设，创建一批母婴友好医院。增强妇幼保健机构服务能力。深入实施积极应对人口老龄化国家战略。实施老龄健康强基行动，全力推进医养结合增量提质、老年友好社区扩面和安宁疗护规范化服务项目，争创全国首批安宁疗护试点省。坚持医养康养结合，支持医疗卫生机构开展医养结合服务。关心关注孤寡老人服务需求。依托符合条件的基层医疗卫生、养老等服务机构，提升居家社区医养结合服务能力。积极发挥计划生育协会作用。持续推进协会改革，积极承接政府转移的群众性服务职能，实现转型发展。支持在公立医院和相关医疗卫生服务机构建立计生协组织。深入开展暖心行动，加大暖心家园建设力度，实现帮扶工作全覆盖。探索实施生育关怀专项基金项目，开展生育关怀、计生保险保障惠民活动，做大做强生育关怀品牌。

（七）推动中医药传承创新发展

推进国家中医药综合改革示范区建设。以实施中医药振兴发展重大工程为抓手，注重用现代医学解读中医药学原理，加快推进中医药现代化。建立健全综合医院中西医会诊、巡诊和联合查房制度，推动形成中西医多学科诊疗模式。建强县级中医医院，在基层推广应用中医药适宜技术和中医优势病种诊疗方案，深化基层中医馆内涵能力建设。持续推进中医药科研平台建设。深入实施中医药人才培养壮大行动，建设省级名老中医药专家传承工作室。培育中医药健康产业，发布湘产特色药材品种目录。推动中医药海外传播，推进中津、中柬中医药中心建设。

（八）完善依法行政和综合监管制度

全面实施卫生健康行政许可事项清单管理制度，探索建立卫生健康法治工作评价评估机制。健全医院运营管理体系，完善内部控制制度，强化绩效考核和结果运用，全面提升公立医院运营管理质量。实施公立医疗机构经济管理年活动和规范加强政府采购管理三年行动。严格落实重大事项请示报告制度。继续深化卫生健康信用体系建设，建立健全行业信用分类监管制度。推进医院法治建设，开展医疗机构文书规范年活动。完善综合监管体系，全面推行“执法与普法相结合、监督与指导相结合、教育与处罚相结合”的监督执法理念，增强医疗卫生机构和广大医务人员依法执业意识。

（九）大力推进人才队伍建设

坚持面向人民生命健康，创新人才工作机制，加快形成具有行业特色的人才优势，提升服务卫生健康事业高质量发展的能力和水平。开设高层次人才入编“绿色通道”，引进优质学术资源。组织开展卫生健康高层次人才评选。出台卫生健康高层次人才项目管理办法。深入推进住院医师规范化培训、助理全科医生培训、紧缺人才培训等工作，提升全省医学人才整体水平。建立并落实领导班子成员联系人才制度，加强医疗卫生机构间的人才跨单位调配交流，优化高层次人才薪酬分配机制，激发人才活力。

（十）全力防范化解风险

常态化组织开展安全生产隐患大排查，全面落实风险隐患自查自纠，坚决防范和遏制安全事故发生。完善突发事件紧急医学救援体系和应急预案，做好卫生应急人员、队伍、物资等方面储备。加强生物安全风险防控能力建设，筑牢生物安全屏障。严格落实领导带头接访制度，积极稳妥地化解卫生健康系统的疑难积案。强化网络信息安全、保密安全等方面风险管控。扎实推进涉医麻精药品专项整治行动。持续深入打击非法行医行为。加强生活饮用水卫生监督，积极开展职业卫生分类监督执法试点，提升执法监督工作水平。

（十一）全面加强党的建设

认真落实新时代党的建设总要求，坚持和加强党的领导，忠诚捍卫“两个确立”，坚决做到“两个维护”，弘扬伟大建党精神，确保各项工作始终沿着习近平总书记指引的方向前进。强化党建引领作用。抓好学习贯彻习近平新时代中国特色社会主义思想主题教育。全面学习、全面把握、全面落实党的二十大精神，大兴调查研究，更加坚定自觉地同以习近平同志为核心的党中央保持高度一致。全面落实党委领导下的院长负责制，推进公立医院党建示范医院建设，充分发挥医院党委把方向、管大局、作决策、促改革、保落实的领导作用。全面落实意识形态工作责任制，加强意识形态阵地、载体和队伍管理。提升基层党建质量。坚持党组（党委）理论学习中心组学习和“第一议题”制度。积极培育临床科室标杆党支部，发挥公立医院党支部政治把关功能。建立健全机关党组织联系基层以及党员干部联系群众的“双联系”制度。加强党员教育管理服务。严格规范和完善“三会一课”的程序内容和保障措施，推动主题党日、组织生活会、民主评议党员等制度落实落细。推进全面从严治党。加大重点医疗机构“互联网+”行风垂直管理力度，紧盯重点领域和关键环节，深入推进医疗质量和医疗安全突出问题专项治理，坚决查处损害群众利益、败坏医德医风的行为。发挥巡视巡察作用，加强上一轮委党组巡察反馈问题整改，启动实施新一轮政治巡察。推进新时代廉洁文化建设和家教家风建设，深化拓展“清廉机关”“清廉医院”建设。加强对“小微权利”的规范管理，完善权力清单制度。深入贯彻落实中央八项规定及其实施细则精神，常态化推进警示教育，着力营造行业清风正气。

B.12
2022年湖南应急管理事业改革发展情况及2023年展望

湖南省应急管理厅课题组*

摘　要： 2022 年全省应急管理系统在省委省政府的坚强领导下，严格落实“疫情要防住、经济要稳住、发展要安全”的要求，持续深化改革、加强系统治理、强化精准应对、夯实基层基础，应急管理事业取得长足发展。2023 年，全省应急管理系统将坚持以习近平新时代中国特色社会主义思想为指导，全面贯彻党的二十大精神，紧紧锚定“三坚决两确保”工作目标，坚决打赢“安全生产翻身仗”，协同打好“防范化解风险阻击仗”，努力以高水平安全服务湖南高质量发展。

关键词： 应急管理　安全生产　湖南

2022 年在省委、省政府坚强领导下，湖南全省应急管理系统把为党的二十大胜利召开营造良好安全环境作为重大政治任务和光荣历史使命，严格落实“疫情要防住、经济要稳住、发展要安全”的要求，统筹发展和安全，经受了新冠疫情不确定性叠加和经济下行压力加大对安全生产造成的冲击，经受了长沙望城区“4·29”居民自建房倒塌特别重大事故、长沙“9·16”电信大楼火灾事故以及新田森林火灾等造成的重大压力，经受了 14 轮强降

* 课题组组长：龚伟兵，湖南省应急管理厅党委委员、副厅长。课题组副组长：陈历民，湖南省应急管理厅办公室主任。课题组成员：胡小燕，湖南省应急管理厅办公室副主任；闻立，湖南省应急管理厅办公室管理七级职员。

雨、5 轮低温雨雪冰冻和极端干旱导致森林火灾频发高发的严峻考验，扭转被动局面，实现新的突破。全省生产安全事故起数、死亡人数同比分别下降 10.4%、9.6%，其中较大事故起数、死亡人数同比分别下降 40%、46.5%；因灾死亡人口、紧急转移安置人口、倒塌和严损房屋户数、直接经济损失与近五年均值相比分别下降 47%、55%、66%、14%。

一 2022年改革发展情况

（一）坚持顺职责促改革，应急体制机制更加健全

大力推进应急管理体制改革试点，9 个市州、98 个县市区成立了应急委（应急指挥部），初步构建平战一体应急指挥机制。将“智慧应急”建设纳入湖南省“十四五”规划和湖南省“数字政府十四五”建设规划，建设智能化、扁平化和一体化的“五级联动”应急指挥视频调度系统。推动各级森防办实战化运行，推动省市县三级政府常务副职担任“森防指”指挥长、分管林业副职担任常务副指挥长。推动落实应急管理综合行政执法“局队合一”湖南模式，编制增至 2767 名、增幅 41.75%。修订《湖南省安全生产条例》，首次以地方立法明确界定应急管理部门综合监管职责。针对性开展了乡镇街道应急执法和消防安全监管调研，推动消防救援机构、公安、乡镇街道厘清职责边界、健全协作机制。印发《湖南省生产安全事故调查处理办法》，推动事故调查处理科学规范。制定《加强新形势下森林防灭火工作的实施方案》，整体提升森林草原火灾防控能力和水平。

（二）坚持强执法除隐患，安全生产形势更加趋好

深入贯彻习近平总书记重要批示指示，纵深推进重点行业领域潜在风险隐患治理，全面开展安全生产大检查和“百日攻坚”行动。组织集中观看《湖南省安全生产警示片》，强化警示震慑效应，推动解决源头性系统性重

大问题。坚持常态化重点督导，落实落细国务院安委会“十五条硬措施”，压紧压实各专委会工作责任，实现安全生产和消防工作考核单位全覆盖。持续开展“解剖式”监管执法、强执法防事故行动、“互联网+执法”等专项行动，严格执法质量考评，加强“行刑衔接”，集中打击、整治了一批当前表现突出的非法违法、违规违章行为。建立矿山“一图一表一清单一方案”，对较大以上安全风险实行“一险一策”管理，对重大安全隐患实施解剖“清零”行动，健全完善安全风险双重预防。紧盯安全风险，开展精细化工企业“四项清零”行动，推动落实大型油气储存基地安全风险管控。加强旺季烟花爆竹监管，下大力整治分包转包、非法出租、“四超两改”等顽瘴痼疾。集中开展宾馆（酒店）、仓储基地和大型商业综合体等重点行业领域专项整治。发挥巡视“利剑”和考核“指挥棒”作用，对2个市州、14个县市区开展安全生产巡查，对发生较大生产安全事故6个市县开展警示约谈、予以“黄牌警告”预警告。紧盯学生防溺水、小火亡人、道路交通和一氧化碳中毒窒息等事故易发多发领域，统筹抓好非生产安全。

（三）坚持重预防守底线，防灾减灾救灾更加高效

成功应对5轮低温雨雪冰冻灾害，未发生长时间、大范围交通拥堵，未出现大规模旅客滞留。面对汛期14轮强降雨，坚持山区、湖区“两线作战”，精准预报预警、督导性叫应提醒、快速响应处置，先后7次启动防汛应急响应，共组织转移群众38.8万人次，成功处置多起水利工程大险、地质灾害避险转移，未发生群死群伤事件、溃堤溃坝事件。点对点靶向调度、督查督导，抓实抓牢林火卫星监测热点处置，紧急颁布2道省长令、5道省森防指令，强化“封山禁火”、组建完善基层救援队伍、规范森林火灾扑救等一系列断然措施，森林火灾防控有力有效。牵头抓总防旱抗旱，坚决确保群众饮水安全，多措并举增辟水源，全力灌溉保收保苗，成功应对1961年以来综合强度最强、覆盖范围最广、持续时间最长的严重旱情。加密灾情信息收集，认真开展倒房重建和冬春救助。启动全省自然灾害救助Ⅳ级应急响应3次、Ⅲ级应急响应2次，争取中央救灾资金7.79亿元，年内下拨中央

和省级救灾资金 6.19 亿元、下拨省级救灾物资 10.6 万件（套），有力保障受灾群众基本生活。

（四）坚持补短板强弱项，应急救援能力更加过硬

推动构建“一部两基地三中心”，自然灾害工程救援长沙基地有望纳入应急管理部国家级救援基地。组建认定 23 支省级专业应急救援队伍，注册登记社会救援力量 70 余支。加强应急协调联动，与湖北、江西建立区域协同机制。积极推进基层应急预案修编试点，将“双重预防机制”融入基层预案，努力探索可复制、可推广的经验做法。抢抓全省低空空域改革契机，在全国率先出台省级航空应急力量建设布局文件，持续推进省航空应急救援大浦基地建设。全面组织开展防汛救灾、地质灾害救援、高速公路（隧道）、民用航空器事故等应急演练。充分发挥省应急（消防）机动支队的尖刀和拳头作用，成功处置永州新田“10·17”森林火灾和长沙“9·16”电信大楼火灾等突发事件，有力保障首届旅发大会、省第十四届运动会、航空博览会、世界计算大会等省级大型活动安全开展。长沙“4·29”特大事故救援，得到中央领导、国家部委和社会舆论的充分肯定，认为“这是应急管理部门组建以来最艰难的一次救援，也是最成功的一次救援”。

（五）坚持夯基层固基础，群防群治建设更加完善

关闭不安全非煤矿山 176 座，煤矿总数控制到 90 处，着力优化矿山产业结构。自然灾害防治“九大工程”等重点工程建设进展顺利，自然灾害风险普查等工作被应急管理部推介。“电力助应急”“铁塔助应急”持续赋能，将 1629 家直管高危企业纳入实时监测，智能识别精准监管水平不断提升。全面完成乡镇（街道）“六有”、村（社区）“三有”标准建设，探索形成“863”“五个一”“133 工程”等一批乡镇应急能力建设模式。持续推进安全宣传“五进”，防溺水《孤“泳”者》等视频流量超 2.3 亿，成为全国爆款。深入实施高危行业领域安全技能提升行动计划，开展应急普法网络知识竞赛，组织“送法上企”宣贯活动，把安全责任向企业、向家庭、向

个人延伸。统筹推进安全发展示范乡镇和综合减灾示范社区建设，“优化融合、协同高效、支撑有力”的支撑保障体系建设取得积极进展。

（六）坚持“淬”作风“炼”本领，应急系统队伍更加精干

坚持厅党委会“第一议题”和中心组学习制度，不断提升政治判断力、政治领悟力、政治执行力，在全省组织部长会议上作为省直部门唯一单位作典型经验发言。组织开展“八个一”活动，以“四学四讲四落实”为抓手，引导全厅全系统党员干部自觉做二十大精神的先行者、担当者。以配合巡视为契机，推动“清廉”机关建设，召开身边典型案例警示教育专题民主生活会，提升党员干部崇廉拒腐意识和能力，年内开除党籍、开除公职 1 人，留党察看 1 人，党内严重警告 1 人。发挥双重领导体制优势，推动交流任职，优化干部队伍结构。推行“一线工作法”，开展最美应急人评选，强化真抓实干激励措施，实施“薪火工程”，印发及时奖励实施办法，进一步激发干部队伍活力与干事创业热情。

二　面临的形势和困难

综合研判，湖南安全形势依然严峻复杂。一是转型变革带来的挑战增大。当前中国经济运行进入超复杂状态，社会治理面临高风险挑战，到了一个转型变革的重大历史关口。改革发展稳定任务之重，矛盾风险挑战之多，世所未有、史所未有。二是过错追责力度空前。党的二十大强调要建设更高水平的平安中国，以新安全格局保障新发展格局，将做好安全保障工作提到了前所未有的高度。从省内外一系列安全生产事故的追责情况来看，态度之坚决、严厉之程度也是前所未有的。三是人民群众关注度越来越高。全面建成小康社会之后，安全感将会成为人民群众的首要关切，公平正义将会成为人民群众最强烈的诉求，健康快乐将会成为人民群众最普遍的向往。四是安全生产处于爬坡过坎期。安全生产“五大领域”长期积累的深层次矛盾逐渐显露，新材料、新工艺、新业态催生的新风险交织叠加。危化和烟花爆竹

领域固有风险高、危害重；交通领域顽瘴痼疾彻底整治任重道远；消防领域高层建筑、城市大型综合体等火灾风险居高不下；资源禀赋条件不优、办矿标准低，矿山安全始终让人放心不下；建筑市场乱象较多，安全问题层出不穷。五是自然灾害处于易发多发期。受极端天气影响，自然灾害“五大灾种”的突发性、异常性、不确定性呈现加剧趋势。水旱灾害易发频发，造成损失大；地质灾害点多面广，造成危害重；气象灾害成因复杂，对各个灾种形成重大影响；森林火灾易发多发，对人民群众生命财产安全和生态文明建设造成严重威胁；地震灾害稳中存变，看似平静却潜伏风险。

三　2023年工作展望

党的二十大开启了全面建设社会主义现代化国家、以中国式现代化全面推进中华民族伟大复兴的新征程。2023 年湖南应急管理工作的总体要求是：坚持以习近平新时代中国特色社会主义思想为指导，全面贯彻党的二十大精神，认真贯彻党中央、国务院和省委省政府决策部署，坚持人民至上、生命至上，更好地统筹发展和安全，着力完善体系、预防为主、专项整治、提升能力，紧紧锚定“三坚决两确保”工作目标，强化“四最”工作要求，强化“立足防、超前治、科学救”，强化制度和技术创新“双轮驱动”，采取猛、重、狠措施，以日保旬、以旬保月、以月保季、以季保年，坚决打赢“安全生产翻身仗”，协同打好“防范化解风险阻击仗”，为全面落实“三高四新”战略定位和使命任务、建设社会主义现代化新湖南创造良好的安全环境。

工作目标是：稳固实现“三坚决两确保”，即坚决杜绝重特大事故，坚决遏制较大事故，坚决防范自然灾害导致重大人员伤亡；确保安全事故总量持续下降，确保防灾减灾形势稳定向好。

主要措施如下。

一是深化改革发展，健全应急管理体系。建立健全应急管理领导机构，进一步明确党政属地领导、部门行业监管和企业主体责任，发挥考核“指挥棒”作用，持续通过政治巡查层层传导责任压力。健全防汛抗旱、森林防灭火等重要专项协调指挥体系，形成组织指挥扁平化、防范救援一体化、信息发布窗口化的工作模式。加快应急管理立法立规立标，运用法治思维及方式提高应急管理的法治化、规范化水平。

二是强化系统治理，坚决遏制生产事故。建立健全“双重预防机制”，深入落实安全生产十五条硬措施，坚持从源头上防范化解重大风险，加强信息化源头管控、精准化监测预警、动态化风险评估等制度机制建设。深入推进强执法防事故、解剖式执法，强化“打非治违”，持续开展行政执法考评，加强典型案例警示教育，加大“行刑衔接”工作力度。加强重点行业领域潜在风险隐患排查整治，在危机预防、处理、善后等不同阶段采取一系列控制和处理手段，有效预防、处理和消除危机。

三是加强风险防范，高效应对自然灾害。优化预警信息发布方式、拓展发布渠道，强化针对特定地区、特定人群、特定时间的精准发布能力。发挥好应急管理部门综合优势和相关部门专业优势，紧盯防汛抗旱、森林防灭火、防地震地质灾害，形成整体合力，真正把问题解决在萌芽之时、成灾之前。根据灾情的发展态势，及时调拨救灾款物，统筹做好过渡期安置和灾后民房恢复重建等工作，防止因灾返贫和大灾之后有大疫。

四是抓住关键环节，提升应急救援水平。推动应急预案修订，进一步配套简单明了的工作手册、行动方案，加强预案实战演练。健全以国家综合性消防救援队伍为主力、军队应急力量为突击、社会救援力量为协同的应急救援力量体系，推动航空应急力量建设布局。加强专家智库作用，加强民间救援力量的规范管理和培育引导。加强应急物资储备管理，健全快速调配机制。以“揭榜挂帅”为牵引，加强极端恶劣条件下的应急通信、交通保障能力建设。

五是夯实基层基础，提升安全治理水平。推进“智慧应急”，健全完善应急管理技术平台，推广应用“电力助应急”，大力推进五级联动视频调度系统在市县乡村的应用。推进安全宣传“五进”，培养发展基层灾害信息员、安全生产“吹哨人”，加强示范创建，加快培育发展安全生产、防灾减灾救灾、应急救援等社会化服务组织。持续推动“十四五”规划落实落地，推广乡镇（街道）应急能力建设经验做法，统筹协调推进自然灾害防治重点工程落地见效，持续推动“一部两基地三中心”建设。

六是打造应急铁军，建设过硬干部队伍。深入宣贯习近平新时代中国特色社会主义思想和党的二十大精神，以习近平总书记重要训词培根铸魂，持续深化“三表率一模范”机关创建。加强市州应急管理部门领导班子建设，拓宽人才队伍培养绿色通道，办好“湖湘应急大讲堂”，实施“薪火工程”，提升干部素质能力。发扬斗争精神，实施真抓实干激励，规范权力运行、从严管理干部，着力建设清廉应急机关。

B.13

2022年湖南市场监管事业发展情况及2023年展望

钱俊君*

摘　要： 2022年是“十四五”开局之年，也是第二个百年奋斗目标的起步之年。湖南省市场监管系统把握党中央“疫情要防住、经济要稳住、发展要安全”总体要求，落实国务院和省政府稳经济系列政策措施，统筹疫情防控和市场监管，积极作为、克难奋进，各项工作取得显著成效。2023年，全省市场监管系统将全面贯彻党的二十大精神，全面落实“三高四新”战略定位和使命任务，大力提振市场信心，有效稳定市场预期，助力打好发展“六仗”，推动经济运行整体好转，为全面建设社会主义现代化新湖南贡献市场监管力量。

关键词： 市场监管　市场环境　市场秩序　市场安全　湖南

一　积极作为、克难奋进，2022年市场监管工作取得骄人成绩

2022年，全省市场监管系统坚持以习近平新时代中国特色社会主义思想为指导，坚决落实省委、省政府和总局决策部署，统筹疫情防控和市场监管，统筹发展和安全，各项工作有力有序推进。

---

* 钱俊君，湖南省市场监督管理局党组书记、局长。

（一）助力稳经济大盘做出重要贡献

把握党中央“疫情要防住、经济要稳住、发展要安全”总体要求，落实国务院和省政府稳经济系列政策措施，全面助力稳经济大盘。一是培育市场主体为增长托底。提请省政府出台《关于优化营商环境促进市场主体高质量发展的意见》，建立推进工作机制，促进市场主体稳存量、扩增量、提质量。全年净增市场主体 89.27 万户，其中企业 33.22 万户；年末实有市场主体 635.39 万户，其中企业 157.81 万户，有力支撑稳增长、保就业，得到国务院第九次大督查的充分肯定。二是深化商事制度改革为发展助力。全面推行住所告知承诺制，开展歇业制度、“个转企”、强制注销等 14 项改革试点。推进市场主体开办、变更、注销“一网通办”，企业开办综合网办率达 80.97%。三是强化政策帮扶为企业纾困。制定扶持个体户发展和助力稳经济大盘两个政策措施，深入开展“十百千万”质量提升、知识产权质押融资、计量服务中小企业、标准助企纾困、质量管理体系认证提升等系列纾困解难活动，走访市场主体 5.62 万家，帮助解决困难问题 10.09 万个，减免费用 2300 余万元。湖南在全国市场监管工作座谈会上就稳经济大盘作典型发言。

（二）市场监管执法形成强大声势

加大监管执法力度，全力维护市场秩序，有效促进了高标准市场体系建设。一是反垄断执法卓有成效。开展不公平政策措施专项清理、妨碍全国统一大市场建设自查清理、公平竞争审查第三方评估，清理文件 3 万余件，纠正问题文件 125 件。查办行政垄断案件 13 件，12 件入选全国典型案例，办案数量居全国第一。二是价费和竞争监管持续发力。加强涉企违规收费治理，督促退费 1.58 亿元，为企业减负 2.13 亿元。推进教育收费、医疗价格、粮食等专项整治，罚没清退 8400 万元。纠治虚假宣传、商业贿赂等竞争乱象，查办不正当竞争案件 259 件，罚没 9481 万元。三是市场专项整治深入推进。深入开展“铁拳”行动和“双打”“扫黑除恶”等专项执法行动，查办案件 2.15 万件，罚没 3.72 亿元。出台加强网络交易监管 5 个指导性文件，加强网络交易监测，整改网站658个、关闭68个。严厉打击传销，查处传销案件68件，罚没10.1亿元。强化广告导向引领，监测广告9000万条次，处置率100%；深入开展医美行业专项治理，查办案件259件，移送司法38件。四是消费维权工作取得实效。推进放心消费示范创建，创建消费放心单位7542个，示范商圈83个、市场178个。受理消费投诉、举报、咨询75.1万件，为消费者挽回损失1.36亿元。

（三）保障市场安全彰显积极作为

严格落实“四个最严”要求，全面加强市场安全监管，牢牢守住了安全底线。一是食品安全监管全面加强。“两个责任”机制重大改革落地见效，配备包保干部10.11万人，首轮包保督导57.17万户。推进食品安全“守查保”行动和特色食品风险排查，持续深化“护苗”“护老”行动，检查食品经营户91.47万户，处置问题10.48万个。完成食品抽检监测27.29万批次，查办食品安全案件1.19万件。长沙成功创建国家食品安全示范城市。二是药品安全监管不断巩固。突出重点领域开展药品安全专项整治，查办案件7771件，移送司法190件，捣毁制假窝点23个，罚没1.94亿元。加强疫苗安全监管，检查疾控中心和疫苗接种点1.12万家，下达责令整改159份。三是特种设备安全保持稳定。开展电梯质量、燃气安全、客运索道、“黑气瓶”等专项整治，三年行动圆满收官。修订省特种设备安全事故应急预案，全面推进“打非治违”和“强执法防事故”行动，检查特种设备生产使用单位3.8万家，督促整改1.97万家，下达监察指令1.4万份，封停设备3603台，立案2985件。四是产品质量安全成效明显。依托云服务平台构建产品质量可追溯体系，生成数字合格证2011万张。完成质量抽检1.2万批次，处置不合格产品1107批次，开展13类重点产品质量安全排查。持续推进“质量体检进企业”和“风险监测进卖场”活动，督促企业召回缺陷产品78.6万件。浏阳烟花完美绽放北京冬奥，得到组委会和总局肯定。五是其他安全监管持续强化。参与疫情防控工作，推广“湘冷链”平台，排查涉疫事件31件；做好“四类药品”零售监测，上报数据7973万条。参与自建房整治，排查经营性自建房60.91万栋；开展建筑工程领域检验检测资质检查，注销、取消75家机构相关资质。参与交通顽瘴痼疾整治，查办案件1279件。开展“年关守护”行动，加强校外托管机构监管，积极参与打击养老诈骗、防范涉众型非法经营等专项行动，有效助力平安湖南建设。

（四）服务“三高四新”取得明显成效

深入推进“两个强省”建设，为打造“三个高地”增添了质量成色，注入了创新动能。一是推动质量变革助力制造。提请省委、省政府出台《湖南省质量强省建设纲要》《关于推进计量事业高质量发展的实施意见》《湖南省品牌建设工程行动计划》，高规格召开全省质量大会，评选表彰省长质量奖8个、提名奖9个。指导建立企业计量标准176项，4个入选总局优秀案例。新增国家级标准化试点示范19个、企业标准领跑者45个、示范企业1家，参与制定国际标准6项，批准发布地方标准284项、地方计量技术规范20项。新增检验检测获证机构181家，衡山实验室顺利揭牌。开展品牌建设工程行动，印发评价管理暂行办法，全省中国驰名商标达410件。二是保护知识产权助力创新。召开局省共建“三高四新”知识产权强省推进大会，出台《湖南省知识产权保护和促进条例》《湖南省知识产权强省建设实施意见》，获批建设2个国家级知识产权保护中心、5个国家知识产权强市。推进知识产权质押融资和转让，获国家1亿元资金奖补。推进专利开放许可试点，达成许可76项。新获专利授权9.29万件，拥有发明专利8.71万件，万人发明专利拥有量13.16件，新获中国专利金奖2项；注册商标突破100万件，地理标志总量达316件。三是立足部门职能助力开放。部门牵头的47项自贸区改革举措全部实施，14项创新做法入选全省制度创新成果。新申请国际商标55件、国际专利442件，主导或参与制定国际标准130项，为高水平开放提供了有效助力。

（五）队伍自身建设迈出坚实步伐

坚持以党的建设为引领，守正创新，固本强基，实现了党建和业务协同推进。一是党的建设持续加强。深刻领悟“国之大者”，忠诚拥护“两个确立”，坚决做到“两个维护”。深入学习贯彻党的二十大精神，出台助力现代化新湖南建设的意见。深化高质量党建引领行动，加强基层组织建设，强化意识形态工作，推进党史学习教育常态化长效化。推动巡视整改走深走实，49 个巡视反馈问题中，46 个全面整改，3 个基本整改。加强非公党建，深入开展“党建引领、助力千企”行动，选树了赵石毛等一批全国典型。二是能力建设稳步推进。强化“三个监管”，补齐能力短板。法治监管方面，推进了相关法规起草和修订，出台履职尽职免责办法、重大行政决策程序办法，为依法行政提供制度保障。信用监管方面，牵头推进全省政府部门联合“双随机一公开”监管，推动实行“X+2”综合监管模式，实现“进一次门、查多项事”；列入严重违法失信名单 4.54 万条、移出 6982 条。智慧监管方面，投入 6000 多万元加强信息化体系建设，归集数据近亿条。三是廉政建设全面强化。推进“清廉市监”建设，严格落实“两个责任”，一体推进“三不腐”，扎实开展违规收受红包礼金专项整治，对审评审批、检验检测等重点领域开展廉政风险防控评估，排查梳理廉政风险点 188 个。深入开展“争先进位、走在前列”作风建设活动，持续推动转思想、转作风、转方式。怀化“清廉市监”建设成效明显。四是队伍建设不断巩固。实施“万人培训计划”，省局集中培训干部 1200 人次，2 万余名干部参加总局网络培训。不断深化综合执法改革，扎实推进基层所标准化规范化建设，完成了制式服装配发，夯实了基层基础。办公、综合、宣传、老干等业务条线工作都取得新成绩，有力推进了市场监管改革发展。

二　瞄准目标任务，突出工作重点，扎实做好2023年市场监管各项工作

2023 年，全省市场监管工作以习近平新时代中国特色社会主义思想为指导，全面贯彻党的二十大精神，按照中央、省委经济工作会议和省政府第一次全会、全国市场监管工作会议部署，完整、准确、全面贯彻新发展理

念，全面落实“三高四新”战略定位和使命任务，始终坚持“五个第一”，努力做到“五个更加”，大力提振市场信心，有效稳定市场预期，助力打好发展“六仗”，推动经济运行整体好转，为全面建设社会主义现代化新湖南贡献市场监管力量。

（一）全面加强政治建设

忠诚拥护“两个确立”，坚决做到“两个维护”，把党的领导贯穿于市场监管工作全过程。按照党中央和省委统一部署，分层分类抓好教育培训，精心组织宣传展示。深入落实省局助力社会主义现代化新湖南建设的意见，切实把党的二十大精神落实到市场监管各项工作之中。不断提高“政治三力”，促进党建与业务深度融合。落实意识形态工作责任制，牢牢把握市场监管工作的正确方向。巩固“党建引领、助力千企”行动成果，引领市场主体高质量发展。推进“两个覆盖”、建好“两支队伍”、发挥“两个作用”，不断强化党对非公经济的全面领导。认真落实总局行风建设和省委作风纪律整顿工作部署，突出整治“微腐败”和不正之风，持之以恒正风肃纪。锲而不舍落实中央八项规定精神，持续纠治“四风”，重点纠治形式主义、官僚主义。纵深推进清廉单元、清廉市监建设，一体推进“三不腐”，推动全系统党风政风和政治生态持续向好。

（二）持续激发市场活力

立足部门职能，制定助力打好发展“六仗”相关政策措施，大力提振市场信心，有效激发市场活力。坚持稳存量、优结构、提质量，大力支持市场主体发展。进一步加强对倍增工程的统筹协调，坚持整体推进、差异考核，加强分类指导、梯度培育，引导支持“个转企”，力争年末市场主体达到 700 万户，新增企业 20 万户。深化“证照分离”改革，加大“照后减证”和简化审批力度，有序推进自贸区商事制度确认制改革。严格落实全国统一市场主体登记管理制度，推动“非禁即入”普遍落实，扩大电子证照应用场景。推动市场主体歇业、简易注销等制度落地。按照“一件事一次办”要求，全面推进市场主体全生命周期“一网通办”。立足部门职能，常态长效开展“送政策、解难题、优服务”、助企纾困增效行动，解决企业痛点、难点问题。紧盯重点领域、重点地区，加强涉企违规收费专项检查，切实减轻市场主体负担。

（三）全力维护市场秩序

着眼建设全国统一大市场，全面加强市场秩序综合治理，着力维护市场经济秩序。全面落实公平竞争审查制度，推进湖南自贸区公平竞争审查工作规则实施。持续开展妨碍全国统一大市场和公平竞争政策措施专项清理，坚决破除地方保护，严肃查处行政垄断和滥用市场支配地位行为，着力维护公平竞争。落实平台企业合规管理主体责任，完善合规管理制度和运行机制。探索适合互联网特点的处罚手段，加强对各类网络获利行为的监管，推动平台经济规范发展。突出教育、医疗、交通、保险等民生领域，开展反垄断专项行动，集中查处一批垄断案件。加强反不正当竞争执法，依法查处虚假宣传、仿冒混淆等不正当竞争行为。突出重点领域，持续开展民生领域案件查办“铁拳”行动，严厉打击假劣食品、假劣农资、假冒侵权、涉疫物资违法等问题，曝光典型案例，释放震慑效果。加强医美行业专项整治，推动构建长效机制。强化重要民生商品价格监管，加强教育、医疗、养老等民生领域价格检查，全力以赴稳物价、惠民生。开展涉疫药品和医疗用品稳价保质专项行动，严厉查处价格、质量、广告等违法行为。发挥 12315 消费维权平台热线作用，完善工作机制，增强维权精准性和实效性。深入推进放心消费创建示范工作，评价验收首批省级示范主体，推动全国放心消费示范城市创建，助力提振消费信心。

（四）有效服务经济发展

围绕落实“三高四新”战略定位和使命任务，不断提升服务高质量发展的水平。落实质量强省建设纲要，深入开展质量提升行动，创建质量基础设施集成服务基地。加强商标品牌指导站建设，打造一批质量引领力强、产品美誉度高的湖南名品。建立服务业标准领跑者制度，开展国家级服务业标准化试点示范。推进质量基础“一站式”服务试点，深入开展小微企业认证提升行动，持续推进计量器具“分级检定”制度。加快衡山实验室和中国计量院长沙基地、省食药检基地建设，构建“重点产业+质量技术”集聚洼地。落实《湖南省知识产权强省建设实施意见》，修订《湖南省专利条例》，完善“1+N”地方法规体系。不断完善知识产权综合服务体系，开展重点产业知识产权强链护链专项行动，指导企业加强关键领域自主知识产权创造。加大商标行政保护力度，完善专利保护协作机制，全面推进专利侵权纠纷行政裁决示范建设试点。推进专利转化专项计划实施，深入开展知识产权质押融资“入园惠企”行动，加快地理标志专用标志使用核准改革和保护示范区建设。支持广告产业发展，促进国家级、省级园区提质升级；推动产业融合和校企合作，促进创新成果转化。助力生物医药产业发展，支持药品企业从仿制药生产向原料药合成、新药开发等方面转型，提升产业发展质量。扶持个体工商户发展，实施差异化精准扶持机制，积极引导互联网平台将流量向个体户倾斜。助推自贸区改革，推动修订部省战略合作协议，推行外资企业登记全流程网办，积极服务高水平开放。

（五）坚决守住安全底线

全面落实国家总体安全观，严格落实“四个最严”要求，全力以赴筑牢监管防线、提升质量高线、严守安全底线。推进落实“两个责任”全覆盖，把分层分级、层级对应、末端发力、终端见效工作打造成长效机制。推进食品安全放心工程建设，深入开展食品安全“护苗”“护老”等攻坚行动和“餐饮环境卫生提升年”行动，巩固特色食品排查整治成果。落实企业主体责任，完善药品安全标准和风险防控体系。建立全过程、全链条监管机制，深入推进药品安全治理，针对中药饮片、特殊药品、疫苗等开展专项整治，强化药品全生命周期监管和新生业态监管，探索建立“行纪刑”衔接机制。实施产品质量安全分类监管，完善重点监管产品目录。深入开展质量安全专项整治，加大缺陷消费品召回力度。全面推广规范产品合格证工作，完善工业产品质量追溯体系。推行产品质量安全示范园区、示范企业创建，持续开展质量体检进企业、风险监测进卖场活动。开展“企业主体责任推进年”活动，推进电梯、气瓶、移动式压力容器质量安全追溯体系建设。深入开展特种设备安全专项整治和电梯安全筑底行动。加强监管能力建设，强化安全监管专业属性。

（六）加快推进监管现代化

系统推进法治监管、信用监管、智慧监管，着力夯实基层基础，提升监管现代化水平。加快市场监管地方性法规“立改废释”工作，加快推进食品安全、产品质量、知识产权等地方性法规的制定和修改。完善行政组织和行政程序制度、权力清单制度，推进事权规范化、法制化。充分发挥信用监管基础性作用，依法开展信用约束和联合惩戒，让失信主体一处违法、处处受限。持续推进信息公示、失信惩戒、“双随机、一公开”监管和信用风险分类管理等基础性工作。完善信用信息归集共享公示制度，完善“黑名单”制度和信用修复机制，鼓励企业自我纠错、重塑信用。进一步完善市场监管信息化体系，推行以远程监管、移动监管、预警防控为特征的非现场监管，实现对监管风险的全程实时跟踪。推进基层所标准化、规范化、信息化建设。持续实施“万人培训计划”，分层分线加强干部教育培训。充分发挥督查激励和考核评价指挥棒作用，形成人、财、物等方面的有效投入，为市场监管事业发展提供坚实保障。

B.14
2022年湖南体育事业发展情况及2023年展望

熊 倪*

摘 要： 2022年，湖南推动全民健身事业蓬勃发展，成功举办第十四届省运会，大力推进竞技体育扩项增效，持续夯实青少年体育工作基础，激发体育产业发展活力，推进长沙奥体中心公园项目建设，强化体育法治文化宣传，全省体育事业取得新成效、展现新面貌。2023年，湖南将加快构建更高水平的全民健身公共服务体系，积极备战杭州亚运会、巴黎奥运会，全力推进长沙奥体中心公园项目建设，全面提升竞技体育综合实力，逐步完善青少年体育发展机制，着力增强体育产业发展动能，统筹推进体育法治文化宣传工作，为体育强省建设增添力量，为中国式现代化的湖南实践贡献更多的体育力量。

关键词： 全民健身 长沙奥体中心 校园足球 体育产业 湖南

一 2022年湖南体育事业助力社会民生总体情况

（一）全民健身公共服务体系建设向更高水平迈进

以“补短板”为重点全面推进体育场地设施建设，加快解决体育发展

* 熊倪，湖南省体育局党组书记。

不均衡问题。联合省发改委、省财政厅等部门出台《湖南省全民健身场地设施建设补短板行动计划（2022—2025 年）》，加大体育场地设施建设向农村地区倾斜力度，投入 3860 万元建设农民体育健身工程、边远地区中小学体育健身器材配置等项目；补助资金 7034 万元，持续推进公共体育场馆向公众免费或低收费开放。长沙、益阳、郴州、湘潭等地采取设立专项预算、纳入重点民生实事等举措，有力推动全民健身基础设施建设。积极应对新冠疫情影响，采取“线上+线下”的模式，持续丰富全民健身赛事活动供给。成功举办第二届“健康湖南”全民运动会、第二届湖南省体育“云”动会；连续三年开展以“体育新时代 · 冰雪耀三湘”为主题的群众性冰雪活动，累计在全省举办 50 余场，参与人数超过 50 万人次，让更多群众在家门口就能感受冰雪运动带来的健康与快乐。郴州市北湖区、永州市宁远县被国家体育总局授予“全民运动健身模范县（市、区）”称号。加大基层群众体育管理干部、社会体育指导员等相关人员培训力度，群众体育赛事活动举办日趋规范，安全管理和服务水平大幅提升。

（二）圆满成功举办第十四届省运会

第十四届省运会在岳阳市举行，9 月 8 日开幕，9 月 18 日闭幕。设青少年组、成年组两个组别，共 39 个大项、734 个小项，合计 21000 余人（含运动员、教练、裁判员、工作人员等）参加，参赛人数、项目设置均超往届；共产生金牌 1524. 6 枚（其中青少年组 1440. 6 枚、成年组 84 枚），破省纪录 2 项，破省青少年纪录 7 项。本届省运会是在党的二十大召开前夕，在疫情防控压力非常大的形势下，湖南举办的规格最高、影响最大的综合性体育赛事活动。岳阳市举全市之力，将简约、绿色、安全、精彩的总要求贯穿筹备办赛全过程。本届省运会以“竞跑新时代、奋楫出洞庭”为主题，开、闭幕式大型活动精彩纷呈，全面检阅了全省体育事业发展成果、展示了近年来湖南经济社会发展成就、展现了三湘儿女精神风貌、汇聚了全面建设社会主义现代化新湖南的强大合力，实现了赛前提出的“办赛精彩、参赛出彩、发展添彩”的目标。

（三）竞技体育扩项增效取得初步成效

认真总结东京奥运会、陕西全运会参赛经验，深化竞技体育管理体制和运行机制改革，优化运动项目布局，保持竞技体育竞争优势。举重、赛艇、摔跤、柔道、跆拳道等优势项目愈加稳步发展，体操、射击、羽毛球等传统项目振兴取得良好成效，攀岩、自行车、霹雳舞等新增项目快速发展；训练创新能力和科研助力水平不断提升，体能短板有所弥补；湖南短道速滑队、滑雪登山队先后组建，冬季项目发展提速；赛风赛纪治理进一步加强，兴奋剂保持"零出现"。各运动队克服疫情影响，积极参加国际国内比赛，全年共获得世界冠军 7 个、亚洲冠军 7 个、全国冠军 49 个，多个项目取得突破。主动适应杭州亚运会延期带来的赛制、项目调整等新变化，全面展开杭州亚运会、巴黎奥运会备战工作。省体操运动管理中心规范管理、科学组训，项目发展全面突破，运动员在国际国内大赛中表现抢眼。全面实施优秀竞技体育后备人才"选星计划"，面向社会选拔有天赋的青少年，进一步提升湖南竞技体育后备人才储备质量。

（四）长沙奥体中心公园项目建设取得重要进展

在省委、省政府的关心支持下，谋划了十多年的奥体中心项目在确定初步选址等方面取得重要进展，其中由省体育局负责的湖南省体育训练基地（含国家训练基地）和湖南体育职业学院搬迁项目，已被纳入中央绿心公园规划，基本确定了选址位置，概念规划、建设模式论证初具成果，并启动了预可研、旧址处置、运营收入分析等工作。

（五）青少年体育工作基础不断夯实

发挥国家级体育后备人才基地的引领示范作用，开展"国家高水平体育后备人才基地"认定工作，向国家体育总局推荐 9 个重点基地、14 个高水平基地、21 个国家基地。通过加强体校校长、体能教练员、青少年体育俱乐部管理人员等培训，体育后备人才阵地建设和管理水平不断提升。体教融合喜结硕果，继雅礼中学女篮勇夺全运会银牌之后，常德市石门县“校园足球”取得优异成绩，“以球育人”经验被中央改革办转发推广，时任省委书记张庆伟批示要求在全省宣传、介绍经验做法。积极落实“双减”要求，配合省教育厅进一步规范了体育类校外培训机构管理。按“高标准组织、高标准要求、高标准保障”要求组织篮球、排球、足球、羽毛球、田径、武术6个项目青少年体育锦标赛，参赛运动员3000余人。不断丰富青少年体育活动，以“奔跑吧·少年”为主题的2022年儿童青少年健身系列活动，融合了科技、公益、冰雪、红色等元素，“北斗杯”体育线上大赛—北斗智慧跑等线上活动、湖南省青少年体育模型比赛暨湖南省人工智能创新挑战赛等线下活动深受广大青少年喜爱，直接参与各项活动的儿童青少年人数近30万，参与人次（含线上）300余万。深化青少年科学健身指导普及，围绕近视防控、科学减脂、体姿改善三个方面，对清水塘第三小学1200名学生开展了“体教融合”青少年体质健康干预试点；联合省教育厅在全省中小学开展了“防溺水游泳安全”公益宣教；“榜样的力量”全省青少年科学健身指导普及系列活动直接参与人数近3500人，影响青少年超1.2万人。

（六）体育产业发展活力进一步激发

出台《湖南省体育产业发展规划（2022—2025年）》《湖南省体育产业基地管理办法》，体育制造业向智能化、高端化转型加速，智能健身驿站、二代智能伞形健身路径等智能健身器材逐步布局于城镇社区。积极应对新冠疫情对体育产业发展带来的巨大冲击，着力增强湖南体育产业内生韧劲，采取完善线下体育赛事防控措施、拓展线上活动形式和规模、发放体育消费券等一揽子举措助企纾困、提振发展信心。“体育+”融合发展显现强劲动能，科技已然成为体育重要元素。长沙市紧扣国家体育消费试点城市建设目标任务，成功举办第二届体育消费节，消费拉动效果明显。长沙、株洲、湘潭等地率先基于“政府出资、小区出场地、企业管运营”模式建成“社区智慧健身房”达300多个，为社区居民提供更为智能、便捷且经济实惠的健身服务。茵浪体育用品智能制造生产基地成功入选“2021年湖南制造强省重点项目（第一批）”，优冠体育乐冠牌透气型塑胶跑道与混合型塑胶跑道均获得中国田径协会审定证书。湖南体育产业集团顶住新冠疫情压力，积极推进产业延链强链，实现营收增长3.4%，体现了湖南体育产业龙头企业的责任担当。体育彩票工作稳健推进，基层管理更为规范，全省体彩队伍凝聚力、战斗力明显增强，销售水平逐年提升，2022年销售体育彩票72.6亿元。

（七）体育法治文化宣传工作取得新成效

不断完善体育领域政策法规，围绕体育强省建设和“十四五”规划目标任务，出台全民健身、竞技体育、青少年体育等7个专项规划，《湖南省体育后备人才培养条例（修订）》纳入2023年省人民政府立法计划预备提案项目。不断深化“放管服”改革，加快推进“一网通办”、数据共享。以全省体育标准化技术委员会成立为标志，体育标准化建设工作正式启动。组织开展多轮赛事安全管理、经营高危险性体育项目等执法监督检查，加强体育领域风险隐患排查整治，安全发展基础更加稳固。体育职业教育有新的发展，湖南体育职业学院荣获“2022年度湖南省最受中学信赖高职院校”称号。以迎接庆祝和学习宣传党的二十大为主线，以北京冬奥会、第十四届省运会为重点，利用新媒体加大体育宣传推广力度，不断扩大体育宣传社会影响力。以“传承体育湘军精神　勇担时代使命”为主题，深化拓展2022年体育湘军“四进”活动，“宣讲+互动”形式更活泼、内容更丰富，引发积极社会反响。加强体育文化建设，编辑出版《体育的力量（2022）》，办好《湖南体育》杂志，通过新闻报道、影视作品、文学艺术等多种形式讲好湖南体育故事。

回顾总结2022年的工作，仍然存在差距和不足，主要表现在：全省全民健身公共服务体系建设水平还不够高，发展不平衡不充分的问题依然存在，体育场地设施总体供给不足，地区、城乡间发展差距仍然较大；竞技体育训练条件比较落后，优势项目相对较少，体育后备人才基础还不够坚实；青少年体育阵地建设还有待加强，深化体教融合发展的机制还不够健全；全省体育产业总规模还相对较小，体育消费潜力还未有效释放，社会力量参与体育的积极性没有充分激发出来；体育治理水平还不够高，体育社会组织功能和作用发挥有限，“三大球”发展仍在艰难前行等。

二　2023年展望

2023 年是全面贯彻落实党的二十大精神的开局之年，也是杭州亚运会举办之年。2023 年全省体育工作总体要求是：以习近平新时代中国特色社会主义思想为指导，全面学习贯彻党的二十大精神，按照省委、省政府和国家体育总局工作要求，紧盯建设体育强省的奋斗目标，以申办第十六届全运会为引领，着力补短板、强弱项，重点抓备战、育人才，积极转方式、增活力，推进群众体育、竞技体育、青少年体育、体育产业等协调发展，以全省体育高质量发展的新成效服务实现“三高四新”美好蓝图。

（一）加快构建更高水平的全民健身公共服务体系

创新公共体育服务体制机制，加快建设标准较高、内容完备、惠及全民的基本公共体育服务体系。按《湖南省全民健身场地设施建设补短板行动计划（2022-2025 年）》的任务要求，科学规划和统筹建设全民健身场地设施，构建县（市、区）、乡镇（街道）、村（社区）三级全民健身设施网络，逐步完善湖南省潇湘步道建设体系。全年计划完成 1000 公里左右潇湘健身步道主线建设，步道网络体系总长达到 1.3 万公里；完成 4 个体育公园建设；投入不少于 850 套健身路径，行政村投入不少于 300 套农民体育健身工程、69 个多功能健身场地；继续鼓励社会力量参与建设“社区智慧健身房”。广泛开展群众参与度高的健步走、骑行、登山等健身活动，办好社区运动会、湖南省体育“云”动会。丰富“体育+”赛事活动形式，结合乡村振兴、旅发大会等，继续打造“薪火传承·中国健康跑”“中国户外健身休闲大会”等国字号、省字号的大型品牌赛事活动。规范发展好全省各级各类体育社会组织，加强社会体育指导员队伍建设，不断提升科学健身指导服务整体水平。通过一系列实际举措，加快解决群众“健身难”问题，用心用情为民办好实事。

（二）积极备战杭州亚运会、巴黎奥运会

杭州亚运会是继北京冬奥会之后我国举办的又一重要主场体育盛会，参加亚运会并取得好成绩是湖南体育工作 2023 年的重点任务。通过积极主动地与国家体育总局联系沟通，及时掌握备战动态和相关政策，靠前做好备战队员的服务和保障，进一步提升杭州亚运会参赛实力。力争杭州亚运会湖南参赛人数 12 人以上，获得 10 人次以上金牌，实现运动成绩和精神文明双丰收。同时，集中力量抓好巴黎奥运会重点项目、重点队员训练备战，全力打好资格赛，为湖南在 2024 年巴黎奥运会取得新突破打下坚实基础。

（三）全力推进长沙奥体中心公园项目建设，为申办第十六届全运会创造条件

争取在省委省政府和国家体育总局的大力支持下，尽快推动湖南省体育训练基地（含国家训练基地）和湖南体育职业学院搬迁项目用地选址、学院旧址土地调规变性及建设资金来源等重要事项落实落地，并同步做好申办 2029 年第十六届全运会相关前期准备工作。

（四）全面提升竞技体育综合实力

积极转变竞技体育发展方式，探索运动队与市州、高校、社会组织共建共享等不同办队模式。优化项目布局，加快建设优势项目集群。做强做实举重、皮划赛艇、柔道、摔跤等优势项目，振兴羽毛球、体操、跳水、射击、田径、游泳等传统项目，进一步挖掘自行车、攀岩、跆拳道等潜优势项目，以共建方式开展篮球、空手道、霹雳舞、足球、高尔夫球、击剑、滑板、滑冰、登山滑雪等项目，不断拓宽竞技体育竞争面。坚持科技兴体，加快建立多学科、国际化、高水平的科研训练复合型团队。加强与省国资委、国有企

业合作，引导社会力量以多种方式支持体育事业发展。继续扶持勇胜篮球、湘涛足球等职业体育俱乐部发展。

（五）逐步完善青少年体育发展机制

深化体教融合，将原体育传统项目学校和体育特色学校整合为体育传统特色学校，体育、教育部门按照职责分工共同评定和管理。继续开展全省青少年科学健身指导普及系列活动和体质健康干预试点活动，不断提升青少年体质健康水平。深化体校改革，促进体校多元发展。鼓励有条件的体校转型发展为青少年体育训练中心，恢复和加强县级业余训练，提升县级业余体校覆盖率。提高国家级、省级高水平体育后备人才基地质量，进行重点项目、体育后备人才培养布局，不断提升训练水平。积极组队参加11月在广西举行的第一届全国学生（青年）运动会。办好第五届湖南省中学生运动会。

（六）着力增强体育产业发展动能

进一步加强对全省体育产业发展的引领，加快调整优化体育产业结构体系，推动体育服装、球类制造、运动地板等领先企业向智能化、高端化方向发展。积极引进高端体育装备制造企业落户湖南，完善健身休闲、竞赛表演、智能体育等产业链条。积极协调相关部门，推动落实体育产业发展扶持政策，采取发放消费券、强化资金引导等举措加大帮扶力度，助力受疫情影响的体育企业尽快走出困境，全面提振体育消费。支持长沙市国家体育消费试点城市的建设，大力发展节日和夜间赛事经济。重点出台《湖南省户外运动产业发展规划》，加快推动户外运动产业发展。设立湖南省体育产业示范基地、示范单位和示范项目。办好首届湖南体育产业博览会，打造中部地区有一定影响力的体育产业盛会，为全省体育企业发展提供高水平资源交流共享平台。全力推进体育彩票发展，积极借鉴兄弟省份好的做法，创新基层管理机制，丰富渠道功能、提升技术水平，加强体育彩票风险防范，为湖南体育高质量发展提供强劲动力。

（七）统筹推进体育法治文化宣传新发展

做好《湖南省体育后备人才培养条例》的修订和政策文件“立改废”工作，不断提升依法治体水平。以“湖南体育信息化平台”建设为牵引，提升“一网通办”能力，全面提高体育信息化服务水平。发掘湖湘文化的体育元素，继续推进“郴州女排基地”、桑植“国家队思想政治教育培训基地”建设。充分利用新媒体，构建多元立体的体育宣传新模式。持续开展体育湘军“四进”活动，弘扬体育湘军精神。

（八）积极主动防范体育领域重大风险

深入贯彻2023年全国体育系统安全工作会议精神，准确把握体育领域面临的政治风险，加强意识形态风险研判和预警，不断提升应对能力。突出体育赛事活动安全、赛风赛纪和反兴奋剂工作等重点方面，建立健全和落实风险研判评估、监管责任、防控协同等机制，牢牢守住体育领域安全稳定“底线”。

B.15
2022年湖南居民收入和消费状况及2023年展望*

刘顺国**

摘　要： 2022年，面对复杂严峻的国内国际形势和多重超预期因素冲击，在以习近平同志为核心的党中央坚强领导下，湖南坚持稳中求进工作总基调，高效统筹疫情防控和经济社会发展，着力落实稳经济一揽子政策和接续政策措施，全省经济稳中向好，民生福祉达到新水平。在宏观经济稳定恢复、政策利好持续发力、就业形势总体稳定、投资收益更加稳健等因素的支撑下，湖南居民人均可支配收入继续稳定增长，比上年增长6.4%。与此同时，湖南居民人均生活消费支出增长稳健，比上年增长5.6%，交通通信、医疗保健和农村教育文化娱乐支出成为湖南居民消费增长的亮点。2023年，湖南将持续稳住经济大盘，继续改善民生，预计居民收入增长将保持与经济增长基本同步。

关键词： 居民人均可支配收入　居民人均生活消费支出　湖南

一　湖南居民收入继续稳定增长

2022年，面对复杂严峻的国内国际形势和多重超预期因素冲击，在以

* 本文图表数据均来源于国家统计局湖南调查总队。

** 刘顺国，国家统计局湖南调查总队党组书记、总队长，中国统计学会常务理事。

习近平同志为核心的党中央坚强领导下，湖南坚持稳中求进工作总基调，高效统筹疫情防控和经济社会发展，着力落实稳经济一揽子政策和接续政策措施，居民收入稳定增长。

（一）湖南居民人均可支配收入增速在全国排名前列

2022 年，湖南居民人均可支配收入为 34036 元，较上年增长 6.4%，增速居全国第 3 位，居中部六省第 2 位。扣除价格因素，较上年实际增长 4.5%，居民收入增长与经济增长基本同步。

1. 从增长速度来看

2022 年湖南全体居民四大类收入增速均超过 5%。其中，工资性收入 16908 元，增长 6.2%；经营净收入 7094 元，增长 5.7%；财产净收入 2583 元，增长 7.0%；转移净收入 7451 元，增长 7.3%。

2. 从增长贡献率看

工资性收入依然是湖南居民收入增长最有力的保障，贡献率最高，为 48.1%；其次是转移净收入和经营净收入，贡献率分别为 24.9% 和 18.8%；最后是财产净收入，贡献率为 8.3%（见表 1）。

表 1　2022 年湖南全体居民收入及构成

指标名称	金额(元)	比上年同期增加(元)	名义增速(%)	贡献率(%)	占比(%)
人均可支配收入	34036	2043	6.4	—	—
其中:工资性收入	16908	982	6.2	48.1	49.7
经营净收入	7094	384	5.7	18.8	20.8
财产净收入	2583	169	7.0	8.3	7.6
转移净收入	7451	508	7.3	24.9	21.9

3. 从收入占比来看

湖南全体居民的工资性收入、经营净收入、财产净收入、转移净收入占比分别为 49.7%、20.8%、7.6%和 21.9%（见图 1）。其中工资性收入和经营净收入占比较上年分别下降 0.1 个和 0.2 个百分点，财产净收入和转移净收入占比较上年分别上升 0.1 个和 0.2 个百分点。

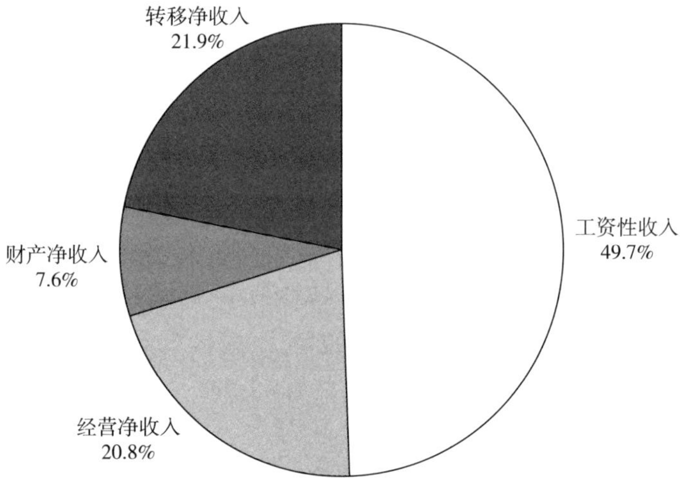

图 1　湖南全体居民收入四大类占比

（二）城镇居民可支配收入增长稳中有进

按常住地分，2022 年湖南城镇居民人均可支配收入为 47301 元，较上年增长 5.4%。增速居全国第 3 位，居中部六省第 3 位。

1. 从增长速度来看

城镇居民四大类收入实现全面增长。其中，转移净收入增长 6.5%，财产净收入增长 5.7%，工资性收入增长 5.1%，经营净收入增长 4.9%。

2. 从增长贡献率看

工资性收入增长对城镇居民收入增长的贡献率为 51.0%。此外，转移净收入、经营净收入和财产净收入对城镇居民收入增长的贡献率分别为 24.9%、13.8%和 10.3%（见表 2）。

表 2　2022 年湖南城镇居民收入及构成

指标名称	金额(元)	比上年同期增加(元)	名义增速(%)	贡献率(%)	占比(%)
人均可支配收入	47301	2435	5.4	—	—
其中:工资性收入	25402	1241	5.1	51.0	53.7
经营净收入	7215	337	4.9	13.8	15.3
财产净收入	4688	252	5.7	10.3	9.9
转移净收入	9997	606	6.5	24.9	21.1

3. 从收入占比来看

城镇居民的工资性收入占比最高，占 53.7%；转移净收入占 21.1%，经营净收入占 15.3%，财产净收入占 9.9%。其中，转移净收入占比较上年上升 0.2 个百分点，工资性收入占比较上年下降 0.2 个百分点，城镇居民收入结构更加优化均衡（见图 2）。

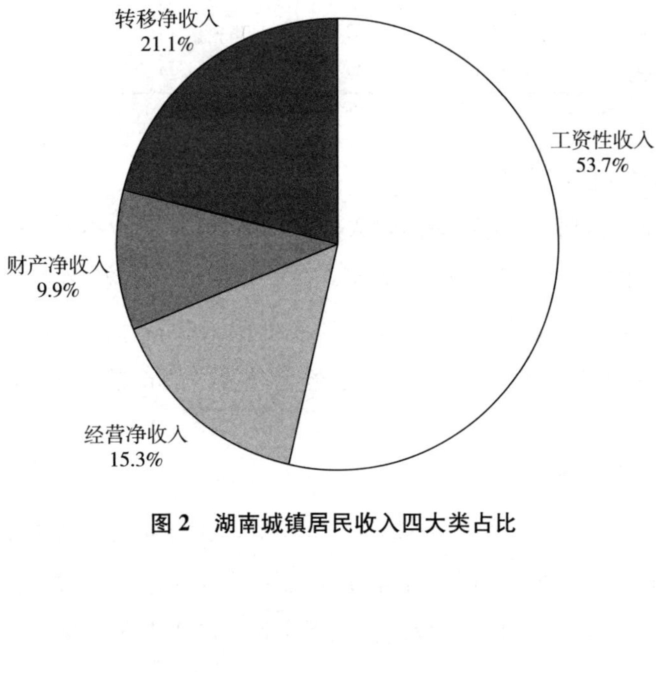

图 2　湖南城镇居民收入四大类占比

（三）农村居民收入增速快于城镇

2022年湖南农村居民人均可支配收入为19546元，较上年增长6.8%，居全国第6位，居中部六省第2位。农村收入增速比城镇快1.4个百分点。城乡收入比为2.42（以农村居民收入为1），较上年减少0.03，城乡居民收入相对差距继续缩小。

1. 从增长速度来看

四大类收入均实现较快增长。其中财产净收入增长8.4%，转移净收入增长7.6%，经营净收入增长6.6%，工资性收入增长6.5%（见表3）。

表3　2022年湖南农村居民收入及构成

指标名称	金额(元)	比上年同期增加(元)	名义增速(%)	贡献率(%)	占比(%)
人均可支配收入	19546	1251	6.8	—	—
其中：工资性收入	7631	466	6.5	37.3	39.0
经营净收入	6961	431	6.6	34.5	35.6
财产净收入	283	22	8.4	1.7	1.5
转移净收入	4670	332	7.6	26.5	23.9

2. 从增长贡献率来看

工资性收入对湖南农村居民收入增长的贡献率为37.3%，经营净收入贡献率为34.5%，两项收入的贡献率占比达71.8%。转移净收入贡献率为26.5%，财产净收入贡献率为1.7%。工资性收入和转移净收入的贡献率比上年分别增加2.5个和5.5个百分点，经营净收入的贡献率比上年下降8.0个百分点。

3. 从收入占比来看

湖南农村居民转移净收入占比为23.9%，较上年增加0.2个百分点；财产净收入占比为1.5%，较上年增加0.1个百分点；工资性收入占比为39.0%，较上年下降0.2个百分点；经营净收入占比为35.6%，较上年下降

0.1 个百分点（见图 3）。这表明随着乡村振兴、共同富裕等战略的进一步推进，农村居民收入结构更加合理。

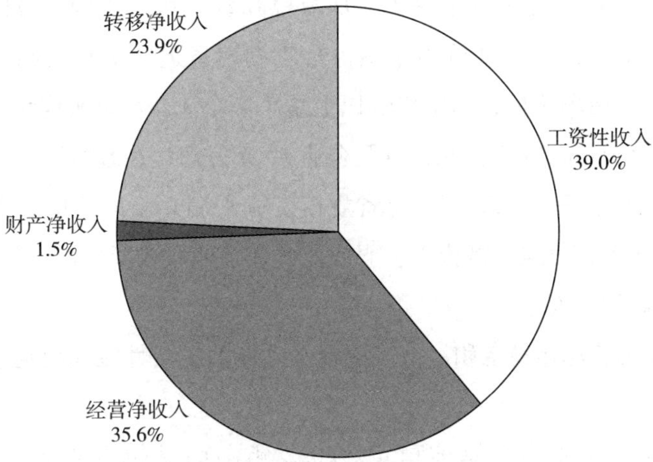

图 3　湖南农村居民收入四大类占比

（四）推动居民收入增长的主要因素

1. 宏观经济恢复向好，为居民增收提供基础支撑

一是主要经济指标数据稳中向好。2022 年全省实现地区生产总值 48670.37 亿元，按不变价格计算，同比增长 4.5%，比全国高 1.5 个百分点；规模以上工业增加值同比增长 7.2%。二是农业生产总体平稳。全年粮食产量 603.6 亿斤，已连续 3 年保持在 600 亿斤以上；生猪出栏 6248.2 万头，创近十年新高。三是投资和进出口增长较快。2022 年全省完成投资同比增长 6.6%，比全国高 1.5 个百分点；其中基础设施投资同比增长 8.0%。进出口总额 7058.2 亿元，同比增长 20.2%。其中出口 5154.6 亿元，增长 25.3%。四是消费实现正增长。全年全省实现社会消费品零售总额 19050.66 亿元，同比增长 2.4%，比全国高 4.2 个百分点。

2. 稳经济一揽子政策持续显效发力，促进经营净收入增长

2022 年湖南先后印发《湖南省先进制造业促进条例》《湖南省促进工业经济平稳增长的若干政策》《湖南省促进服务业领域部分困难行业恢复发展的若干政策》等一揽子政策举措，从减税降费、就业扶持、房租减免、金融支持等方面，助推企业降本增效。全年湖南省退减缓税费超 1000 亿元，惠及 4.9 万个市场主体，其中 90%以上是小微企业。金融机构为小微企业办理延期还本付息 1338.3 亿元，惠及企业 12.4 万家。在政策支持下，湖南企业营业收入稳定增长。2022 年全省规模工业利润总额同比增长 11.5%，高于全国 15.5 个百分点；规模以上服务业实现营业收入同比增长 7.8%，利润总额同比增长 7.5%。

3. 就业形势总体稳定和最低工资标准上调为工资性收入稳定增长提供有力保障

一方面，就业形势总体稳定。2022 年湖南城镇调查失业率平均为 5.5%，略低于全国平均水平，处于中部最低水平；本地农民工人数同比增长 2.6%、月均收入增长 1.5%；全年城镇新增就业 73.65 万人，完成年度目标的 105.2%，失业人员再就业 44.09 万人，完成年度目标任务的 147%，就业困难人员就业 11.5 万人，完成年度目标任务的 115%。另一方面，最低工资标准上调超 20%。3 月份湖南省印发《关于湖南省 2022 年调整最低工资标准的通知》，将湖南省月最低工资标准 3 档次分别调整到 1930 元/月、1740 元/月、1550 元/月，较之前分别提高 22.2%、21.7%、37.2%；小时最低工资标准 3 档次分别调整到 19 元、17 元、15 元，较之前分别提高 26.7%、26.9%、29.3%。

4. 基本养老金标准上调和寄回带回收入增加带来转移净收入增长

一是基本养老金标准上调。省人社厅、省财政厅发布《关于 2022 年调整退休人员基本养老金的通知》，明确从 2022 年 1 月 1 日起，湖南退休人员每人每月增加基本养老金 35 元。在此基础上退休人员按本人缴费年限，每满 1 年月基本养老金再增加 1.2 元，同时以本人 2021 年 12 月的基本养老金为基数，再增加 1.4%。对艰苦边远地区的退休人员，每

人每月再增加基本养老金10元。受其推动，2022年湖南居民人均养老金或离退休金增长6.6%。二是外出就业的寄回带回收入增加。2022年，全国多个省份上调了最低工资标准，湖南劳动力外出从业较集中的广东省于2021年12月1日提高最低工资标准，不同档次之间上浮7%~14%不等。受此推动，2022年湖南居民家庭外出从业人员寄回带回收入增长8.6%。

5. 居民投资更加稳健，拉动财产净收入增长

一是金融存款增势良好。2022年末，全省金融机构年末本外币存款余额70141.9亿元，同比增长11.5%；全年新增存款7250.8亿元，同比多增2271.8亿元，其中住户存款余额占各项存款新增额的79.7%，主导作用明显。二是民间投资增长较快。2022年全省民间投资同比增长8.5%，对全部投资的贡献率达80.5%。三是乡村振兴战略实施以来，农村集体经济收入稳步增加，2022年湖南农村居民人均红利收入增长9.3%。

二　2022年湖南居民消费支出增长稳健

2022年，湖南统筹疫情防控和经济社会发展，加力落实稳经济各项举措，全省经济持续恢复，稳中向好，民生福祉达到新水平，居民消费支出增长稳健。

（一）全体居民消费支出增长稳健

2022年，全体居民消费支出为24083元，较上年增长5.6%；增速居全国第3位，居中部六省第2位。从消费类别来看，交通通信和医疗保健增长最快，增速分别为8.4%和8.2%，教育文化娱乐、其他用品和服务、生活用品及服务、居住、食品烟酒、衣着分别增长6.2%、5.6%、5.6%、4.7%、4.6%和2.8%（见图4）。

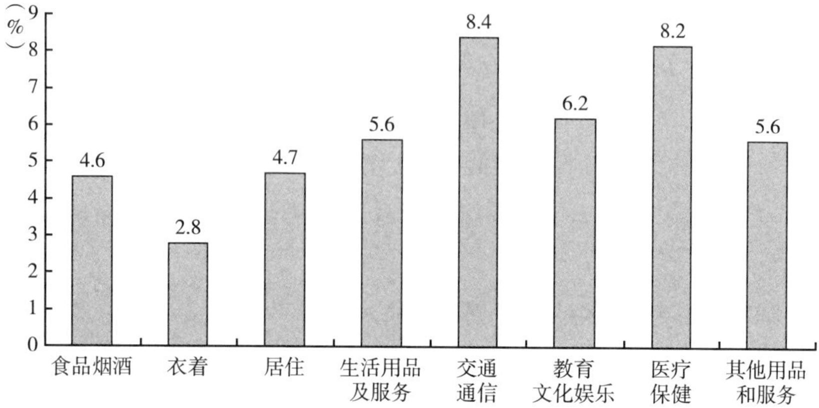

图 4　湖南全体居民消费支出八大类增速对比

（二）城镇居民消费支出稳健增长

按常住地分，2022 年湖南城镇居民人均生活消费支出为 29580 元，增长 4.5%；增速居全国第 4 位，居中部六省第 2 位。分类来看，八大类消费全部增长，其中交通通信、医疗保健和生活用品及服务支出增长较快，分别为 7.0%、6.8%和 5.2%；衣着支出增长最慢，为 2.0%（见表 4）。

表 4　2022 年湖南城镇居民消费支出及构成

指标名称	金额(元)	比上年增加(元)	名义增速(%)	贡献率(%)	占比(%)
消费支出	29580	1286	4.5	—	—
其中:食品烟酒	8443	314	3.9	24.4	28.5
衣着	1895	38	2.0	2.9	6.4
居住	6032	236	4.1	18.4	20.4
生活用品及服务	1924	94	5.2	7.3	6.5
交通通信	4069	267	7.0	20.7	13.8
教育文化娱乐	4006	146	3.8	11.4	13.5
医疗保健	2562	163	6.8	12.7	8.7
其他用品和服务	649	29	4.6	2.2	2.2

（三）农村居民消费支出较快增长

按常住地分，2022 年湖南农村居民人均生活消费支出为 18078 元，增长 6.6%，比城镇居民人均生活消费支出增速快 2.1 个百分点；增幅居全国第 7 位，中部六省第 3 位。城乡居民人均生活消费支出比为 1.64（以农村居民消费为 1），较上年减少 0.03，城乡居民消费相对差距有所缩小。分类来看，八大类消费全部增长。交通通信、医疗保健和教育文化娱乐支出增长较快，分别增长 10.1%、9.7% 和 9.6%。衣着支出增长最慢，为 2.8%（见表 5）。

表 5　2022 年湖南农村居民消费支出及构成

指标名称	金额(元)	比上年增加(元)	名义增速(%)	贡献率(%)	占比(%)
消费支出	18078	1127	6.6	—	—
其中:食品烟酒	5521	267	5.1	23.7	30.5
衣着	789	22	2.8	1.9	4.4
居住	3953	189	5.0	16.8	21.9
生活用品及服务	1017	51	5.3	4.5	5.6
交通通信	2115	194	10.1	17.2	11.7
教育文化娱乐	2425	213	9.6	18.9	13.4
医疗保健	2005	177	9.7	15.7	11.1
其他用品和服务	253	15	6.1	1.3	1.4

（四）居民消费支出增长的主要特点

1. 交通通信消费增长明显

一方面，交通燃料价格上涨。俄乌冲突持续升温，美国原油库存下降、欧美对俄罗斯的制裁不断升级等导致国际原油价格持续冲高。2022 年，湖南居民消费价格中，交通工具用燃料价格同比上涨 21.3%。以上因素影响居民人均交通消费支出同比增长9.2%。另一方面，通信消费增加较多。疫情期间居民外出减少，快递、外卖和视频、电话等需求增加较快。2022年，全省邮政寄递业务量同比增长11.3%；其中快递业务量同比增长17.5%。2022年末，全省移动电话用户同比增长3.4%，宽带用户同比增长6.5%，移动互联网用户同比增长2.1%。受此影响，湖南居民人均通信消费支出同比增长5.9%。

2. 医疗保健消费增长迅速

一方面，新冠疫情以来，居民健康防疫意识增强，日常消杀防疫用品、保健用药和家庭常用储备药均存在较大需求，导致药品消费增加。全年湖南居民医疗器具及药品消费增长5.8%。另一方面，随着城乡医疗保险的逐步完善、推广和普及，湖南居民医疗报销有保障、看病不发愁，医疗服务消费支出也有增加。2022年湖南居民医疗服务消费同比增长8.9%，其中住院费用增长10.3%。

3. 农村教育文化娱乐支出增长较快

在“文化振兴”“人才振兴”等乡村振兴战略推动下，农村居民文化娱乐消费需求有所提高，在教育培训上的投资力度也有所增大，农村教育文化娱乐消费增长较快，全年增长9.6%。

4. 食品烟酒消费稳定增长

2022年，湖南全体居民食品烟酒消费增长4.6%，主要因为疫情防控措施有力有效，居民在外饮食增加。2022年湖南居民在外饮食消费比上年增长7.6%。

三　2023年居民收入和消费情况展望

2023年，湖南将继续以习近平新时代中国特色社会主义思想为指导，全面贯彻党的二十大精神、中央经济工作会议精神，坚持稳中求进工作总基调，全面落实“三高四新”战略定位和使命任务，更好地统筹疫情防控和经济社会发展，扎实稳住经济大盘，持续改善民生大计，为居民收入、消费的稳定增长打下坚实的基础。与此同时也要看到，外部环境仍然存在诸多不稳定因素。全省经济恢复基础还不够牢固，民生领域仍然存在短板，居民收入、消费的增长也面临一定的困难。综合各方面情况，预计 2023 年湖南居民人均可支配收入、人均生活消费支出将继续保持稳定增长，收入增长与经济增长基本同步。

B.16

2022年湖南信访工作发展情况及2023年展望

湖南省信访局课题组*

摘　要： 2022年，全省信访系统深入贯彻习近平总书记关于加强和改进人民信访工作的重要思想，牢记为民解难、为党分忧的政治责任，聚焦“提质增效、进位争先”工作目标，坚持人民至上，坚持稳字当头，强化问题导向，加强过程管理，信访工作体制机制更加健全、解决问题更加有效、信访业务更加规范、防范风险更加有力。2023年，全省信访系统将深入开展“《信访工作条例》落实年、信访工作示范县创建、大督查大接访大调研”三项活动，着力推进信访机关政治建设、信访问题源头治理、化解信访积案常态化、信访工作体制机制改革、信访干部队伍建设五项重点任务，奋力开创新时代新征程湖南信访工作新局面。

关键词： 进位争先　过程管理　源头治理　湖南

一　2022年全省信访工作情况

2022年，通过全省信访系统攻坚克难、砥砺奋进，全年平时和重点时期信访秩序好于往年。工作主要体现在以下四个方面。

---

* 课题组组长：陈雪楚，湖南省政府副秘书长，湖南省信访局党组书记、局长。课题组副组长：林中柱，湖南省信访局党组成员、副局长。课题组成员：文少亮，湖南省信访局综合调研处处长；彭智勇，湖南省信访局综合调研处一级主任科员。

（一）强化政治引领，坚决落实党中央、国务院和省委、省政府关于信访工作的决策部署

深入学习贯彻落实党的二十大精神和习近平新时代中国特色社会主义思想，认真落实习近平总书记关于加强和改进人民信访工作的重要思想，坚持从政治和全局的高度落实落细党中央、国务院和省委、省政府关于信访工作的系列决策部署。一是省委、省政府高度重视。省委常委会、省政府常务会先后 7 次研究部署信访工作，及时传达学习习近平总书记关于信访工作的重要指示及中央关于信访工作的决策部署。庆伟书记、伟明省长亲力亲为带头做信访工作，带头接谈信访群众，坚持带案下访，每月阅批群众来信和网上信访事项，带头学习《信访工作条例》、撰写发表体会文章。其他省领导坚持“党政同责、一岗双责”，带案下沉督访，每月领办书记、省长批示交办件 3~5 件。各地各部门对标要求抓落实，全省信访工作形成了齐抓共管合力。二是联席会议高频调度。省信访工作联席会议认真贯彻《信访工作条例》，建锋书记、国甫副主任、一鸥副省长 3 位召集人坚持每月听取情况汇报，先后 10 次召开全省性会议研究部署工作，多次深入信访工作重点市州和县市区督导。三是建章立制着眼长效。省委出台《中共湖南省委关于加强新一届省委班子建设的决定》《中共湖南省委常委会关于进一步贯彻落实中央八项规定及其实施细则精神的实施意见》，就密切联系群众，加强和改进人民信访工作提出明确要求。以“两办”名义先后出台《关于切实做好领导干部接访下访阅办包案化解信访事项工作的通知》《贯彻落实〈信访工作条例〉责任分工方案》等制度性文件。省信访联席办对标国家信访局要求，精心制定全年信访工作要点和考核办法，明确工作任务和措施。全省各地各部门对标对表，认真落实“党政同责、一岗双责，属地管理、分级负责，谁主管、谁负责”要求，加大领办包案、坐班接访等工作力度，各市州党政领导累计接访下访 1654 次，包案化解信访突出问题 3000 余件，全省“五级书记”抓信访工作格局进一步夯实。

（二）全力服务大局，圆满完成党的二十大等特护期信访安全保障工作

以最高标准、最严要求、最大力度、最实作风圆满完成了党的二十大、全国全省“两会”、北京冬奥会和冬残奥会等特护期信访安全保障工作。尤其是党的二十大特护期间，成功实现“三个不发生”工作目标，得到中央信访工作联席会议致信表扬。

（三）坚持综合施治，扎实推进“治理重复信访、化解信访突出问题”攻坚年活动

突出问题导向，着力“事要解决”，畅通和规范群众诉求表达、利益协调、权益保障通道，以“事不在小、关键在办、关键在早”的态度办好办实关系群众切身利益的事情。一是夯实基层基础，着力推动风险隐患源头治理。省政府连续4年将信访工作示范县创建活动纳入真抓实干激励表彰。及时召开全省示范县创建推进会，推动全省各地以全国、全省信访工作示范县市区创建为抓手，因地制宜推进新时代“枫桥经验”本土化、常态化、实效化，率先在全国实现乡镇、街道信访工作联席会议机制全覆盖，全力把矛盾吸附在当地、问题化解在基层。全省有14个县市区成功创建全国信访工作示范县，43个县市区创建为全省信访工作示范县。二是聚焦疑难积案，全力攻坚以减少信访存量。扎实推进治理重复信访、化解信访积案专项工作。省信访联席办对中央信访联席办分2批交办湖南省的信访积案，实行问题清单化、清单责任化、责任具体化，成立工作专班推动化解，建锋书记、国甫副主任、一鸥副省长多次召集会议进行专题调度，交办的信访积案基本清零，化解工作成绩位居全国前列。对反复倒流和“三跨三分离”事项落实省领导提级包案，向涉事地方、事权部门“双交双办、一事双督”；对未化解到位、倒流的突出信访积案，加强领导包案，协调推动化解。建立重大疑难复杂信访事项专家咨询委员会，对疑难复杂信访事项开展专家评查，动员社会多方共同

做好化解工作。三是坚持系统观念，聚焦重点领域突出问题化解。系统梳理和分析研究重点领域信访突出问题，及时向省领导呈报《信访要情》《工作简报》50期，为省委、省政府科学决策提供参考。发挥信访工作联席会议12个专项小组作用，推动相关职能部门加强政策供给，从政策层面有效预防和化解“类”案问题。

（四）聚焦提质增效，以过程管理推进属地和部门全链条层层压实信访工作责任

突出问题导向，强化对标对表，不断完善信访工作调度机制，全力推进信访工作提质增效、进位争先。一是定期调度。按照“以周保月、以月保季、以季保年”的思路，坚持每天掌握情况、每周分析研判、每月总结通报，随时提醒通报重点情况。用好信访工作“三项建议权”，印发信访工作情况通报10期，对进度缓慢的和工作被动的地方和单位发工作建议函，向工作不力、引发后果的发出问责建议函。二是重点督导。深入开展“大督查大调研”活动，对重点地区、重点领域、重点问题进行点对点督查，定期向重点省直单位通报指标完成情况。对市州和重点省直单位现场开展4轮实地督查，全面压紧压实属地和部门责任。全年累计赴121个县市区、12个省直单位开展了工作督导。三是统筹推进。细化落实《信访工作条例》，提请废止《湖南省信访条例》，《湖南省信访事项复查复核办法》修改提请省政府进入法定程序，及时转发国家信访局有关来访、来信、网上信访事项受理办理规范。推动将《信访工作条例》纳入各级党校（行政学院）干部教育培训的重点内容，将贯彻落实《信访工作条例》、开展信访工作情况列入各级各部门领导班子、领导干部综合考核评价和全省“八五”普法范畴。开展《信访工作条例》（以下简称《条例》）集中宣传月活动，全力推动《条例》进机关、进学校、进企业、进村社，省委、省政府主要负责同志带头发表学习贯彻文章，在全省营造了学《条例》、用《条例》的浓厚氛围。加大信访信息化智能化建设项目推进力度，智慧信访信息系统第一期项目主要功能正式上线运行。

二　当前全省信访形势及存在的主要问题

总体看，2022 年全省信访秩序明显好转，信访工作成效显著提升。我们也要清醒地看到，2022 年全省信访形势出现了一些新变化新特点：一是受疫情多地多轮冲击、经济下行压力加大等超预期因素影响，尤其是受问题楼盘、网络诈骗、非法集资、企业裁员、教培转型等问题的影响，全省信访总量同比上升。二是网上信访增幅较大，特别是到国家信访局网上投诉量反弹导致全省到国家信访局信访总量同比上升。三是少数领域信访问题热度不减。

三　2023年全省信访工作打算

2023 年是全面贯彻落实党的二十大精神的开局之年，也是深入贯彻落实《信访工作条例》的关键之年。全省信访工作总体考虑是：坚持以习近平新时代中国特色社会主义思想为指导，全面学习贯彻党的二十大精神，深入贯彻落实习近平总书记关于加强和改进人民信访工作的重要思想和第九次全国信访工作会议、全国信访局长会议精神和省委、省政府的要求，牢记为民解难、为党分忧的政治责任，紧紧围绕省委、省政府工作大局，坚持“稳进高新”工作方针，以“贯彻二十大、落实新条例、开创新局面”为主线，深入开展“《信访工作条例》落实年、信访工作示范县创建、大督查大接访大调研”三项活动，着力推进信访机关政治建设、信访问题源头治理、化解信访积案常态化、信访工作体制机制改革、信访干部队伍建设五项重点任务，进一步提质增效，以高质量信访工作助推全省高质量发展，努力为全省经济发展和社会稳定、落实“三高四新”战略定位和使命任务做出新贡献，奋力开创新时代新征程湖南信访工作新局面，重点做好以下五个方面的工作。

（一）聚焦党建统领，在信访机关政治建设上下功夫

全面深入学习、宣传、贯彻党的二十大精神，深入贯彻落实习近平总书

记关于加强和改进人民信访工作的重要思想，始终秉持“人民信访为人民”的工作理念，充分发挥信访工作了解民情、集中民智、维护民利、凝聚民心的职能，加强民情研判、民心疏导和民意汇聚，以“为民解难、为党分忧”的实际行动坚定拥护“两个确立”、坚决做到“两个维护”。

（二）聚焦基层基础，在信访问题源头治理上下功夫

树立大抓基层、大抓源头、大抓化解的鲜明工作导向，坚持和发展新时代“枫桥经验”，科学谋划、周密部署、精心组织、强力推动信访问题源头治理三年攻坚行动，督促各地在健全基层信访工作机构、完善制度机制、构建责任体系、化解信访矛盾、维护信访秩序、强化力量保障等方面补短板、强弱项、上水平。以更高标准推进信访工作示范县创建，健全乡镇、街道信访工作联席会议机制，拓宽社会力量参与的制度化渠道，健全入户走访、领导干部接访下访等制度，落实领导干部阅办包案化解信访事项要求，全域推进“网格化+信访”工作，将矛盾隐患发现在早、防范在先、处置在小，最大限度地推动群众信访事项在县域及以下得到妥善解决。

（三）聚焦常态长效，在信访积案化解上下功夫

推进治理重复信访、化解信访积案工作常态长效，大力推行领导干部重点约访、专题接访、包案下访，有效预防和减少重复信访。发挥信访工作联席会议机制作用，统筹协调解决好涉房地产、集资融资、网上教培机构、征地拆迁等重点领域信访问题。压实首接首办责任，推行接诉即办、直转快办、跟踪督办等模式，推动以最快速度、最优方案、最好效果把问题解决在初始阶段，切实提高一次性化解率和群众满意率，减少重复信访量。

（四）聚焦提质增效，在信访工作体制机制改革上下功夫

全面开展《信访工作条例》（以下简称《条例》）落实年活动，适时组织开展《条例》及相关文件贯彻落实情况专项检查。落实“党政同责、一岗双责，属地管理、分级负责，谁主管、谁负责”要求，探索推进信访

工作联席会议机制实体化运作，更好地发挥统筹协调、整体推进、督促落实作用。加强信访业务教育培训，规范信访业务办理工作，加大网上信访问题及时就地化解力度，在全省开展“微笑服务满意窗口”创建活动，引导群众依法有序文明走访。用好《条例》赋予的“三项建议权”，更好地发挥信访督查“利剑”作用，加快推进湖南智慧信访系统投入使用，完善网上信访便民服务平台，不断提升全省信访工作规范化、法治化、智能化水平。

（五）聚焦再创佳绩，在信访干部队伍建设上下功夫

加强教育培训、实践锻炼，适时开展信访基础业务比武竞赛和交叉评查，切实增强信访干部推动高质量发展本领、服务群众本领、防范化解风险本领。大兴“提高效率、转变作风、服务基层和群众”之风，加强党风廉政建设，强化正面典型宣传、讲好信访故事，进一步提振履职尽责、干事创业的精气神，展现新时代信访干部的良好形象。

B.17
2022年湖南乡村振兴发展情况及2023年展望

湖南省乡村振兴局课题组*

摘　要： 2022年，湖南坚持把巩固拓展脱贫攻坚成果同乡村振兴有效衔接摆在突出位置，严格落实“四个不摘”要求，坚决扛牢有效衔接政治责任，牢牢守住防止规模性返贫底线，促进脱贫群众收入持续增长，不断夯实脱贫地区发展基础，努力建设宜居宜业的和美乡村，取得明显成效。在2022年度中央有效衔接考核评估中，湖南获得的综合评价为“好”，实现“进位争先”目标。

关键词： 乡村振兴　乡村建设　脱贫攻坚　湖南

一　2022年湖南乡村振兴工作成效

2022年，湖南坚持以习近平新时代中国特色社会主义思想为指导，以迎接党的二十大胜利召开和学习宣传贯彻党的二十大精神为主线，全面落实“三高四新”战略定位和使命任务，大力推进巩固拓展脱贫攻坚成果同乡村振兴有效衔接，狠抓责任、政策、工作落实，守住了底线、巩固了成果、促进了振兴。全省脱贫人口年度人均纯收入达到15499元，增长14.4%，增速

* 课题组组长：赵成新，湖南省乡村振兴局党组成员、副局长。课题组副组长：廖红兵，湖南省乡村振兴局政策法规处处长。课题组成员：肖坤林，湖南省乡村振兴局政策法规处一级主任科员。

高于全国平均水平，居中部省份第 2 位；脱贫地区农村居民可支配收入达到 14714 元，增长 8.7%，增长率高于全省平均水平 1.9 个百分点。在中央 2022 年度有效衔接考核评估中，湖南获得的综合评价为“好”，实现“进位争先”目标。

（一）工作责任全面压实

2022 年 3 月习近平总书记听取中央有效衔接考核评估情况汇报发表重要讲话后，湖南迅速行动，对照检查、校正偏差，以问题整改为主线推动各项政策举措落实落地。党的二十大召开后，及时召开省委全会，举办领导干部集中轮训研讨班，引导全省以实际行动坚定拥护“两个确立”、坚决做到“两个维护”。省委、省政府全年研究有效衔接工作 35 次，主要领导和分管领导作出批示 198 件，累计赴脱贫地区调研 98 次，先后到省乡村振兴局调研指导。16 名省级领导联系乡村振兴重点帮扶县和示范创建县。同时，出台乡村振兴促进条例，全面加强驻村帮扶管理，相继开展脱贫群众持续增收专项督导、财政衔接资金使用第三方评估、易地搬迁后续扶持全覆盖检查，从严实行“一县一清单”专项监督和“五个一批”执纪问责。全省共选派 12784 支工作队、33741 名工作队员开展驻村帮扶，54 万名干部与脱贫群众结对帮扶联系；共调整撤换不胜任工作队员 2514 人，党纪政务处分 387 人。在省委、省政府强力推动下，全省各级有效衔接责任进一步上肩，五级书记齐抓格局有效形成。

（二）问题整改坚决彻底

2022 年 4 月 28 日，召开省委实施乡村振兴战略领导小组会议，通报中央对湖南 2021 年度有效衔接考核评估情况，深刻查摆差距不足。5 月 30 日，召开全省巩固拓展脱贫攻坚成果同乡村振兴有效衔接工作推进暨突出问题整改动员部署会，部署开展为期 2 个月的有效衔接突出问题大排查、大诊断、大整改。针对中央反馈指出的两大类 15 个方面问题，结合中办督查、国务院大督查发现通报的问题，逐条进行梳理，从严制定集中整改方案，扎实开展集中排查整改行动，做到“一个问题、一套方案、一名责任人、一抓到底”。通过2个月集中整改，个案问题均于7月中旬前全面整改到位，凡涉及政策落实等的问题都被作为常态化工作持续跟进，完善防返贫精准监测帮扶、低收入群体重点扶持、干部结对困难群众、扶贫项目资产管护等长效机制，群众对帮扶工作满意度明显提高。建立问题整改“回头看”机制，开展干部进村入户“五个一”行动，全面提升整改落实效果。隆回县2022年11月成功摘牌，在全国会议上作了典型发言。

（三）疫情灾情应对有力

面对疫情多地多轮冲击和自1961年以来历史最严重旱情，坚定不移巩固拓展脱贫攻坚成果。健全防返贫监测帮扶机制，规范识别纳入标准和程序，将防返贫监测年人均纯收入基准线由6500元提高至6900元，认定时间由30天缩短至15天以内。强化因户因人精准施策，户均帮扶措施由年初的2.4条提高到3.8条，动态清零义务教育失学辍学问题，推进基本医疗脱贫户全员参保并提高了救助额度，完成17243户农村危房改造。将114万脱贫人口和监测对象纳入兜底保障，农村低保平均标准增加到5593元/年。全省累计识别监测对象17.5万户44.7万人，已消除风险8.5万户21.3万人。强化脱贫群众稳岗就业，实施整合资源对接、拓展载体吸纳、支持创业带动、公益岗位安置、技能培训提升“五个一批”。组织省内脱贫县和省会重点企业签订劳务对接协议150余份，将就业帮扶车间稳岗补贴标准由1000元/人提高至2000元/人，为就业困难毕业生提供岗位10余万个，对因疫返乡回流人员跟进帮扶到位。截至2022年底，全省脱贫人口务工251.52万人，完成年度目标任务的108.18%；就业帮扶车间逆势增加523家、达到6509家，吸纳6.6万名脱贫劳动力就业、同比增加8.2%；开发公益性岗位16万个，优先吸纳15.27万脱贫人口就业，同比增长4.45%。突出提高帮扶产业带动力，设立总规模达30亿元的省乡村振兴产业投资基金，下达51个脱贫县的中央、省财政衔接资金用于产业发展的占比达57.96%，投入4.2亿元支持14个市州建设巩固脱贫成果示范园。促进脱贫地区三产融合发展，“两品一标”农产品达到1588个，市级以上龙头企业达到1426家，农民合作社、家庭农场达到7.88万家。开展产销对接497场次，销售额41.59亿元。健全帮扶项目利益联结机制，实施“五有”帮扶行动，识别有产业发展能力和意愿脱贫户73.88万户，全面落实帮扶措施。全力抗旱救灾保民生，全省动员抗旱力量约500万人次，完成农村供水工程1097处、维修养护工程4673处，累计打井1.2万余口，延伸管网717公里，实施人工增雨作业1500余次，出动送水车辆12.5万多台次、抽灌设备100多万台次，有效保障2100多万旱区群众生产生活用水，实现了大旱之年无大灾。加大重点帮扶县和易地搬迁集中安置点支持力度，出台支持15个乡村振兴重点帮扶县跨越发展的意见，强化资金、项目、土地、人才等保障，倾斜安排衔接资金6亿元，投入省内对口帮扶资金2.37亿元，支持每县建设1个产业“飞地园区”，引导150家重点民营企业携手产业发展，所辖4167个村经营性收入增长50%以上。加强易地搬迁集中安置点扶持，安排专项资金1.95亿元，投入补短板项目38个、产业项目1284个，设立基层党组织1024个，30.35万有就业意愿的搬迁劳动力实现稳定就业。

（四）工作重心加快转移

按照全面推进乡村振兴的要求，强化“三个转向”，努力建设宜居宜业的和美乡村。扎实稳妥推进乡村建设，出台乡村建设行动实施方案，召开全省现场推进会议。突出农村人居环境整治提升，完成600个行政村生活污水治理、70条纳入国控清单黑臭水体整治、110座乡镇垃圾中转站建设。扎实推进农村“厕所革命”，完成户厕改造42万余座，得到农业农村部、国家乡村振兴局推介。重点打造30个省级美丽乡村示范创建村，其中脱贫地区占比超过43%。不断提升乡村善治水平，深入推进“抓党建促乡村振兴”，加强农村基层组织建设，整顿软弱涣散村党组织637个。修订完善一事一议筹资筹劳办法，开展高价彩礼、大操大办、封建迷信等突出问题专项治理，全省所有行政村均制定村规民约，115个县市区出台惠民殡葬政策。全面推广清单制、积分制、数字化、屋场会等模式，10个案例入选国家乡村治理典型案例。加强农村精神文明建设，大力弘扬社会主义核心价值观，深入开展“感党恩、听党话、跟党走”活动，加快推进乡村公共文化服务体系建设，强化特色民族文化保护和传承，开展“道德模范”“文明农户”“好媳妇”“好公婆”等评选宣传。中国社会帮扶网数字乡村平台试点总结推广座谈会、全国脱贫攻坚交流基地建设及国际传播能力提升培训班相继在湖南举办。

（五）特色创新成效明显

聚焦政策落实瓶颈改革创新，探索积累系列有益经验。为提升防返贫监测帮扶实效，优化完善防返贫监测与帮扶管理平台，组织58.4万名干部对脱贫群众分4类帮扶，推动工作对象和扶持措施有序调整、平稳过渡。全省高质量脱贫户、稳定脱贫户、重点监测户、兜底保障户人均纯收入分别增长9.6%、22.6%、26.7%、22.4%，其中重点监测户和兜底保障户中收入低于1万元且不升反降的占比分别减少28.7个、7.2个百分点。为提速脱贫地区经济发展，依托省内对口帮扶和民营企业结对帮扶，支持重点帮扶县建设“飞地园区”。比如推动雨花区与溆浦县结对共建“雨溆工业园”，建立“五挂钩五转移”机制，探索出“一园一品一机制”产业帮扶模式，目前已入园企业7家，投资23亿元，实现外贸进出口总额2.1亿元，同比增长300%。为提振脱贫群众精气神，开展高质量庭院经济、城乡治理标准化、乡村振兴月例会、湾村明白人等试点，探索建立了脱贫群众参与乡村振兴激励机制。比如发展庭院经济，着力建好党建引领、重点帮扶、生产奖补、利益联结、结合互促、舆论引导“六大机制”，在2个市有条件的村，引导不低于10%的脱贫户利用房前屋后发展“五小”产业。

同时，对标中央要求和群众期盼，湖南有效衔接工作仍面临一些困难和问题。主要是：脱贫地区特色产业还需巩固壮大，防范化解返贫致贫风险能力还需提升，受疫情灾情影响脱贫人口持续增收压力仍然较大，乡村发展、乡村建设、乡村治理任重道远。

二 2023年的基本思路和重点工作

2023 年是全面贯彻落实党的二十大精神的开局之年，是精准扶贫理念提出 10 周年，也是巩固拓展脱贫攻坚成果同乡村振兴有效衔接的关键之年。总的思路是：坚持以习近平新时代中国特色社会主义思想为指导，深入贯彻党的二十大精神和中央农村工作会议精神，全面落实省委农村工作会议部署要求，锚定建设农业强省目标，聚焦“守底线、抓发展、促振兴”工作主线，坚定不移守住不发生规模性返贫的底线，重点突破增强脱贫地区和脱贫群众内生发展动力，统筹建设湖湘特色宜居宜业和美乡村，奋力实现有效衔接工作创先争优、全面推进乡村振兴走在全国前列，为全面建设现代化新湖南开局起步提供有力支撑。

（一）深入学习贯彻党的二十大精神

组织全省乡村振兴干部原原本本学习党的二十大报告，与学习贯彻习近平总书记在中央农村工作会议上的重要讲话、关于“三农”工作重要论述、对湖南工作重要指示批示精神有机结合，切实用以武装头脑、指导实践、推进工作，确保巩固拓展脱贫攻坚成果同乡村振兴有效衔接始终沿着正确方向健康发展。

（二）坚决守住不发生规模性返贫底线

坚持稳字当头、稳中求进，以精准务实的举措，确保不出现整村整乡返贫情况。根据农村低保提标至 5000 元，将防返贫监测基准线提高到 7500 元。强化防止返贫监测帮扶机制落实，全面推广分类监测、精准帮扶做法，及时发现、及时预警、及时干预，努力把返贫致贫风险消除在萌芽状态。深化抗大旱保供水、抗火灾洪灾保住房等经验做法，认真研判医保政策落实效果，持续巩固提升“三保障”和饮水安全保障成果。健全完善农村社会保障制度，强化救助资源整合，稳步提高兜底保障水平。当前，重点抓好农村地区疫情防控工作，及时帮助解决困难群众生产生活问题，坚决防止因疫返贫致贫。

（三）着力增强脱贫对象内生发展动力

深入贯彻新发展理念，突出持续增收中心任务和产业振兴重中之重，强化开发式帮扶，更加注重扶志扶智，着力激发脱贫地区和脱贫群众依靠自身力量发展的志气心气底气。大力发展乡村特色产业，在选准发展方向中积极培育“土特产”，在完善配套设施中补上短板弱项，在落实联农带农机制中让脱贫群众更多受益。围绕“一稳、两拓、两创、两提升”积极扩大就业，聚焦重点帮扶县和易地搬迁集中安置点精准加大支持力度，在发展村集体经济和庭院经济上求突破，强化教育培训，提升脱贫群众技能素质，努力缩小收入差距和发展差距，让脱贫基础更加稳固、成效更可持续。

（四）积极建设宜居宜业和美乡村

坚持乡村既要“塑形”更要“铸魂”，聚焦农村逐步基本具备现代化生活条件，坚持财力可持续、农民可接受，扎实稳妥实施乡村建设行动，着力加强普惠性、基础性、兜底性民生建设，提升农村基础设施完善度、基本公共服务便利度、人居环境舒适度。聚焦培育文明乡风、良好家风、淳朴民风，加强和完善乡村治理，进一步发挥农村基层党组织作用，大力弘扬社会主义核心价值观，深入开展天价彩礼、大操大办、封建迷信等问题治理，让农民群众不仅有更多的获得感、幸福感，还要切实改变陈规陋习、树立文明新风。

（五）广泛凝聚乡村全面振兴合力

开展纪念“精准扶贫”理念提出10周年系列活动，展示新时代由脱贫向共同富裕的跨越成就，进一步动员全社会参与乡村全面振兴。规范驻村帮扶、结对联系、对口帮扶管理，将制度优势和政治优势转化为凝心聚力振兴乡村的具体实践。弘扬伟大脱贫攻坚精神，扎实开展“走基层、转作风、抓落实”活动，切实加强干部能力作风建设，打造堪当民族复兴重任的高素质乡村振兴干部队伍。

B.18
2022年湖南医疗保障事业发展情况及2023年展望

王运柏*

摘　要： 2022年，湖南全省医保系统将迎接和学习宣传贯彻党的二十大作为中心任务，全面贯彻落实党中央、国务院和省委、省政府决策部署，统一全省基本医疗保险政策，各项基金运行平稳，高质量完成全年目标任务。2023年，全省医保系统将完整、准确、全面贯彻新发展理念，服务和融入新发展格局，着力推动高质量发展，为推动全面建设社会主义现代化新湖南开好局起好步贡献医保力量。

关键词： 医疗保障　职工医保　居民医保　基金监管　湖南

2022年，全省医保系统将迎接和学习宣传贯彻党的二十大作为中心任务，全面贯彻落实党中央、国务院和省委、省政府决策部署，高质量完成全年目标任务。2022年全省基本医疗保险参保6523.24万人，参保率达98.51%。全省职工医保基金总收入536.62亿元，同比增长18.4%，总支出398.48亿元，同比增长14.53%，当期结余138.14亿元，累计结余905.53亿元；全省居民医保基金总收入536.97亿元，同比增长6.8%，总支出475.37亿元，同比增长3.72%，当期结余61.6亿元，累计结余354.70亿元，基金运行平稳。

* 王运柏，湖南省医疗保障局原党组书记、局长。

一 2022年湖南医疗保障事业发展情况

（一）巩固完善多层次的医疗保障体系，更好地满足群众多元化医保需求

进一步统一全省基本医保政策。出台《湖南省职工基本医疗保险实施办法》《湖南省城乡居民基本医疗保险实施办法》，均衡统一基本医保待遇标准，新增基本医保目录外费用占比限制条款，加强职工高额医疗费用保障，提高居民生育医疗补助标准。落实医疗保障待遇清单制度，清理制度政策16条。职工门诊共济政策全面落地实施。出台《关于建立健全职工基本医疗保险门诊共济保障机制的实施意见》，已在全省15个统筹区正式实施。截至2022年底，全省享受职工门诊共济待遇72万人、141万人次，基金支出2亿元。持续强化“两病”门诊用药保障。定期同卫健部门比对患者参保信息，确保“两病”患者按政策享受待遇。2022年全省城乡参保居民“两病”门诊享受医保待遇484.64万人，就诊1153.48万人次，“两病”药品费用合计15.17亿元，共支出基金9.6亿元，实际报销比例63.28%。实施重特大疾病医疗救助。出台《关于健全重特大疾病医疗救助制度的若干措施》，明确重特大疾病救助范围及对象，探索开展多元化救助帮扶、建立罕见病用药保障机制，防范困难大病患者因病返贫致贫。稳步推进长期护理保险制度试点。根据国家医保局失能等级评估标准及操作指南，湘潭进一步规范失能评估工作流程。截至2022年底，失能评估2957人，重度失能2488人，享受待遇2211人，基金支出2102.67万元。全市长护险定点机构达到50家。全力做好疫情防控医疗保障。医保基金累计结算疫苗及接种费用66亿元。新冠肺炎检测服务价格实现三连降，对中小微企业实施3个月的职工医保缓缴政策，缓缴保费43亿元。全力做好疫情防治药品耗材应急挂网和保供稳价工作。在新冠疫情实施“乙类乙管”后，省局先后出台10个文件，全力保障药品供应，优化医保报销政策，最大限度满足新冠患者就医用

药需求。巩固拓展医保脱贫攻坚成果助力乡村振兴战略实施。与民政、乡村振兴、残联等部门完善信息共享、部门协同机制，统一规范救助对象身份标识，按规定落实救助政策，强化高额医疗费用支出预警监测，坚决防止发生因病规模性返贫致贫。2022 年全省农村低收入人口住院率 19.34%，住院总费用 96.77 亿元，经过“三重保障”后，政策范围内费用报销比例达到 83.14%，实际报销比例达到 75.91%。

（二）持续深化医药供给侧改革，切实减轻群众用药负担

全面落实集采任务。落地执行 3 批国家集采药品、高值医用耗材中选结果，完成 4 批国家集采药品到期接续。目前，累计参与 22 批次省际联盟药品耗材集采，已落地执行 14 批次；全省集中带量采购药品通用名数累计 451 个，高值医用耗材 8 种。静态测算，全省通过落实国家集采和联盟集采中选结果，每年可节省医药费用达 20 亿元。有序推进挂网药品价格联动。22433 个药品实行省际价格联动，整体降价 7%。2022 年 8～12 月全省药品采购 128 亿元，较 2021 年同期（149 亿元）下降 14.09%，省际价格联动效果明显。对国家第一至五批 1579 个集采非中选产品限价挂网，整体降价幅度达 31%。规范医疗服务价格管理。在全国率先完成年度医疗服务调价评估工作，完成基础类通用型医疗服务项目价格调整，合理解决护理、注射、诊查等医疗服务项目价格调整滞后和价格偏低问题。修订完善 92 个现行价格项目，评估核定 131 个试行价格项目，上报新增 189 个特需项目。完善医药价格监测机制。实施药品价格和供应监测，全年查实 37 家企业 42 个药品的异常交易和配送问题，给予相应价格下调等处置，有效平抑部分急短缺药品虚高价格。编制发布了全省药品采购和医疗服务价格综合指数。

（三）持续巩固基金监管高压态势，确保医保基金安全

全力开展打击欺诈骗保集中整治“回头看”。组织召开全省工作部署会，推进工作走深走实。制定 20 类重点问题清单，抽取并分析 428 家定点基层医疗机构和民营医院医保数据，发现 10561 条违规线索，涉及金额

1.83亿元。引导全省22644家医药机构对照问题清单自查，发现违规问题10936个，上缴违规金额2419.51万元。现场检查基层医疗机构2625家，追回（含处罚）医保基金5551.58万元；现场检查民营医院3481家，追回（含处罚）医保基金5834万元。强化社会共治。组织开展集中宣传月活动，通过全媒体集中宣传欺诈骗保典型案例、开展网络答题活动、滚动播放短视频，营造全社会齐抓共管医保基金的良好监管氛围。加强基金监管能力建设。全省新增监管机构20个，新增监管人员153人，组织培训389次，有1006人获得医保行政执法资格。加强基金监管信息化建设，智能系统审核就医数据，确认扣款单据191万余条，确认扣款金额3051.9万元；生物特征识别与智能场景监控系统共计认证373.23万人次，产生个人预警232人次，机构预警158次。建立健全基金监管长效机制。出台《湖南省医疗保障基金使用监督管理行政处罚裁量基准适用办法》《湖南省医疗保障基金使用监督管理举报线索处理暂行办法》《湖南省欺诈骗取医疗保障基金行为举报奖励实施细则》，对基金监管裁量权、举报线索处理和举报奖励进行了规范。在全国率先出台违规收费问题清单管理制度，针对定点医疗机构违规重复收费、超标准收费、分解项目收费、自立项目收费等方面的问题，统一规范和明确相关医疗服务价格项目内涵和项目实施评价标准，持续规范医保定点医疗机构医疗服务收费行为。

（四）加强医药服务规范化管理，持续提高群众就医满意度

进一步提升医保目录管理质效。统一执行国家药品目录、制定全省统一的医疗服务项目和医用耗材基础目录。出台基本用药管理办法实施细则、医疗服务项目支付管理暂行办法和医保谈判药品双通道管理办法。完善医保目录动态调整机制，新增纳入医院制剂132种，新增纳入传统中药饮片114种、非传统中药饮片437种；将258种急需急用药品纳入“双通道”管理。深入推进医保支付方式改革。召开全省DRG/DIP改革三年行动计划启动大会，在长株潭区域统筹推进DRG改革，组织数据采集，开展数据分组，制定相关配套文件。建立DRG/DIP支付方式改革专家指导组，制定改革培训

标准化讲义，组织全省 DRG 培训，提升改革专业化水平。全省各市州全面启动 DRG/DIP 改革，6 个统筹区实现了实际付费。落实精神疾病医保支付管理办法、恶性肿瘤门诊放化疗医保支付管理办法，推进中医优势病种门诊和住院按病种收付费管理试点，长沙探索康复病组按价值付费，进一步构建多元复合支付体系。

（五）持续优化服务，不断提高医保便民化水平

基本建成全省统一的医保信息平台。全省统一医保信息平台建立了核心经办、基金财务、公共服务、智能审核、招采管理、宏观决策大数据等 6 大类 20 个子系统，已在全省全域全业务上线运行，一期项目已通过国家局质量检查和省发改委、省档案局验收。医保信息平台应用范围不断扩大，覆盖 6523. 24 万参保人、35. 34 万家参保单位、5. 8 万家定点医药机构，以及 6000 多家药品耗材配送企业。医保电子凭证激活人数近 3000 万，实现了医保电子凭证就医购药全流程办理。依托“湘医保”App、公众号等线上平台，进一步做实医保个人账户“全省通用”。全省 6350 家药店实现省内异地购药直接结算，已直接结算 26. 6 万笔。推动医保经办体系向基层延伸。全省能提供 7 项以上医保服务的乡镇（街道）覆盖率达到 97%，开展医保帮办代办服务的村（社区）覆盖率达到 92%。持续优化异地就医直接结算服务。2022 年全省住院费用跨省异地结算人次继续保持高速增长，住院跨省直接结算 32. 34 万人次，基金支出 31. 25 亿元，较上年分别增长 59. 80% 和 42. 70%。普通门诊和门诊慢特病跨省直接结算工作全面落地，全省 122 个县市区全面开通普通门诊跨省直接结算，报账周期由 67 天变为“秒结”，所有统筹区开通了 5 个门诊慢特病跨省直接结算，是全国首批全面开通的省份之一。

二　湖南医疗保障事业发展面临的形势

目前，医保工作已经由简单扩张式发展、粗放式管理，向精细化规范化

的高质量发展模式转变，发展面临新挑战，当前医保改革发展还存在差距，具体体现在“五个前所未有”“三个差距”上。

医保基金规模前所未有。截至2022年底，全省医保基金总收入1073.59亿元，总支出873.85亿元，累计结余1260.23亿元，医保基金规模持续扩大。医保覆盖的人群规模前所未有。2022年参保6523.24万人，参保率常年稳定在95%以上，基本覆盖全省人民。医保服务事项的扩展前所未有。近年来逐步巩固住院医疗费用保障、门诊医疗费用保障、门诊慢特病保障、“两病”用药保障、大病保险、医疗救助等，医保待遇保障的范围持续扩展，水平不断提升。医保服务的模式前所未有。在做好本地就医费用结算服务的同时，积极推进省内异地就医、跨省异地就医直接结算服务，实现从线下办到网上办、掌上办，从本地办到异地办的跨越，多种医保服务模式并行。医保基金监管面临的压力前所未有。虽然已经初步遏制欺诈骗保普发频发的态势，但是个别领域的欺诈骗保案件仍时有发生，基金监管制度的笼子距离扎紧扎牢仍有距离，特别是医保监管工作起步相对较晚，监管力量相对薄弱，基金监管工作仍面临巨大的压力和挑战。

医保改革任重道远。职工和居民基本医疗保险实施办法刚刚出台，全省医保待遇政策还未完全统一；市级统筹历史遗留问题没有完全起底，省级统筹还需持续推动；虽然已经建立多层次医疗保障制度体系，但长期护理保险制度还在试点，惠民型商业补充医疗保险的保障能力比较有限，制度间有效衔接还不顺畅；虽然医保在促进“三医”协同治理和发展方面做出很多努力，但“小马拉大车”问题比较突出。医保服务还要加强。医保信息平台建成不久，平台功能与医保政策没有完全并轨，平台应用情况也不理想，普遍存在使用率偏低问题，平台对医保工作的支撑作用尚未充分发挥出来；门诊跨省就医直接结算定点医疗机构和病种数目还不能完全满足群众就医需要；五级医保经办体系仍需巩固加强，全省开展参保登记、信息查询及变更、异地就医备案等经办服务事项的乡（镇）、村（社区）还没有实现全覆盖。能力建设还有差距。全省各级医保部门普遍存在人少事多矛盾突出问题，全省医保基金监管人员仅1154人，负责全省24497家定点医药机构使用医保基金的监管工作，医保基金监管能力与繁重的工作任务明显不匹配，专业人员难以满足监管工作需要；组织开展的业务培训也不够多，培训的全面性、系统性、针对性同样有待提升。

三　2023年医疗保障事业发展重点

（一）健全公平统一的基本医保制度体系，更好地确保人民群众基本医疗保障权益

一要打好全民参保攻坚战。依托各级党委和政府，巩固拓展现有参保成果，探索有效提高参保率的工作机制，向群众充分展示政府惠民补贴和医保惠民实效，扫清群众参保“最后一公里”的障碍。要巩固推进参保精准扩面。与税务部门共同做好参保登记缴费工作，聚焦新就业形态劳动者、非义务教育阶段学生儿童等重点人群，加大宣传动员力度，推进全省城乡居民应参尽参、应保尽保。要进一步清理重复参保。定期开展省内和跨省重复参保数据比对、清理，消除省内重复参保，防止跨省重复参保。二要抓好医保助力乡村振兴战略实施。与民政、乡村振兴、残联等部门完善信息共享和部门协同机制，强化高额医疗费用支出预警监测，强化医疗救助制度落实，特别是要主动做好第三类对象医疗救助工作，确保困难群众应保尽保、应助尽助，坚决守牢不发生因病规模性返贫致贫的底线。三要积极推进医保省级统筹。按照国家统一部署，系统谋划、深入研究、稳步推进，探索既扩大基金共济范围到省又不减弱市县基层管理的创新机制和措施。运用好长株潭区域基本医保风险调剂金制度，提高医保基金抗风险能力，探索建立基本医疗保险省级统筹风险调剂金制度。四要抓好重点医保制度落实。落实医保待遇清单制度，进一步清理与制度不符的政策措施，稳妥做好新旧政策衔接、平稳过渡，推进制度公平统一。全面落实职工医保普通门诊统筹，进一步完善管理服务措施，规范个人账户使用范围，拓展门诊保障范围，做好门诊费用与住院费用支付政策的衔接，完善付费机制，健全监督管理机制。根据国家统

一部署，加强生育医疗费用保障，统一规范生育津贴支付政策，探索将灵活就业人员纳入生育保险覆盖范围。

（二）健全多层次的医疗保障体系，更好地满足人民群众多元化保障需求

一要切实做好实施“乙类乙管”后新冠病毒感染患者治疗费用医疗保障工作。以“时时放心不下”的责任感，全面精准落实新冠治疗费用医保政策。将根据各统筹区保障能力，适时推动省内基金调剂。各统筹区要会同财政、卫健部门，全面摸清患者人数、基金支付数额、财政补贴数额，做到底数清晰、心中有数，要抓好医保基金监管，切实防范少数不法分子利用政府特殊保障政策侵占人民群众救命钱，要抓好部门协同，形成部门合力，更好地保障患者求医问药，要加快费用清算结算速度。二要深入推进长期护理保险制度试点。加大对湘潭长期护理保险制度试点工作指导力度，确定综合保障水平，明确基金支付依据、待遇享受内涵、基本保障边界，探索将长护险保障范围从城镇职工扩大到城乡居民。按照国家医保局统一部署，指导有条件的市州扩大试点范围。三要支持惠民型商业补充医疗保险发展。通过发挥基本医保在政策引导、数据共享、便捷服务等方面对商业健康保险的支持和推动作用，促进多层次医疗保障体系有序衔接。省局将会同银保监局等部门，共同指导商业保险公司开发全省统一，不限年龄、不限职业、不限户籍，无等待期、无体检、无既往症限制，保住院、保目录内外、保大额医疗的惠民型商业补充医疗保险，为全体参保人员构筑“第四重保障”。

（三）健全无死角的医保基金安全监管体系，更好地守护人民群众“保命钱”

要深化专项整治。聚焦重点领域、重点对象、重点药品耗材，通过线索核查、联合侦办、督查督导等“集群”行动，组织开展全省打击欺诈骗保专项整治。认真完成专项整治问题线索核查任务，组织对在长沙的部省属公立医院重点领域进行现场检查。要强化飞行检查。以检查检验、康复理疗等

为重点，全面覆盖所有市州，开展省级飞行检查。组织开展市州内交叉检查，实现区县全覆盖；要加强对飞检发现问题后续整改的跟踪督办。对2022年省级飞行检查后续整改、处理情况进行“回头看”。要优化综合监管。充分开展与公安、卫生健康、财政、药监等部门的监管合作，加强数据共享和比对分析，强化案情通报，积极开展部门联合执法，对重大案件进行联合挂牌督办。加强部门协调联动处理机制，对涉嫌欺诈骗保违法违纪的案件，及时移送司法、纪检等部门，协助深挖涉及医保基金使用的腐败问题，强化联合惩戒。积极配合开展“三医联动”专项整治，与卫健部门联合出台过度医疗问题争议处理机制。要加强智能监管。依托全省医保信息平台，推动智能监管子系统覆盖所有统筹区。充分发挥智能监控和审核作用，加强对医保基金使用行为的实时动态管理，实现事前提醒、事中审核、事后监管全过程智能审核和监控。要加快基金监管信用体系建设。对省级信用试点工作开展中期评估，开展医保信用政策与业务培训。要强化社会监督。开展打击欺诈骗保集中宣传月活动，规范举报线索办理流程，畅通举报渠道，用好举报线索、落实举报奖励措施，调动全民参与医保基金监管的积极性。

（四）健全集成高效的医保协同治理体系，更好地保障人民群众获得优质实惠的医药服务

一要动态开展目录调整。及时将符合条件的国谈药品纳入双通道单行支付目录，探索按支付标准进行管理。组织中药饮片目录调整，进一步优化中药超微颗粒相关支付标准形成机制，进一步扩大纳入报销中药范围。开展新一轮医疗机构制剂医保目录调整，优化目录结构。组织医疗服务医保项目遴选，将更多符合条件的医疗服务项目纳入报销范围。落实国家基本医疗保险医用耗材支付管理政策，适时启动医疗服务项目和医用耗材医保支付政策调整。二要持续深化医保支付改革。以推进DRG/DIP改革为主体，进一步构建多元复合医保支付体系，增强医保对医药服务领域的激励约束作用。加强对DRG/DIP改革的调度督导和监测评估，抓好DRG/DIP培训和指导，督促各统筹区如期实际付费和推广扩面。适时推广康复医疗按价值付费、安宁

疗护按床日付费，进一步加强恶性肿瘤门诊放化疗、日间手术、精神疾病等医保支付政策与 DRG/DIP 的衔接配套。三要推进药品和医用耗材集中带量采购提速扩面增效。进一步扩大集采范围，实现全省集采药品通用名数累计超过 480 个，高值医用耗材累计超过 12 种。巩固完善医药集采管理运行机制，建立医用耗材挂网管理规范，优化公立医疗机构医用耗材阳光采购。全面建成全省药品医用耗材集中招标采购平台，推进平台落地应用，在招采子系统上实现全省药品和耗材全流程采购交易。四要完善医疗服务价格管理。落实医疗服务调价评估，实施动态调整。完善医疗服务价格立项管理，分类分批完成项目修订工作，加快新增项目审核，支持新技术新项目进入临床。

（五）健全高效便民的医保服务支撑体系，更好地为人民群众提供便捷高效的医保公共服务

一要进一步加大医保信息平台建设和应用力度。要进一步对标国家统一部署，广泛征求使用单位意见建议，充分调研论证，强化顶层设计，确保项目建设满足工作实际需要，年底前完成项目建设并全面通过验收。要建成同城容灾备份和异地备份中心，确保数据中心机房发生事故时数据安全、业务不断。二要进一步促进医保经办服务提质增效。进一步促进医保政务服务事项标准化规范化。持续推进落实医保经办规范化建设 3 年专项行动，进一步规范医保政务服务事项内容和流程，落实国家医保经办大厅设置与服务规范，积极参与全国“十四五”医保经办服务优秀案例征集活动，切实提升服务标准化规范化水平。推动“省、市、县、乡、村”五级经办服务体系建设。进一步拓宽服务渠道，织密“15 分钟医保经办服务圈”网络，实现参保登记、信息查询及变更、异地就医备案等服务事项乡（镇）、村（社区）直办或帮代办全覆盖。优化医药机构定点管理服务。按照属地和分级管理要求，统一全省医保定点医药机构协议管理模式，实现一家定点医药机构与一个医保经办机构签约管理，各统筹区经办机构实行定点互认和内部定期清算。加快推进全省医保协议电子化签订，实现协议签订“零见面、网上办、一站办”，减轻定点医药机构跑腿办事压力。加强定点医药机构考核

管理和结果运用，完善协议退出机制。优化异地就医直接结算。落实《湖南省基本医疗保险异地就医直接结算管理办法（试行）》，完善省内异地就医直接结算工作机制。推动定点医疗机构扩面，实现区县普通门诊异地结算二级以上定点医疗机构全覆盖。扩大门诊慢特病异地就医直接结算病种范围，实现所有统筹区 43 个门诊慢特病治疗费用省内异地直接结算，切实提高异地直接结算率。

适逢伟大时代，做好医保工作使命光荣、责任重大，全省医保系统将更加紧密地团结在以习近平同志为核心的党中央周围，以习近平新时代中国特色社会主义思想为指导，深入学习贯彻党的二十大精神，全面贯彻落实省委省政府决策部署，勠力同心、勇毅前行，在新征程中奋力谱写医保惠民暖民便民新篇章！

B.19

2022年湖南省妇女事业发展情况及2023年展望

湖南省妇女联合会课题组*

摘　要： 2022年，湖南省妇女事业发展始终坚持聚焦中心任务，服务发展大局，以高质量妇女工作推动经济社会高质量发展；始终坚持以人民为中心，让发展成果更多更公平惠及广大妇女儿童，取得了新进展、实现了新突破。2023年湖南省妇女事业发展将加强思想引领，服务中心大局，保障妇女权益，加强家庭建设，引导凝聚广大妇女为建设社会主义现代化新湖南而团结奋斗。

关键词： 妇女事业　妇女权益保障　湖南

一　2022年湖南省妇女事业发展情况

2022年，湖南省妇女事业发展坚持以习近平新时代中国特色社会主义思想为指导，认真贯彻落实党中央和省委决策部署，以学习宣传贯彻党的二十大精神为主线，始终坚持围绕中心服务大局，始终坚持守住底线抓好日常，做深做实引领联系服务各项工作，妇女事业取得新进展、实现新突破。

---

* 课题组组长：黄芳，湖南省妇联党组书记、主席。课题组副组长：张媛媛，湖南省妇联党组成员、副主席；卢妹香，湖南省妇联副主席；钟斌，湖南省妇联党组成员、副主席；周荣，湖南省妇联副主席。课题组成员：熊望衡，湖南省妇联办公室主任；龙晓霞，湖南省政府妇女儿童工作委员会办公室专职副主任；刘茜，湖南省妇联办公室三级主任科员；胡薇，湖南省政府妇女儿童专家智库副秘书长。

（一）思想引领举旗帜

一是迎接宣传贯彻党的二十大。开展“巾帼心向党　喜迎二十大”等巾帼大宣讲系列活动，线上线下宣讲万余场，覆盖受众达600余万人次。开展“晒美好　向未来”视频（图片）征集大赛，征集视频、图片作品4008个，抖音号、视频号播放量突破1.02亿人次。《今日女报》全媒体开设“三湘妇女群众热议党的二十大”“巾帼心向党·奋进新征程”等专栏，发布稿件1500余篇，阅读量1000万+。二是传承红色湘女精神。指导杨开慧纪念馆、缪伯英故居成功申报为全国妇女爱国主义教育基地。开展2022年度湖南省妇女理论与实践研究课题、智库委托课题申报工作，正式立项20项。三是选树先进妇女典型。举办纪念三八国际妇女节112周年先进典型事迹“云”报告会，表彰2021年度全国、省级三八红旗手（标兵）、集体。评选2022年度省巾帼文明岗、标兵、集体335个，开展“致敬三八红旗手·送奖到基层”活动，激励广大妇女立足岗位再创佳绩。

（二）服务大局促发展

一是助力乡村振兴。推进湘妹子能量家园工程，平台注册人数超38万。成立湘女新农人联盟，支持创建20个省级、4个国家级巾帼现代农业科技示范基地。开展“兴粮节粮·助农兴农”“湘妹子带年货来了”“出手吧姐姐　湘女带香货”等消费助农活动，销售农特产品、家用电器8400多万元。二是助力创新创业。成立省女科技工作者协会，为女科技工作者发挥作用搭建平台、提供服务。联动开展家政、电商、直播带货等技能培训，培训妇女30多万人次。指导完成女企业家协会换届，支持其开展工作，助力中小微企业发展。三是助力对外开放。成功将中非妇女论坛纳入第三届中非经贸博览会总体方案，全国妇联和省人民政府共同主办。四是助力健康湖南。实施“两癌”免费检查重点民生实事项目，免费检查102万余人。举办首届全省综合性妇女健康运动会，102家国内外媒体和网站报道转载。开展“我成长、我健康、我美丽”进高校宣讲活动，全省宣讲100场。

（三）维护权益暖人心

一是强化源头维权。联合出台《湖南省婚俗改革工作指导意见》，制定平安家庭规范化建设标准。召开全省妇女儿童发展规划新闻发布会，推动妇女儿童发展规划实施。二是加强女童保护。牵头成立全国首家省级女童保护指导中心，构建女童保护多部门合作机制。参与“利剑护蕾”专项行动，发现报告性侵未成年人案件、提供陪同询问服务、提供心理援助法律援助等。募集专项资金 310 万元，发放关爱救助资金 89.7 万元。三是化解矛盾纠纷。摸排并努力化解婚姻家庭矛盾纠纷，发现报告案件线索。接待和处理群众来访来信来电、网络舆情案件，处置全国妇联、省委巡视组交办件，跟进处置重大个案等。四是加强普法宣传。开展“湘妹子”赶集普法活动，线上线下宣传 1.5 万余场。推行女童权益保护“种子”计划，培训性教育公益讲师 3700 人，开展进学校、进乡村、进社区宣讲 2.5 万余场。

（四）做实家庭夯基础

一是推进家庭教育。牵头制定《湖南省关于指导推进家庭教育工作的规划（2022-2025 年）》，出台《湖南省家庭教育指导服务中心分级建设标准（试行）》，推进省级家庭教育指导服务中心建设，支持指导县级以上妇联开展家庭教育指导服务中心建设。省妇女儿童活动中心获批中国儿童中心全国家庭教育研究与实践基地，在中国儿童中心 2022 年家庭教育工作现场交流会上推介经验。二是弘扬优良家风。开展寻找“最美家庭”“五好家庭”等活动，评选 100 户省级“最美家庭”、50 户“五好家庭”，其中 34 户获评全国“最美家庭”、33 户获评全国“五好家庭”，衡阳市最美家庭王亚琴传承红色基因的感人故事被收入中国妇女出版社出版的《红色家风故事汇》。三是关爱妇女儿童。动员妇联干部和执委、最美家庭、巾帼志愿者、社会组织等，开展援琼、援藏、援疆医护人员家庭关爱帮扶工作和寒暑假儿童关爱服务活动，受益儿童超 329 万人次。开展“出手吧姐姐　温暖

2022——关爱困境妇女儿童”等18个公益项目，管理30个专项资金，筹集款物折合人民币7135余万元，受益妇女儿童约23.18万人次。

（五）深化改革激活力

一是压实“责任田”。出台《湖南省妇联事业发展三年行动计划（2022—2024年）》，进一步明晰妇联职责定位和工作重点。制定省妇联“包片联点六级共建”工作方案，明确妇联领导和干部包片联点责任，打通省、市、县、乡、村、组六级妇女组织纵向联系，推动工作互通、资源共享。二是拓展“主阵地”。全省建立妇女之家28051个、“妇女微家”6584个。实施农村妇女之家“春风化雨”行动示范点项目，推动基层妇联参与宗教治理，得到中央统战部肯定。推进“团体会员倍增计划”，全省县级以上团体会员新增263个，达545个。推动省边检系统建立妇联，在新经济组织、新社会组织中新建妇联组织2300余个。三是培养“领头雁”。与省委组织部、省委党校共同举办新任妇联主席能力建设培训班、妇联干部能力提升培训班，分级开展妇联系统干部、执委培训，提升基层妇联干部和妇联执委履职能力。

二　2023年湖南妇女事业发展重点

2023年是全面贯彻落实党的二十大精神的开局之年，是中国妇女第十三次全国代表大会召开之年，是省妇联成立70周年。全省妇女事业发展工作的总体思路是：坚持以习近平新时代中国特色社会主义思想为指导，深入学习贯彻党的二十大精神，全面落实全国妇联执委会议和省委常委会议精神，加强思想引领，服务中心大局，保障妇女权益，加强家庭建设，推进妇联改革，引导凝聚广大妇女为建设社会主义现代化新湖南而团结奋斗。

（一）围绕一条主线

紧扣学习宣传贯彻党的二十大精神这一主线，扎实开展习近平新时代中国特色社会主义思想主题教育、宣传宣讲、集中培训、理论诠释、成果转化，组织学好用好《习近平走进百姓家》等工作，团结带领全省妇联干部和广大妇女群众听党话，跟党奋进新征程，在推进中国式现代化新湖南建设上做出更大贡献，在家庭家教家风建设上发挥更大作用，在妇女儿童维权关爱上更有担当，在深化妇联改革上取得更大成效。

（二）办好两件大事

一是开展湖南省妇联成立 70 周年系列纪念活动。举办省妇联成立 70 周年新闻发布会、湖南省纪念三八国际劳动妇女节暨省妇联成立 70 周年晚会、省妇联成立 70 周年线上线下主题展，在《新湘评论》推出了省妇联成立 70 周年专版主题阅读，3 月 8 日将召开妇联人回娘家座谈会，适时举行《今日女报》70 周年座谈会，9 月举行妇女干部学校 70 周年理论研讨及座谈会等。二是举办中非妇女论坛。这是落实习近平总书记在中非合作论坛第八届部长级会议开幕式讲话精神的一项重要举措，得到全国妇联、省人民政府的全力支持。我们希望通过举办论坛，推动中非妇女在减贫、经贸、文化教育、公益慈善等领域的合作与交流，促进中非女性官员、妇女机构和组织负责人的对话与多领域务实合作，助力打造内陆地区改革开放新高地，展现可信、可爱、可敬的中国妇女形象。

（三）做优三大品牌

一是做优“巾帼初心耀三湘”宣教品牌。深入挖掘、整合红色湘女资源，策划开展典型人物宣传。探索建立三八红旗手（集体）等系列典型妇女代表数据库，做好 2023 年度全省三八红旗手（集体）评选工作，持续开展“致敬三八红旗手·送奖到基层”活动，弘扬和传承红色湘女精神。二是做优“出手吧姐姐”公益品牌。抓住重要节点，开展“出手吧姐姐　温暖 2023”大型筹资、“出手吧姐姐”消费助农等系列活动，引导支持有意愿有能力的企业、社会组织和个人积极参与公益慈善事业，筹措更多资金物资，帮助更多困境妇女儿童。三是做优“湘妹子”赶集普法品牌。大力发动法官、检察官、律师和各级妇联干部、妇联执委在村（社区）集市设立“湘妹子”赶集普法咨询点，广泛宣传家庭教育“一法一条例”、新修订的妇女权益保障法等法律法规，深入宣传防性侵、反家暴、防拐、反电诈等法律知识，提升妇女维权意识和能力。

（四）推进四大项目

一是推进妇女发展主题展陈项目。启动建设与妇女发展主题相关的展陈项目，争取打造成全国知名的女性红色文化名片，全国妇女爱国主义教育基地，全国各级妇联干部党性锻炼、教育培训基地，党史学习教育常态化基地。二是推进省级家庭教育指导服务中心建设项目。做好省家庭教育研究会换届工作，依托省妇女儿童活动中心阵地，建好用好省级家庭教育指导服务中心，发挥研究先导、实践示范、平台辐射作用。推动县级以上人民政府因地制宜设立家庭教育指导服务中心，探索形成科学有效、普惠即得、有湖湘特色的家庭教育指导服务模式。三是推进儿童友好型城市试点建设项目。制定儿童友好城市建设实施方案，建立儿童友好城市建设评估指标体系，动态监测国家级儿童友好城市建设试点市州，总结推广具有示范效应的建设模式，争取推动 2~3 个城市成功申报全国第二批儿童友好型城市。四是推进湘妹子能量家园工程项目。召开乡村振兴巾帼行动现场会暨湘妹子能量家园培训，做好新版湘妹子能量家园小程序培训及推广使用，依托省邮政规范平台运营，引入湘女健康医联盟、湘女新农人联盟等多方资源，扩大试点覆盖面，提升活动参与度，为妇女发展赋能、为乡村治理增效。

（五）实施五大行动

一是实施“巾帼心向党”引领行动。开展“巾帼心向党 · 奋进新征程”学习教育活动，学习宣传好《习近平走进百姓家》，开展“百千万巾帼大宣讲”，通过妇联干部带头讲、党的二十大代表深入讲、妇联执委广泛讲、先进典型结合讲，推动党的二十大精神进机关、进企业、进农村、进社区、进校园、进家庭。发挥省妇女研究会作用，加强党的二十大精神中有关妇女和家庭的理论研究。持续壮大湘女e家新媒体联盟，推动省妇联融媒体中心建设，促进各级网上妇联一体化发展。强化意识形态工作责任落实，健全涉妇女儿童舆情研判处置机制，切实维护妇女领域意识形态安全。二是实施“巾帼建新功”助力行动。深化拓展“科技创新巾帼行动”“巾帼就业创业促进行动”，联合举办各类职业技能大赛和培训，创建一批全国及省级巾帼现代农业科技示范基地，助力女大学生、脱贫妇女、低收入妇女创业就业。发挥女企业家协会、女新闻工作者分会、女科技工作者协会等女性社团及湘女新农人、湘女健康医联盟等联盟组织作用，引导女性从业者弘扬劳模精神、劳动精神、工匠精神，助力推进现代化新湖南建设。三是实施“巾帼暖人心”关爱行动。加强男女平等基本国策宣传，推进《湖南省妇女儿童发展规划（2021-2025年）》实施，推动消除影响平等就业的不合理限制和就业歧视，让妇女有更多更公平的发展机会。继续实施“两癌”检查（民生实事），推广“湘女关爱保”“家安馨”等健康保险，发动湘女健康医联盟开展义诊、公益讲座、互联网医院绿色通道等活动，关爱女性健康。推动在修订后的湖南省实施《未成年人保护法》《预防未成年人犯罪法》的办法中列入预防性侵未成年人，保护未成年人合法权益。结合市域社会治理现代化建设，打造平安家庭规范化建设体系，持续开展把维护妇女儿童权益工作做在平常抓在经常落到基层十大行动。依托湖南省女童保护指导中心，加强全方面、多维度的女童保护工作。四是实施“巾帼护家庭”倡导行动。深化“家家幸福安康工程”，指导家教家风馆建设，选树“最美家庭”“五好家庭”典型，开展家风家教主题宣传月活动，指导汨罗市、澧县开展好全国妇联移风易俗试点工作，引领广大家庭践行社会主义核心价值观。举办妇女健康运动会，倡导健康生活方式。推动家庭教育“一法一条例”落地见效，持续实施“父母成长计划”，健全学校家庭社会育人机制，促进儿童健康成长。探索建立巾帼志愿服务专项基金，持续孵化和培育优秀巾帼志愿服务项目，深入实施“温暖微行动·舞蹈公益百校行”项目、“花种子”乡村美育计划等公益项目，广泛开展寒假儿童关爱服务和暑假防溺水专项行动，不断增强广大家庭获得感幸福感安全感。五是实施“巾帼强能力”提升行动。坚持党建引领，突出抓好政治机关建设，打造专挂兼相结合的妇联干部队伍。持续开展“包片联点六级共建”活动，深化实施“基层妇联领头雁培训计划”，提升各级妇联干部和执委专业水平和实践能力。着力拓展妇联组织覆盖面，加强对女性社会组织的培育和引导，深入推进“春风化雨”行动，促进基层妇联组织与乡村治理体系、社区网格化管理有效融合。加强作风建设，认真落实中央八项规定及其实施细则精神，密切联系群众，持续开展文明创建活动，进一步将省妇联打造成党开展妇女事业的坚强阵地和妇女群众信赖的温暖之家。

B.20

2022年湖南残疾人事业发展情况及2023年展望

肖红林*

摘　要： 2022年，湖南省残联坚持以习近平新时代中国特色社会主义思想为指导，以学习宣传贯彻党的二十大精神为重心，以服务"三高四新"战略定位和使命任务、推动残疾人事业高质量发展为主题，以促进残疾人全面发展和共同富裕为目标，推动各项工作取得新成效，见到新气象。2023年，全省残疾人工作将深入实施《湖南省"十四五"残疾人保障和发展规划》，坚持稳中求进工作总基调，完整、准确、全面贯彻新发展理念，不断完善残疾人社会保障制度和关爱服务体系，加快推动全省残疾人事业高质量发展，为全面建设现代化新湖南贡献力量。

关键词： 残疾人　社会保障制度　关爱服务体系　湖南

一　2022年湖南残疾人事业发展情况

（一）坚定不移强化政治建设，牢牢把准政治方向

持续深化理论学习，坚持用习近平新时代中国特色社会主义思想武装头脑、指导实践、推动工作，深刻领悟"两个确立"的决定性意义，增强做

* 肖红林，湖南省残联原党组书记、理事长。

到“两个维护”的政治自觉。落实“第一议题”制度，全年党组中心组集中学习10次，构建党组学习引领、青年学习跟进、支部学习常态、个人学习自觉的全员学习机制。定期开展习近平总书记考察湖南重要讲话指示精神贯彻落实情况“回头看”，将“学听跟”专项宣传教育活动引向深入。深入学习宣传贯彻党的二十大精神，印发实施方案，组织开展学习贯彻党的二十大精神“四抓四见”学习实践活动，突出抓好学习培训、宣讲阐释、宣传宣介和深学笃用。坚持党对残疾人工作的全面领导，推动中央、省委和中国残联关于残疾人事业的部署要求不折不扣落实落地。

（二）敢于担当作为，不断加大支持保障力度

主动汇报工作，积极协调会商，争取党委、政府更加重视和部门的进一步支持。全年省委常委会会议2次听取残疾人工作情况汇报，全力落实会议关于推进残疾人集中照护、完善基层残联组织建设、筹办省残运会等有关决定。省十三届人大常委会会议听取残疾人保障“一法一办法”实施情况汇报，进一步推动解决残疾人工作重点难点问题。省政府常务会议3次听取残疾人工作情况汇报，分别就做好全年残疾人工作、举办省残运会、促进残疾人就业等进行部署要求。省政府残工委召开全体会议，部署推进年度残疾人重点工作。继续承办“1.1万名残疾儿童康复救助”“1.2万户困难残疾人家庭无障碍改造”两项省重点民生实事项目。牵头制定《湖南省残疾预防行动计划（2022—2025年）》《湖南省促进残疾人就业三年行动实施方案（2022—2024年）》《湖南省关于机关、事业单位、国有企业带头安排残疾人就业工作的实施意见》，在促进残疾人就业方面取得制度性突破。

（三）坚持人民至上，着力增进残疾人民生福祉

1.兜稳残疾人民生底线

紧盯政策落实，抓实兜底保障。全年有40.3万名残疾人享受最低生活保障，10.1万名持证残疾人被纳入特困供养。60.7万困难残疾人得到生活补贴，84.4万重度残疾人得到护理补贴，残疾人城乡居民基本养老保险和

基本医疗保险参保率分别达到95.8%、97.2%。全省为21941名残疾人免费提供托养服务。省重点民生实事“1.1万名残疾儿童康复救助”项目共有参训儿童19055人；“1.2万户困难残疾人家庭无障碍改造”项目已完成13235户，高质量实现年度目标。加快推进重度残疾人集中照护工作，正在组织开展试点。

2. 巩固拓展残疾人脱贫攻坚成果

对159.9万名残疾人开展易返贫致贫风险排查。依托151个残疾人防返贫省级监测点，开展常态化防返贫监测，及时预警、及时帮扶。扎实开展2021年度中央巩固拓展脱贫攻坚成果考核评估反馈问题整改。在全省140个村深入开展以“四帮四促”活动。出台意见措施，加强对口帮扶，推进15个乡村振兴重点帮扶县残疾人事业高质量发展。全年对11259名残疾人开展实用技术培训，对740名残疾人开展乡村振兴人才培养。

3. 提升康复服务质量

持续实施精准康复行动，截至2022年12月6日，全省残疾人基本康复服务率94.21%，辅具适配率97.21%。在全国残联“学习贯彻党的二十大精神　深化残疾人精准康复服务”研讨会上，湖南省作典型发言和经验介绍。继续实施成年残疾人示范性康复项目。推进康复服务改革创新，在11个县市区开展第二批残疾人康复服务综合改革试点，在4个市州试点建立残疾人基本辅助器具补贴制度，支持建设50个社区康复服务站，为146个机构、17228名0~14岁残疾儿童购买责任险与意外伤害险。残疾儿童康复救助开通“不见面”线上申请审核，省残疾人互联网+康复综合管理与服务平台完成验收。加大康复专业人才培养力度，全年组织各类培训20期，共培训2540人。继续在长沙民政职业技术学院开设订单班，新招收学员40人。面向订单班毕业生，组织专场校园招聘会，就业安置率达到87.1%。

4. 保障残疾人接受教育

与湖南省教育厅联合开展适龄残疾儿童入学情况核查，全省适龄残疾儿童入学率稳定在97%以上。对15522名高中和大学阶段残疾学生、困难残疾人家庭子女进行资助。1193名高考残疾考生被大中专院校录取，有149名残疾考生获得高考合理便利支持。成立湖南省残疾人职业教育研究指导中心。印发《湖南省第二期国家通用手语和盲文推广工作方案（2022—2025 年）》。

5. 稳保残疾人就业

全省对 11689 名残疾人开展免费职业技能培训，对 463078 名就业年龄段未就业残疾人进行摸底调查。全省有就业意愿的高校残疾人毕业生就业率为 90.68%。省级投入 549.53 万元支持建设 63 家残疾人辅助性就业机构、8 个残疾人创业孵化基地、18 个省级残疾人集中就业示范单位、8 个灵活就业示范机构和 10 个美丽工坊。扶持 2832 名残疾人自主创业。组织优秀残疾人创业者参加“中国创翼”创业创新大赛湖南省选拔赛、湖南省农村创业创新项目创意大赛等。推荐 4 名优秀残疾运动员参加事业单位招考，推荐 10 名优秀残疾运动员到民营企业就业。举办全省第七届残疾人职业技能竞赛。

6. 推进无障碍环境建设

推动《湖南省无障碍环境建设五年行动计划（2021-2025 年）》全面落实，牵头将年度任务分解到相关部门单位。牵头编制的全国首个《社区公共服务中心无障碍环境建设标准》已经发布。指导长沙市成立无障碍环境建设促进会，指导岳阳市、张家界市完成省残运会、首届省旅游发展大会的无障碍设施改造。会同通信部门共同制定三类残疾人通信资费调优政策。

7. 增强残疾人精神力量

克服疫情挑战和天气因素，成功举办湖南省第十一届残疾人运动会。采取“残健融合”“文体结合”方式，举办“2022 年残疾人健身周云竞赛暨文化周活动”，4318 名残疾人参加，关注人数达到 100 万。

（四）勇于自我革命，矢志提升自我建设水平

1. 加强残联组织建设

召开省残联七届主席团三次会议，调整主席团主席、副主席和部分委员。出台实施意见，指导市县残联平稳换届。协调省委组织部、省委编办，健全县级残联党组设置，未设立党组的 29 个县级残联已有 25 个完成设置。举办首届全省残联专职委员知识竞赛，有力地促进了专职委员能力素质的

提升。

2. 守住安全生产底线

制定印发安全生产行动方案，聚焦特教中专学校、残疾人康复研究中心、残疾人体训基地和各级各类残疾人康复、托养机构等残疾人集中场所，共排查风险隐患 290 处，除个别需长期整改外，都已基本整改到位。推进“谁执法谁普法”责任制落实，用心用情做好信访工作，变上访为下访。全省残联系统和残疾人群体保持总体稳定。

3. 落实全面从严治党新任务新要求

积极主动配合接受省委巡视监督检查，针对省委巡视反馈的 4 个方面 13 个具体问题，细化整改措施，全面整改落实。召开全省残联党的建设和党风廉政建设工作会议、全省残联党风廉政警示教育大会、省残联系统党风廉政建设工作推进会等，举行党风廉政教育专题报告会、党组书记讲廉政党课等活动，经常性开展党风廉政警示教育。突出节日节点，持续纠治“四风”，深化整治形式主义、官僚主义，持之以恒推进作风建设。认真落实意识形态工作责任制，将意识形态工作纳入年度工作计划一体谋划、一体推进。

4. 指导专门协会规范化发展

出台关于加强和改进专门协会工作的意见，促进规范化建设。引导支持协会工作与残联业务工作融合开展，增强服务功能。省肢协成功承办第三届全国肢残人轮椅马拉松赛，举办无障碍环境建设专业知识培训班。省智协举办促进残疾人就业培训班，省聋协组织参加全国听力残疾人柔力球网络赛。5 个省级专门协会均出台推广助残就业项目方案，共同助力残疾人就业。

5. 积极引导社会力量助残

推进民办康复、托养机构规范化建设，完善服务标准，加强安全管理，开展星级评定。召开全省托养机构党建助残工作现场会，15 家机构创建省级党建助残基地。加强志愿助残服务，举办第三届全省助残志愿者骨干培训班，制定湘助残平台运行管理办法，完成湘助残 App 优化升级。积极拓宽助残捐赠渠道，省残疾人福利基金会全年实施助残公益项目 45 个，开展爱心助残活动 30 余次。

6. 强化基础支撑和信息化应用

组织对全省 196 万持证残疾人开展基本状况调查，对 744 户残疾人家庭开展收入状况抽样调查，动态掌握残疾人生活状况和服务需求。管好用好全省残疾人基础数据平台，深化与相关部门的常态化数据共享，促进惠残政策的精准落实。加快推进“智慧残联”建设，撰写发布《2021 年湖南省残疾人事业发展统计公报》。优化评残办证工作，举办第三届全省评残医生培训班，推动残疾人证办理“一件事一次办”改革，推进残疾人证电子证照应用。全省共换发三代残疾人证 84.9 万本，换发率为 43.3%。

二　2023年湖南残疾人事业发展重点

（一）深入学习宣传贯彻党的二十大精神

坚持加强党的创新理论武装，深刻理解和把握习近平新时代中国特色社会主义思想的丰富内涵和世界观、方法论，坚持好、运用好贯穿其中的立场观点方法。深入领会新时代 10 年伟大变革的里程碑意义和以中国式现代化全面推进中华民族伟大复兴的中国特色、本质要求，深刻领悟“两个确立”的决定性意义，不断增强“四个意识”、坚定“四个自信”、做到“两个维护”，提高政治判断力、政治领悟力、政治执行力。深化“学听跟”专项活动，团结带领全省广大残疾人听党话、感党恩、跟党走。全面学习、把握、落实党的二十大精神，落实《湖南省残联学习宣传贯彻党的二十大精神实施方案》，开展学习贯彻党的二十大精神“四抓四见”学习实践活动。全面落实党中央、国务院和省委、省政府关于残疾人工作的部署要求，深入实施《湖南省“十四五”残疾人保障和发展规划》，完善残疾人社会保障制度和关爱服务体系，增进残疾人民生福祉，促进残疾人共同富裕和湖南省残疾人事业全面发展。深入贯彻落实习近平总书记关于残疾人事业重要论述、重要指示批示精神和对湖南重要讲话重要指示精神，常态化开展落实情况“回头看”，将习近平总书记对残疾人事业的殷切嘱托落到实处，转化为残疾人的获得感、幸福感和安全感，为落实“三高四新”战略定位和使命任务做出新贡献。

（二）扎实保障残疾人民生

持续巩固拓展残疾人脱贫攻坚成果。开展残疾人防返贫监测，健全常态化筛查预警机制，做好及时帮扶，守住“残疾人不发生规模性返贫”的底线。继续组织对15县开展乡村振兴对口帮扶，深化“四帮四促”联村帮扶活动，持续做好驻村帮扶工作。强化部门联动，协同开展乡村振兴自强人才培育、残疾人典型宣传、工作评估等工作。精准落实残疾人社会保障政策。建立低保、特困、医保、养老等涉残数据定期交换机制，加强数据核查比对，确保精准落实，巩固残疾人兜底保障。年度残疾人城乡居民基本养老保险参保率、城乡居民基本医疗保险参保率分别达到90%以上和95%以上。配合有关部门做好残疾人“两项补贴”发放和精准管理，做到不落一人。大力推进重度残疾人集中照护工作试点，开展专题调研，加快推动政策出台。持续提升残疾人托养服务水平，通过党建引领、制度管理、等级评定等方式，引导支持托养机构规范化、专业化、社会化发展。全年为23000名就业年龄段智力、精神和重度肢体残疾人免费提供托养服务。

（三）努力扩大残疾人就业

推动残疾人就业促进政策落实落地。贯彻落实《湖南省促进残疾人就业三年行动实施方案（2022—2024年）》和《湖南省关于机关、事业单位、国有企业带头安排残疾人就业工作的实施意见》，组织开展《湖南省促进残疾人就业三年行动实施方案（2022—2024年）》落实情况监测评估。着力提升残疾人职业技能。加强残疾人就业培训和创业扶持。全年为7400名城镇残疾人提供免费职业技能培训，为12600名农村困难残疾人提供免费实用技术培训，为500名残疾人开展乡村振兴自强人才培育。通过创业孵化、贷款贴息、创业指导、资金补贴等方式，扶持一批残疾人自主创业和灵活就业。支持盲人按摩行业健康发展，举办全省第四届盲人保健按摩技能比武活动。组织参加第七届全国残疾人职业技能大赛、第十届国际残疾人职业技能竞赛。做细残疾人就业帮扶和服务。持续开展就业援助月活动，多形式促进残疾人稳岗上岗。精准帮扶高校残疾人毕业生就业，“一人一策”贴心指导服务，确保全省高校残疾人毕业生就业率达到85%以上。发挥残疾人按比例就业情况联网认证系统作用，提升按比例安排残疾人就业年审工作。支持残疾人创业孵化基地建设，加强省残疾人就业创业网络服务平台的推广使用，丰富残疾人就业服务的方式手段。依托政府采购电子卖场、食餐会、农博会等平台，帮助助残产品扩大销售。加强残疾人就业服务机构工作人员培训，建设专业化的就业服务队伍。

（四）不断完善残疾人关爱服务体系

办好省重点民生实事。牵头实施省重点民生实事“1.1万名残疾儿童康复救助”和“1.2万户困难残疾人家庭无障碍改造”项目。提早部署安排，落实资金保障，优化申请审核，规范项目实施，定期调度进展，严格控制质量，开展监测评估，确保两个项目高质量完成，把实事办好、把好事办实。持续提升康复服务质量。贯彻落实《湖南省残疾预防行动计划（2022—2025年）》，广泛开展残疾预防和康复知识宣传和教育。总结推广试点经验，推动建立全省残疾人辅助器具适配补贴制度。深入实施精准康复行动，确保年底全省有需求的持证残疾人接受基本康复服务率和辅具适配服务率均达到85%以上。深化康复工作改革创新，促进残疾人康复服务提质增效。做好“互联网+康复”综合管理服务平台的上线推广。支持建设50个多功能残疾人社区康复综合服务站。开展辅助器具进校园工程试点，为义务教育阶段特教学校和随班就读、送教上门残疾学生提供辅具适配服务。大力开展康复人才规范化培训，依托高等院校开展在职康复专业人员学历提升教育。开展康复工作第三方监测评估。举办第二届全省残疾人康复服务技能大赛、第三届长沙康复辅助器具暨康养产业博览会和第六届全省听力语言康复明星大赛。推动特殊教育普惠发展。联合相关部门开展适龄残疾儿童少年入学的数据比对和情况核查，对未入学对象采取控辍保学措施，确保适龄残疾儿童少年义务教育入学率稳定保持在97%以上。继续对高中及大学阶段符合条件的残疾学生、困难残疾人家庭子女学生实行教育资助，做到全覆盖。发挥省残疾人职业教育研究指导中心的平台作用，促进全省残疾人职业教育加快发展。举办全省特教中高职残疾学生技能竞赛。组织开展通用手语和通用盲文培训推广活动。深入推进无障碍环境建设。继续推动《湖南省无障碍环境建设五年行动计划（2021-2025年）》落实落细。配合相关部门制定无障碍环境建设地方标准和行业规范。推广应用“五部位改造法”，提升困难残疾人家庭无障碍改造的精准化、标准化水平。利用举办全省第二届旅游发展大会的机会，继续示范推进无障碍旅游。配合相关部门开展全国无障碍建设示范城市（县）创建。加强手语视频交流推广应用，加快发展信息无障碍。促进残疾人文化体育事业发展。建设一批基层残健融合文化服务示范中心、特殊艺术人才培养基地、人道主义思想宣传基地、图书馆盲人阅览室等，扶持一批残疾人艺术团，实施文化进残疾人家庭“五个一”项目。不断完善省有常训队伍、市州有集训项目、县市区有特训苗子的三级残疾人运动员培育机制。选拔优秀运动员、教练员参加2023年杭州亚残运会，积极备战2024年巴黎残奥会。建设一批自强健身示范点，培养一批残疾人社会体育指导员，组织一系列形式多样的残疾人群众体育活动。

（五）切实增强残疾人事业高质量发展的支持保障

全面统筹发展和安全。牢固树立底线思维，主动防范化解残疾人工作领域的风险挑战。建立常态化风险隐患排查整改机制，重点对残疾人康复、托养机构，残疾人体训基地、特教学校等残疾人集中场所开展持续排查，抓实安全生产问题整改。做好因疫因灾困难残疾人的保障和帮扶，最大限度保护残疾人生命安全和身体健康。全面落实意识形态工作责任制，完善网络安全制度，加强网络安全管理，加强涉残舆情处置，防范网络意识形态风险。加强残疾人事业法治建设。落实省人大关于残疾人保障“一法一办法”执法调研情况的审议意见，进一步推动“一法一办法”的全面落实。开展残疾人权益保障检察公益诉讼，提升残疾人法律援助等服务质量。不断改进

“谁执法谁普法”工作，将法律学习纳入党组中心组学习内容，加强残疾人普法宣传，开展残疾人工作者及残疾人尊法学法守法用法专项行动。贯彻落实《信访工作条例》，完善残疾人信访工作责任体系，畅通网络等信访渠道，用心化解残疾人信访问题。认真办理人大代表、政协委员建议提案。加强和改进残疾人事业宣传。创新方式加强“两微一端”建设，依托新湖南残联频道等平台，培育残疾人事业宣传品牌。围绕“全国助残日”、重大活动举办等节点契机，组织开展形式多样主题宣传活动，持续扩大残疾人事业宣传影响力。组织开展第七次全国自强模范与助残先进表彰对象推荐，做好典型事迹宣传。广泛汇聚残疾人工作合力。推动省政府残工委进一步强化统筹职能，协调成员单位推进残疾人重点工作的落实，指导市县政府残工委加强作用发挥。大力发展助残慈善事业，继续实施“集善工程”“集爱三湘”等系列公益项目，拓展慈善资金募集渠道，创新募捐方式，提高网络筹款能力。广泛开展志愿助残服务，加大对志愿者的动员、组织和激励力度，持续擦亮“湘助残”服务品牌，组织实施“阳光行动”“邻里守望”等一批志愿助残项目，讲好新时代志愿助残故事。提升残疾人事业信息化水平。优化残疾人证办理，加快推进残疾人证“一件事一次办”，完善“跨省通办”和电子证照申领，开展便民评残办证，继续推进第三代残疾人证换发，严格残疾人证管理，持续清理违规办证问题。组织开展持证残疾人基本状况调查，提高调查工作和数据质量，加强残疾人基础数据的共享共用，提高数据资源应用成效。启动“省政务服务网”和“湘易办”残联门户建设，加快推进“智慧残联”建设。

（六）全面加强残联系统党的建设和组织建设

全面落实新时代党的建设总要求。以政治建设统领残联系统党的建设，以党的建设引领和保障残疾人事业高质量发展。坚持将党的领导贯穿于残疾人工作全领域各环节，推动党中央、国务院决策部署和省委、省政府工作要求在残疾人工作领域落实见效。一刻不停纵深推进残联系统全面从严治党，巩固深化省委巡视整改成果，做好成果转化运用。持之以恒纠“四风”、树新风，锲而不舍落实中央八项规定精神和省委实施意见，驰而不息纠治形式主义、官僚主义，大力推进清廉残联建设，营造风清气正的政治生态。持续加强残联组织建设。筹备召开省残联第八次代表大会，完成省市县三级残联换届。加强对市州残联领导班子协管工作，开展市州残联党组向省残联党组述职。指导省残疾人专门协会换届，支持各级协会加强基础建设，组织丰富活动，提升助残服务。推动将村（社区）残协建设和残疾人工作纳入基层治理体系，落实村（社区）残协建设标准和规范，逐步推动村（社区）残协“活起来”“强起来”。举办第二届全省残联专职委员知识竞赛，以赛代训，促进专职委员服务能力提升。制度化开展困难残疾人入户访视工作。

专 题 篇

Special Reports

·增进民生福祉·

B.21
提高湖南省高校毕业生留湘就业比例的对策研究

湖南省人民政府发展研究中心调研组*

摘 要： 湖南是科教大省，但湖南省高校毕业生人才外流，就业存在“孔雀东南飞”现象。调研组认为，要提高湖南高校毕业生留湘就业比例，“短期靠政策、中期靠育人、长期靠产业”，建议在政策上提升留湘就业吸引力，在育人上提升留湘就业吸附力，在产业上提升留湘就业吸纳力，吸引更多优秀大学生留湘就业创业。

关键词： 高校毕业生　留湘就业　人才强省　湖南

---

* 调研组组长：谈文胜，原湖南省人民政府发展研究中心党组书记、主任。课题组副组长：侯喜保，原湖南省人民政府发展研究中心党组成员、副主任；蔡建河，原湖南省人民政府发展研究中心二级巡视员。课题组成员：唐文玉，龙花兰（执笔），周亚兰，彭丽。

湖南省委人才工作会议强调，要坚定不移实施新时代人才强省战略，打造国家重要人才中心和创新高地。当前，各地“抢人才大战”都把高校毕业生作为战略资源在争夺。为此，湖南省人民政府发展研究中心调研组前往省教育厅、省人力资源和社会保障厅、湖南大学、长沙理工大学、湘潭大学等地开展调研，湖南省高校毕业生留湘就业比例近年来虽略有提升，但与经济发展对大学生的需求相比还有差距。我们认为，要进一步提高湖南省高校毕业生留湘就业比例，“短期靠政策、中期靠育人、长期靠产业”，要在“政策、育人、产业”三方面下更大功夫，全面扩大创新人才自主供给，更好地为落实“三高四新”战略定位和使命任务提供人才支撑。

一 湖南省高校毕业生本省就业情况

（一）本省生源比例与留湘就业比例呈正相关

1. 湖南省高校毕业生本省生源比例超过70%

湖南省高校毕业生本省生源比例呈上升趋势，2017 届为 72.5%，2021 届为 76.92%。2021 届高职专科生本省生源为 89.44%，本科生为 65.26%，研究生为 53.25%（见表 1）。但“双一流建设”高校和部分一本院校的本省生源占比低于全省平均水平，如 2021 届湖南大学本科生本省生源占比仅为 15.03%，长沙理工大学为 54.18%。

表 1 2019～2021 届湖南省高校毕业生本省生源情况

单位：人，%

届	毕业总人数	湖南生源		高职专科生		本科生		研究生	
		总体人数	总体比例	人数	比例	人数	比例	人数	比例
2019	384320	287870	74.9	173764	87.38	103873	62.42	10223	53.71
2020	397962	299719	75.31	176869	88.24	111194	63.49	11676	52.11
2021	423062	325403	76.92	193530	89.44	118543	65.26	13330	53.25

2. 湖南省高校毕业生留湘就业比例接近60%

湖南省高校毕业生留湘就业比例呈上升态势。2019 届湖南省高校毕业生留湘就业比例为 57. 13%，2021 届接近 60%。从学历来看，学历越高，留湘比例越低，2021 届高职专科生留湘比例为 64%，本科生为 54. 34%，研究生为 51. 1%（见表 2）。“双一流建设”高校和部分一本院校留湘就业比例低于全省平均水平，如 2021 届湖南大学本科生本省就业仅占 12. 37%（武汉大学为 25. 62%），长沙理工大学毕业生本省就业率为 45. 66%。

表 2　2019~2021 届湖南省高校毕业生留湘就业情况

单位：人，%

届	就业人数	本省就业人数	留湘比例	高职专科生		本科生		研究生	
				人数	比例	人数	比例	人数	比例
2019	296677	169497	57. 13	102973	63. 35	59141	50. 04	7383	46. 31
2020	254186	146184	57. 51	83020	63. 24	54669	51. 92	8495	48. 26
2021	303498	179957	59. 29	103918	64	65672	54. 34	10376	51. 1

注：就业地域情况统计仅统计签就业协议就业、签劳动合同就业、其他录用就业的毕业生。

湖南省高校毕业生本省生源比例与留湘就业比例呈正相关。2017~2021 届，湖南省高校毕业生本省生源比例逐年提高；2018~2021 年，留湘就业比例也呈上升趋势（见表 3）。

表 3　湖南高校毕业生本省生源比例、留湘就业比例

单位：%

项目	2017 届	2018 届	2019 届	2020 届	2021 届
本省生源比例	72. 5	73. 24	74. 9	75. 31	76. 92
本省就业比例	57. 86	56. 13	57. 13	57. 51	59. 29

（二）湖南省高校毕业生人才呈流出状态

与长江经济带部分省份相比，湖南省高校毕业生本省就业比例偏低，分别低于浙江、江苏、四川、安徽24.64个、18.69个、17.59个、10.05个百分点。浙江、江苏、安徽本省就业比例均高于本省生源比例，而湖南省本省就业比例却低于本省生源比例17.80个百分点，属于人才流出省份（见表4）。

表4　长江经济带部分省份高校毕业生留在本省就业情况

单位：%

项目	湖南	浙江	江苏	四川	安徽
本省就业比例	57.51	82.15	76.2	75.1	67.56
本省生源比例	75.31	75.28	68.9	—	65.64

注：江苏省为2019年数据，其他省为2020年数据。

湖南是科教大省，但湖南省高校毕业生人才外流，就业存在“孔雀东南飞”的现象。2020届湖南省高校毕业生省外就业占比42.46%，主要流出到广东、浙江、江苏、上海、北京，比例分别为19.07%、3.65%、2.28%、2.07%、1.65%（见表5）。如湘潭大学2021届本科毕业生就业量较大的省份为湖南（32.1%）、广东（30.6%）。而湖南省每十万人口中受大专及以上教育的人数偏少。据第七次人口普查数据，湖南省每十万人口中受大专及以上教育人口数为12239人，低于全国平均水平（15467人）3228人，居全国第25位、中部第4位，排在山西、湖北、安徽之后，比江苏、浙江分别少6424人、4751人，不到北京（41980人）的30%、上海（33872人）的40%，距打造“三个高地”需要的人才支撑有差距。

表5　2020届湖南高校毕业生生源地域与就业地域比例分布

单位：%

地域	总体		高职专科生		本科生		研究生	
	生源	就业	生源	就业	生源	就业	生源	就业
湖南	75.31	57.51	88.24	63.24	63.49	51.92	52.11	48.26
省外	24.68	42.46	11.76	36.72	36.49	48.07	47.89	51.74
国外	—	0.02	—	0.03	—	0.01	—	0
广东	1.63	19.07	1.16	18.79	2.14	19.83	1.81	16.67

续表

地域	总体		高职专科生		本科生		研究生	
	生源	就业	生源	就业	生源	就业	生源	就业
浙江	0. 89	3. 65	0. 32	3. 27	1. 47	4. 06	1. 47	4. 03
江苏	0. 88	2. 28	0. 08	1. 93	1. 68	2. 58	1. 69	3. 06
上海	0. 11	2. 07	0	1. 54	0. 24	2. 58	0. 07	2. 9
北京	0. 09	1. 65	0	0. 79	0. 19	2. 51	0. 13	2. 9

二　提高湖南省高校毕业生留湘就业比例面临的困难

（一）薪资待遇竞争力不足

从薪资待遇看，湖南省属于中部地区，薪资竞争力不强。从城镇单位在岗职工平均工资看，2020 年湖南省为 82356 元，低于全国平均水平（100512 元）18156 元，与长江经济带部分省份相比也有差距（见表 6）。从制造业城镇单位就业人员平均工资看，2020 年湖南为 75122 元，比全国平均水平（82783 元）低 7661 元，低于浙江（84810 元）、江苏（92049 元）。2020 届湖南省本科、高职专科毕业生就业平均月薪分别为 4960 元、3661 元，分别低于浙江 700 多元、1300 多元，薪酬对毕业生的吸引力不够。

表 6　2020 年城镇单位在岗职工平均工资情况

单位：元

年份	湖南	湖北	安徽	四川	浙江	全国
2020	82356	87782	89381	91928	111722	100512

资料来源：国家统计局网站。

（二）就业供给与需求之间存在结构性矛盾

从工作与专业相关度看，人才培养与市场需求之间有差距。2020 届湖南省高校毕业生工作与专业相关度“非常相关”比例为22.21%，“比较相关”为32.05%，“一般相关”的比例为17.24%。分学历看，学历层次越低，毕业生工作与专业相关度越低，高职院校培养定位是面向基层一线的高素质应用型技能人才，而专业相关度低表明人才培养目标定位与市场需求有差距。调研发现，湖南省高校毕业生部分专业与湖南省产业结构匹配度不高，这也是湖南省人才外流的原因之一。

表7　2020届湖南高校毕业生就业专业相关度分布

单位：%

相关度	高职专科生	本科生	研究生
专业相关度	66.08	75.46	83.62
其中:非常相关	19.32	24.66	26.72
比较相关	29.00	33.99	40.62
一般相关	17.76	16.81	16.28

资料来源:《湖南省普通高校2020届毕业生就业质量年度报告》。

从人岗匹配度看，毕业生就业意愿与市场岗位供给存在结构性矛盾。全国高校毕业生人数从2001年的103.6万增长到2021年的909万，2021年湖南省高校毕业生首次突破40万人大关，大学教育从精英化转向大众化，就业竞争加剧。但高校毕业生普遍对工作地域、行业、职业发展前景要求较高，过高的就业期望导致“慢就业”“难就业”。受疫情影响，毕业生“求稳”心理突出，首选求职单位依然是机关事业单位、国有企业，但现实中，毕业生去民营企业就业的比例却最高。毕业生首选求职岗位依然为研发型、技术型、管理型工作岗位，扎根基层的意愿不强，但现实中服务型、生产一线等基层岗位对毕业生的需求量最大，最急需又最难招到人才的是基层。智联招聘发布的《2021大学生就业力调研报告》显示，超过1/4大学毕业生选择IT/通信/电子/互联网为最期待从事的行业，而目前湖南该类行业头部企业和知名企业较少，毕业生流向北上广深等城市。2020届毕业生与职位“非常匹配”比例为8.58%，“比较匹配”比例为37.30%。

（三）吸引高校毕业生留湘政策有待优化

湖南省高校毕业生政策、配套服务有待进一步提升。近年来，各地在吸引人才、留住大学生方面频频“放大招”，全国有200多个城市先后掀起“抢人大战”。各地人才争夺战主要围绕创造就业岗位、提高工资待遇、降低生活成本、完善公共服务等方面展开（见表8）。西安实施“史上最宽松的户籍新政”，武汉提出“百万大学生留汉”政策，南京制定“宁聚计划”，深圳出台“鹏程孔雀计划”。2020年以来，全国各地继续加码升级，北京和上海也先后出台引进毕业生政策，加入了“抢人大战”。湖南省各市州也陆续出台了人才政策，但调研反映，市州人才政策在政策获取的便利度、政策兑现的时间上与发达地区有差距，比如长沙在落户后还需达到社保缴纳条件才能购房，有的地方有政策但兑现难。

表8 部分地区人才争夺战的政策措施

方法	具体措施	实行地区
创造就业岗位	基金小镇	杭州:建立玉泉山南基金小镇,吸引大量私募基金
		成都:天府国际基金小镇,建立投资服务中心、路演中心、基金机构办公样板区
	建立自贸区	深圳:前海自贸区,吸引企业入驻
	鼓励创业	浙江:大学生创业可贷款10万~50万元,由政府设立的创业担保基金提供担保的贷款被认定为不良的、贷款10万以下的,由创业担保基金全额代偿,贷款10万元以上的部分代偿80%。代偿后原则上要予以追偿
提高工资待遇	设指导性最低年薪标准	武汉:推出大学生最低年薪制
降低生活成本	住房优惠	长沙:新落户的博士、硕士毕业生在长工作,首次购房分别发放6万元、3万元购房补贴
		哈尔滨:在专业技术领域新引进并落户的毕业5年内全日制博士生,在哈购房时发放购房补贴10万元
		武汉:争取让大学生低于市场价20%买到房子
		深圳:租房补贴本科毕业生1.5万元,硕士毕业生2万元,博士毕业生3万元
	人才公寓	成都:5类人才可以申请人才公寓,住满5年可以5年前价格购买
		武汉:毕业未满三年的全日制大专以上可以申请

续表

方法	具体措施	实行地区
完善公共服务	落户	成都:全日制本科及以上直接落户
		武汉:只要毕业证就可以落户
		长沙:本科及以上学历可直接落户
		石家庄:“有意就迁入,户口随人走”,“零门槛”
	教育上租售同权	北京:本市户籍的集体户符合条件的可以公租房落户,其适龄子女可在该区接受义务教育
		广州:租房人子女可就近入学,保障租购同权
	发展市政交通	成都:2020 年开通 13 条地铁线
		杭州:建立了完善的公共自行车体系
	发展医疗产业	雄安新区:引进北京各大医院医疗资源
		成都:建设国际医学城,把康复养生、医疗服务和商务配套结合

资料来源：根据网上资料整理。

在促进大学生就业的服务上，湖南省政策知晓度还有待提升。2020 届湖南省高校毕业生对疫情下国家或地方出台的促进就业政策了解程度为 39. 14%，不到一半，反映了湖南省对促进就业政策的宣传度不高或者不及时。就业工作队伍专业化水平有待提高，毕业生对就业服务的要求越来越高，希望学校提供个性化、多样化服务，但学校就业工作人员配备、能力水平参差不齐，专业化、专家型的就业指导人员缺乏。

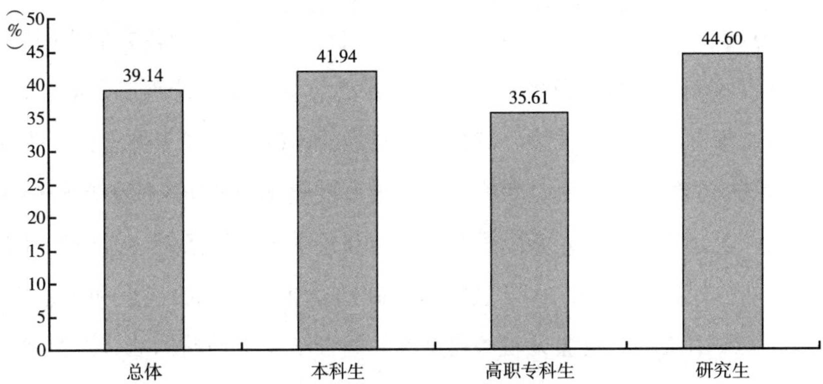

图 1　2020 届湖南高校毕业生对促进就业政策了解程度

三 对策建议

根据人才流动趋势，我们认为，提高湖南高校毕业生留湘就业比例“短期靠政策、中期靠育人、长期靠产业”，建议从“政策、育人、产业”三方面下功夫，吸引更多优秀大学生留湘就业创业，促进湖南经济高质量发展。

（一）短期靠政策：提升政策对高校毕业生留湘就业吸引力

一是牢固树立抢人才就是抢发展的“双抢”意识。当前，湖南正处于推进高质量发展的重要时期，现有的人才数量与经济社会发展的需求相比还有差距。高校毕业生是宝贵的人才资源，是创新创业的生力军，是当地消费的重要推动力。吸引高校毕业生本地就业不但可增加人才供给、促进创新发展，而且可优化人口结构，更有利于增强地区竞争力。因此要牢固树立抢人才就是抢发展的“双抢”意识，大力推进毕业生留省就业创业工作，建议发挥绩效考核指挥棒作用，把提高高校毕业生留湘就业比例纳入政府部门、高校的绩效考核。二是出台更有力度的政策措施。制定人才政策、实施人才工程、搭建人才平台、优化人才服务，对留本地就业发展的优秀毕业生给予住房、落户、医疗、子女入学、配偶安置、税收优惠等，吸引更多高校毕业生在湘就业创业。如哈尔滨对新引进并落户的毕业5年内全日制博士生、硕士生、本科生分别给予每人每月生活补贴3000元、2000元、1500元，连续发放三年；对博士、硕士每人发放一次性安家费10万元、3万元。加强政府、高校、行业、企业、社会各方的协同联动，拓宽经费投入渠道，督促落实产教融合、校企合作，出台金融、财政、税收、土地、信用等方面的激励政策。借鉴河北省经验，鼓励省国资委监管企业在年度用人计划中单列一定比例，专项招聘省内高校应届毕业生。完善高校毕业生社会化培训等公共服务绩效激励机制。制定高校学生实习条例，保护实习生和用工单位双方权益。对吸纳大学生实习实践的企业给予税收优惠和资金奖补。逐步提高在湖南认定的就业见习基地见习的高校毕业生补贴标准。扩大就业见习规模，支持企业及政府投资项目、科研项目设立见习岗位。三是实施提升学校与政府就业服务水平的“双服”工程。精准提高学校就业服务质量。大力推进高校毕业生就业指导队伍专业化建设，按照教育部规定标准配齐配强就业指导教师队伍，培养一批理论水平高、有实际工作经验、精明能干、专兼结合、结构合理、相对稳定的专业化就业指导教师队伍。实施精准就业指导，就考研、公考、创业、面试、简历等细化领域，开展相应的公益讲座和指导。积极推进公共就业服务进校园，积极开展“就业政策进校园”“就业指导人员校园行”活动。做好离校未就业高校毕业生信息衔接和服务接续工作，为选择“慢就业”的毕业生提供更多帮扶。“靶向”施策，提高政府就业服务质量。定期发布人才需求目录，方便人才及时了解当前市场急需紧缺的岗位人才信息，更好实现人岗匹配。强化就业政策宣传和咨询，建立大学生服务专窗。整合省、市和各高校、各企业等平台招聘资源，构建全省统一的高校毕业生就业服务平台，实现政策信息“一站通晓”、涉才服务“一码通办”、供需对接“一网匹配”。

（二）中期靠育人：建立“招—培—就”联动人才培养机制

在高校的招生、培养、就业环节，树立鼓励和引导大学生留本省就业的鲜明导向。一是科学设置学科专业，调整招生计划，提高优质高校的本省生源比例。积极向国家争取，进一步提升“双一流”高校、一本院校本省生源录取比例，让更多湖南人在本地就能上好大学、选好专业。借鉴黑龙江省经验，对应届毕业生留省就业创业人数较多的省属本科高校予以奖补，引导高校培养更多属地化人才。建议把高校毕业生留湘就业比例作为专业设置及招生计划编制的参考依据。高校尤其是省属高校要以需求为导向，提升专业设置与区域经济发展的契合度，根据落实“三高四新”战略定位和使命任务需要，新增与先进制造业密切相关的智能制造、大数据等专业。根据教育部《普通高等学校本科专业设置管理机制》，主动灵活地调整专业结构，超前部署一批战略性新兴产业发展相关专业。建立健全高校专业人才需求预警机制，依据高校毕业生就业情况和重点产业人才供需情况，科学预测未来产业发展对人才需求的总量和结构性变化，动态调整高校学科专业招生规模和专业设置。二是实施提学历、提能力的“双提”工程。推动具备条件的普通本科高校向应用型转变，探索产学研用结合的专业硕士培养模式。扩大专升本规模，职业教育本科和应用型本科高校要面向产业升级和改善民生急需的专业招生。探索国家“双高”学校和省优质高职院校特色专业举办四年制职业本科教育或“3+2”职业本科教育试点。大力推进校企协同育人，省属应用型高校要与政府部门、科研院所、行业企业协同制定人才培养目标、改革课程体系和教学内容、建设师资队伍、评价学生培养质量等。加强产教深度融合，推动高校与主管部门、行业协会、龙头企业合作，设立一批省级高校师生创新服务示范基地，打造一批校企合作实训实习基地、产教融合集团（联盟）等育人平台。三是优化就业评价。增加专业匹配度、用人单位满意度、专职就业指导教师配比等指标在就业评价体系中的比重，注重高校就业工作的效能评价。延长和增加就业统计数据节点，全面跟踪统计毕业后1~5年的职业发展情况，全面了解毕业生毕业后就业与职业发展情况。

（三）长期靠产业：增强人才就业吸纳力

人随产业走，要进一步做强做优做大产业，做大经济蛋糕，为留湘毕业生提供更好的薪资待遇和发展平台。一是做强优势产业链群，增强对高层次人才的集聚力。推动工程机械、轨道交通装备、中小航空发动机及航空航天装备的领军企业、龙头骨干企业、单项冠军、专精特新“小巨人”等优质企业再上新台阶。探索在产业链上推行“人才链长制”，由产业链长兼任人才链长，并在产业链设置人才服务专员。积极吸引头部企业和知名企业在湘投资立项、落户总部，为留湘毕业生提供更好的发展机会。二是加快新兴产业布局，创造更多中高端就业供给。实施战略性新兴产业培育工程，积极推动新一代半导体、生物技术、绿色环保、新能源、高端装备等产业发展，构建一批产业发展新引擎，培育生物轻纺、智能装备、医疗器械等产业成为新增长点，创造更多适合高学历人才和高技能人才的高质量就业岗位。三是促进传统产业链群转型升级，提供更多服务业就业机会。升级产品功能，拓展应用场景，鼓励不断延伸产业链条，建设国内一流的重要生产基地，开发更多研发、维保、控制、检验检测、创意设计等就业机会。

B.22

破解湖南省大学生创业“五大困难”的对策建议

——基于湖南1004名创业大学生的深度调查

钟云华　朱沛鹏　雷　杰　桂　静*

摘　要：湖南目前亟须破解大学生创业准备期“播种”难、初创期“生根难”、成长期“开花难”、收获期“结果难”和失败后“修复难”五大困难。建议优化湖南大学生创业“营商生态圈”，织密大学生创业“专项服务网”，加深大学生创业“金融蓄水池”，攻克大学生创业“政策宣传关”，打造大学生创业“失败修复盾”。

关键词：大学生创业　创业失败　营商生态　创业服务　湖南

大学生知识水平高、创新活力足，一直是我国“大众创业、万众创新”的重要生力军。但创业难，业难创，难创业，湖南省大学生创业在蓬勃发展的同时，仍然面临一系列困难，亟须采取精准措施解决这些困难。为此，在湖南省大中专学校学生信息咨询与就业指导中心的大力支持下，笔者通过《2021中国大学生创业报告》和《湖南省普通高校2021届毕业生就业质量年度报告》把握湖南省大学生创业现状，在此基础上设计大学生创业调查问卷和访谈提纲，问卷调查了1004名创业大学生，深度访谈了40名创业大学生，发现湖南省大学生创业主要面临“五大困难”，形成报告如下。

* 钟云华，湖南师范大学乡村教育研究中心教授、博导；朱沛鹏、雷杰、桂静，湖南师范大学教育科学学院研究生。

一　欣欣向荣：湖南省大学生创业基本现状

（一）大学生创业意愿强烈且创业人数不断增长

一是大学生创业意愿强烈。受“双创”浪潮影响、创业政策驱动和创业教育推动，湖南省大学生创业意愿强烈。《2021中国大学生创业报告》显示，我国49.86%的大学生有创业意愿，但湖南省大学生创业意愿达到了52.78%，高于全国水平。二是大学生创业人数不断增长。在“大众创业、万众创新”社会浪潮中，湖南省大学生创业人数不断增长。湖南省普通高校2021届毕业生总规模为423062人，共有1760人选择自主创业，大学生总体创业率为0.42%，同比2019年增幅达11.1%，同比2014年增幅达72.2%。

（二）大学生创业规模小且主要分布在第三产业

一是大学生创业规模小。受资金限制、风险规避以及发展约束等因素影响，湖南省大学生创业规模小，创业企业多属于小型企业或者微型企业。据调查，大学生创业微型企业占比54.3%，小型企业占比38.5%，企业员工平均人数为16.9人。二是大学生主要在第三产业创业。湖南省2021届大学生自主创业更青睐于第三产业，占比达92.1%，而第一、二产业占比7.9%。第三产业中的批发和零售业、文体娱乐业位于2021届大学毕业生创业行业前两名，分别占比32%和16%。

（三）大学生成就型保守型创业多

一是生存型创业少，成就型创业多。大学生出于就业压力等原因而进行的生存型创业少，基于生活方式选择或价值追求的成就型创业多。问卷调查显示，湖南省大学生创业原因为“赚钱”的比例，只有34.9%；而原因为“相对自由的工作生活方式”“实现自我价值”“为国家和人民做贡献”的比例，分别是25.4%、20.9%和4.3%，合计50.6%。二是风险型创业少，保守型创业多。湖南省大学生更趋向保守型创业，尽量只利用个人或家庭资金进行创业，很少利用风险投资。问卷调查显示，大学生创业资金来源为父母资助、个人积累、银行贷款和风险投资的比例，分别为40.34%、35.11%、4.09%和2.36%。

（四）大学生创业能够获得一定的支持保障

一是相关政策支持。湖南省省级层面出台了《湖南省大学生创新创业扶持资金管理使用办法》《高校毕业生就业创业政策服务指南》等大学生创业支持政策，市级层面也出台了一系列大学生创业支持政策（如长沙市先后出台“人才新政45条”“乡村振兴8条”“青年人才筑梦工程实施细则”），为大学生创业提供利息补贴、税收优惠、场地提供和咨询培训等政策支持。二是创业平台支撑。目前湖南省共有各级创业孵化基地279家，其中国家级8家、省级109家，这些孵化基地都安排了一定比例的场地，免费向大学生提供。湖南省还积极利用创新创业园区为大学生创业提供平台，如2022年岳麓山大学科技城面向创业大学生，推出“红枫计划”“人才巴士”“技术经纪团”等软性创业平台。三是创业教育引导。湖南省积极开展创业教育，利用创新创业课程教学、创新创业竞赛、创新创业培训等形式，助力大学生创新创业能力提升。如湖南大学开发丰富的创新创业必选修课程共105门；中南大学每年组织校内专业教师、校外知名创新创业导师、全国知名投资人等专家开设“创新创业训练营”100多场次。

二　筚路蓝缕：湖南省大学生创业面临“五大困难”

（一）大学生创业准备期“播种”难

一是创业机会识别难。由于创业经验匮乏和创业能力不足，大学生很难从创业市场中识别创业机会，找到适合自身的创业项目。调查中87.8%的创业大学生表示，自己无法快速、有效识别创业机会。二是创业计划制订难。尽管大学生都认为科学的创业计划是创业成功的重要保证，但 76.4% 的创业大学生"摸着石头过河"，没有制定产品开发、营销与资金配置等方面的创业计划，创业活动缺少"蓝图"指引。三是创业政策把握难。由于政府创业政策宣传不够和大学生自身主动关注不足等原因，创业大学生中 61.8%的人表示对大学生创业政策不了解，无法有效利用创业政策资源。

（二）大学生创业初创期"生根难"

一是组建创业团队难。大学生人际关系简单，社会关系网络规模小，组建创业团队受限。调查发现 68.9%的创业大学生选择"单打独斗"，只有 32.1%的创业大学生选择与人"搭伙"创业，但"搭伙"对象多为同质性强的朋友、同学，无法形成创业资源优势互补。二是创业项目竞争力弱。69.2%的大学生在与自己专业不相关的领域创业，缺乏核心创新技术，创业项目不具备核心竞争力。三是创业资源获取整合难。一方面，大学生获取创业资源渠道有限，很难获得人才、人脉、资金、市场信息等各种创业资源；另一方面，大学生整合创业资源能力有限，创业资源使用难以发挥出"1+1>2"的效果。

（三）大学生创业成长期"开花难"

一是融资困难。大学生自身拥有资金少，缺少抵押物，融资能力普遍不足，创业面临融资困难。调查显示，87.9%的大学生很难获得个人信用创业贷款、风投基金和政府补贴。二是人才难得。访谈发现，大学生创业项目规模小，内部资源匮乏，市场有待进一步打开，很难获得高素质人才。三是管理困难。50.58%的大学生反映，所创企业基本没有制定管理规章制度，多采用"人治"方式进行管理，容易导致创业成员间矛盾频发。

（四）大学生创业收获期"结果难"

一是生存时间短。调查发现，湖南省大学生创业企业生存不到 1 年时间就倒闭的比例高达73.1%，平均寿命远远低于日本中小企业的10年、美国的8.2年和中国的2.5年。二是创业失败率高。相较于社会创业者，创业大学生由于融资困难、社会经验欠缺以及创业团队不成熟等众多原因，创业失败率高。调查显示，湖南省大学生创业失败率高达96.4%。三是创业失败负面影响大。创业失败经历给59.97%的创业大学生带来了较大经济压力，让44.78%的创业大学生的人际关系遭到了破坏，给58.7%的创业大学生造成了一定的心理困扰。

（五）大学生创业失败恢复期“修复难”

一是大学生创业失败修复得不到足够重视。现已出台的大学生创业政策尚无具体有关创业失败修复的扶持条款；高校创业教育中创业失败教育基本缺失，72.29%的创业失败大学生表示创业教育无法为其创业失败修复提供指引。二是大学生创业失败修复限制重重。社会对大学生创业失败普遍存在偏见，加之大学生拥有的各类资源少，大学生创业失败修复面临环境和资源双重限制。三是大学生创业失败修复所获支持不够。据调查，大学生创业失败后得到的支持大部分来自父母亲戚、朋友同学，仅有8.03%的人得到社会专业人士（心理咨询师、律师等）的支持，政府对大学生创业失败修复支持的广度和深度更是不够。

三　查漏补缺：破解湖南省大学生创业“五大困难”的对策

在“三高四新”战略大力推进和大学生就业难的宏观背景中，湖南省各级党委和政府应该积极行动起来，针对湖南省大学生创业面临的“五大困难”，采取精准举措，帮助湖南省大学生敢于创业、创有所成、创有所获。

（一）优化湖南省大学生创业“营商生态圈”

建议省委和省政府基于“三高四新”战略需求，对标广东和江苏，以政府职能转变为核心，持续深化简政放权、放管结合、改良服务，优化大学生创业营商环境。推进工商注册制度便利化，完善落实注册资本认缴登记和先照后证等改革措施，取消注册资本最低限额要求；放宽住所（经营场所）登记条件，大学生提供场所使用合法证明即可办理注册登记；拓展出资方式，允许大学生以其共同开发、自主研发、科技创新的专利和非专利技术等成果作为出资方式；各级税务部门要严格落实大学生创业税收优惠政策；各级人社部门要会同财政部门，落实大学生创业补贴政策。

（二）织密大学生创业“专项服务网”

省人社厅、科技厅、团委、教育厅、税务、自然资源等大学生创业相关部门要进一步强化工作统筹，增强部门间沟通互联，建立协同工作机制，做好信息共享、工作对接和资源互补，联动创新大学生创业专项服务。一是提供信息共享服务，打破信息壁垒。各部门应依托大数据、云计算等数字技术，与高校联动打造大学生创业智慧数据共享中心，为大学生创业团队构建、人才招录、创业机会识别、创业计划制定和企业管理等提供高质量、有保证的信息技术服务。二是提供精准画像服务，提升服务效率。多维划分来自湖南省不同地区（如湘东、湘中、湘西、湘南、湘北）、不同高校（如高职院校、一般本科、双一流高校）、不同学科（如经济学、工学、理学等）的大学生创业者，为大学生创业者精准“画像”，进而为不同创业规模、不同创业行业、不同创业需求的创业者提供“一对一”“一对多”“多对一”精准性创业指导和培训服务。三是成立大学生创业“在线服务联盟”，做到全过程服务“实时在线”。各职能部门成立大学生创业“在线服务联盟”，联合建立“一站式”创业服务窗口，集聚各部门信息和资金等资源，为大学生创业者提供创业前中后全过程“不断线”服务，避免创业大学生“无人可找、无处可依、求助无门”的现象发生。

（三）加深大学生创业“金融蓄水池”

建立集政府、银监部门、金融机构及企业于一体的综合性大学生创业融资支持体系，运用“补贴提额、贷款延期、利率贴息、社会融资”等措施给予湖南省大学生创业金融支持。一是加大政府对大学生创业资金的财政支持。恢复“湖南省大学生创业专项扶持基金”运营（2018 年开始停运），并且财政拨款由原来的 1000 万元/年增长为 2000 万元/年，在此基础上提高大学生创业培训、一次性创业和经营场所租金等各项补贴的额度。二是政府给大学生创业融资提供担保。建立“大学生创业银行贷款担保基金”，将符合条件的大学生创业担保最高贷款额度由原来的 20 万元增长为 30 万元，同时对于超出 20 万元部分免收担保费和免除反担保要求，创业贷款期限可展期 1 次，展期期限由原来的最高不超过 1 年延期为最高不超过 2 年，并在展期期限内贷款由原来的不贴息调整为由财政按 30% 给予贴息。三是政府引导社会资本支持大学生创业。鼓励投融资机构和创业孵化机构积极与创业大学生对接并提供融资服务；引导湖南省龙头企业、知名企业等社会资本投资大学生创业重点项目或精尖特项目。

（四）攻克大学生创业“政策宣传关”

一是建立“一站式”大学生创业政策集聚网络平台。依托湖南省大学生就业创业网，将团委、人社、财政、教育等部门制定的大学生创业政策进行归纳整理和分类呈现，链接政策信息“孤岛”，实现政策信息资源整合，为大学生“一站式”了解大学生创业政策提供平台。二是“多元化”宣传大学生创业政策。混合使用新媒体和报纸、电视等传统媒体，广泛宣传大学生创业政策；在举办“挑战杯”“互联网+”“创青春”等创新创业竞赛时，设置大学生创新创业政策知识竞赛。三是“标识性”树立大学生运用创业政策典型。通过开展“年度创业大学生优秀人物”“大学生创业先进模范人物”等活动，广泛宣传大学生成功运用创业政策榜样。

（五）打造大学生创业“失败修复盾”

一是政府部门通过“创业失败论坛”营造“宽容失败”氛围。共青团或人社等职能部门，以每年 10 月 13 日“国际失败日”为契机，围绕“创业失败”这一核心主题，举办大学生创业失败交流论坛，充分营造“友好、轻松、共享”的创业失败交流氛围，拓宽创业失败大学生交际圈；政府通过网站、官微、云就业平台、LED屏、橱窗、广播、公众号等多种途径，宣传湖南省大学生创业失败后再成功创业的典型案例。二是政府为创业失败大学生银行贷款偿还提供托底支持。尝试借鉴浙江省做法，建立“大学生创业失败代偿基金”，对于创业失败大学生所欠银行贷款，在2万元额度内且3个月后仍无能力偿还，由代偿基金偿还额度内的本息。三是政府牵头建立大学生创业失败修复中心。政府牵头，以各高校心理咨询中心和医院心理诊室为依托，建设涵盖高校创业教师、创业心理咨询师和医院心理医生等人在内的创业失败心理服务队伍，通过政府购买社会服务形式，运用创业心理访谈或在线心理咨询等手段，帮助大学生调适由创业失败引起的心理问题。

B.23

"于斯为盛"：推进湖湘文化的时代化

湖南省社会科学院（湖南省人民政府发展研究中心）课题组*

摘　要： 近年来，湖湘文化在顺应时代潮流、推进现代化新湖南建设方面做出了突出贡献。其时代化发展取得一定成效，湖湘文化研究有起色，保护传承有章法，宣传推广有抓手，传承转化有成效。未来，湖南应牢牢把握当前中华优秀传统文化蓬勃发展的重大机遇，充分发掘、提升湖湘文化优势，全面推进湖湘文化的时代化、大众化、产业化、国际化，为新时代地域文化的创造性转化与创新性发展提供"湖南样本"和"湖湘经验"。

关键词： 湖湘文化　文化时代化　湖南文化创新

党的二十大报告指出，坚持和发展马克思主义，必须同中华优秀传统文化相结合，把马克思主义思想精髓同中华优秀传统文化精华贯通起来、同人民群众日用而不觉的共同价值观念融通起来。湖湘文化是中华民族绚丽多彩的地域文化的杰出代表，对中华文化的发展做出过重大贡献，蕴含着丰富的历史内涵和时代意蕴，形塑着湖湘儿女的性格特点和精神特质，具有重要的理论价值与现实意义。在新时代继承、发展、传播中华优秀传统文化的时代背景下，进一步深度发掘、创新发展湖湘文化，推进其时代化，探寻其创新性发展和创造性转化的路径，是坚定文化自信、奋力建设现代化新湖南的动力源泉和智慧宝库。

---

* 课题组组长：钟君，湖南省社会科学院（湖南省人民政府发展研究中心）党组书记、院长（主任）。课题组副组长：侯喜保，湖南省社会科学院（湖南省人民政府发展研究中心）党组成员、副院长（副主任）。课题组成员：唐文玉、黄晶、王晟添、吕若楠。

一　湖湘文化时代化的发展现状

广义的湖湘文化，是指自古以来广泛存在于湖南范围内各族人民中的具有特色的民风、民俗、社会心理、社会意识、科学文化乃至物质文化等的总和。湖湘文化具有学以致用的经世精神、“敢为天下先”的创新精神、“以天下为己任”的担当精神、“扎硬寨”“打死战”的奋斗精神、“先天下之忧而忧，后天下之乐而乐”的奉献精神等精神特质。中国特色社会主义进入新时代，湖湘文化在顺应时代潮流、推进现代化新湖南建设方面做出了突出贡献，取得了一定成效，主要体现如下。

（一）湖湘文化研究有起色

2012 年 6 月湖南省成立湘学研究院以来，通过完善湖湘文化组织领导机构，搭建《湘学研究》等研究平台，发挥岳麓书院、湖南师范大学等研究基地的作用。岳麓书院在古籍整理与研究、中国思想史研究特别是儒学、宋学研究中成绩突出。湖南省加强了湘学交流与传播，扩大了湖湘文化研究的影响力，完成了《湖湘文库》的出版工作，推出了《湖南经济通史》《湖湘文化通史》《推进中国现代化进程的湘学名人》《湘学研究报告》等一批重大研究成果。

（二）保护传承有章法

一是全面推进历史文化街区、历史建筑普查认定工作。湖南省全面完成现存历史文化街区和历史建筑普查认定工作，所有县（市、区）实现历史建筑普查“清零”，对已公布的历史文化街区和历史建筑完成挂牌保护、测绘建档。二是统筹推进城乡历史文化传承保护工作。通过《关于在城乡建设中加强历史文化保护传承的实施意见》，率先将国有文物安全纳入市州党委政府绩效考核指标体系，明确将历史文化保护传承工作纳入文明城市测评体系。三是大力创新历史文化传承保护工作考核办法。率先探索实施文物安全责任和执法巡查“四级”体系，同时加强考核问责，为加强历史文化遗产保护提供了湖南经验。

（三）宣传推广有抓手

近年来，湖南坚持将湖湘文化与现代化表达有机结合，依托建设湘学、楚文化、汉文化和梅山文化等研究展示基地及湖湘特色文化产品原创基地，深入挖掘、研究和阐释优质文化基因，对全省各地的优秀传统文化、革命文化和社会主义先进文化中的文化形态元素、物质要素、精神要素、语言和象征符号要素，赋予新的时代内涵和现代表达方式，以艺术创作、作品展陈、文化旅游和文创产品等多种形式展示出来，丰富湖南文化宣传推广内涵。

（四）传承转化有成效

党的十八大以来，全省文艺界围绕中央和省委省政府重大决策部署，注重展示湖湘人物风采，《翻开这一页》《袁隆平》《正正的世界》等文艺题材紧贴现实，生动讲述湖南经济社会发展故事和英雄模范事迹。“文学湘军”“戏剧湘军”“电视湘军”饮誉中外，“书法湘军”“摄影湘军”“美术湘军”“音乐湘军”声名鹊起。2012 年以来，湖南省成功举办第 10～14 届中国电视金鹰艺术节，圆满举办第 4～5 届齐白石国际文化艺术节，2019 年举办了首届湖南·中国画双年展。

展望未来，移动互联网和大数据迅速发展，文旅融合和新业态、新模式特别是研学旅游蓬勃发展，“新国潮”崛起引领传统文化复兴，为湖湘文化的发展、传播和时代化提供了诸多重大发展机遇。但毋庸讳言，当前推进湖湘文化时代化也存在不少问题：推进湖湘文化时代化的统筹规划、机构设置、财政投入和工作考核机制有待进一步完善；湖湘文化资源保护传承、时代价值挖掘、大众化国际化传播有待增强；湖湘文化时代化的思路与发展模式有待创新；湖南文化产业在文化核心领域的实力相对薄弱，其智慧化发展、群众文化体验感和文化获取便捷性有待加强。

二　推进湖湘文化时代化的对策思路

党的二十大报告指出，全面建设社会主义现代化国家，必须坚持中国特色社会主义文化发展道路，增强文化自信，发展面向现代化、面向世界、面向未来的，民族的科学的大众的社会主义文化。湖南应以习近平新时代中国特色社会主义思想为指导，全面贯彻落实党的二十大精神，牢牢把握当前中华优秀传统文化蓬勃发展的重大机遇，充分发掘、提升湖湘文化优势，全面推进湖湘文化的时代化、大众化、产业化、国际化，为新时代地域文化的创造性转化与创新性发展提供“湖南样本”和“湖湘经验”。

（一）建立文化时代化长效机制，推动湖湘文化历久弥新

文化的时代化是一项系统的、长期的工程。建议从组织保障、政策支持、资金投入等方面着手，形成长效机制，让湖湘文化生生不息、永葆生机。

一是健全组织保障机制。建议成立由省委宣传部牵头，省文旅、发改、财政、教育、科技等相关部门，省社科联、文联、智库、新闻媒体等相关单位为主要成员的省湖湘文化时代化工作领导小组，强化组织领导，定期召开部门联席会议和工作部署推进会议，搭建省级层面成员单位间的交流合作平台，大力推进湖湘文化时代化工作。二是建立政策支持机制。尽快研究出台《加快推进新时代湖湘文化时代化的意见》和相应的发展规划，强化顶层设计和统筹协调，明确总体要求和阶段性发展目标，创新完善政策支持体系，建立“一以贯之、持续推进、动态调整”的湖湘文化时代化长效机制和保障机制。三是完善资金投入机制。建议整合宣传、文旅、教育等部门相关的财政投入，设立全省推进湖湘文化时代化发展的专项经费，支持相关的研究、阐释、传承和宣传展示工作，并建立健全逐年递增的经费保障机制。

（二）实施“三大工程”，推动新时代湖湘文化深入人心

文化的时代化，既要注重在内涵上不断更新完善，也要着力让更多的群众看见它、感知它、理解它、认同它。

一是实施“湖湘文化时代化创新研究工程”。建议充分发挥宣传部门的综合协调作用，发挥宣传、教育等部门科研项目和社科基金项目的示范引导作用，集中现有科研力量，建设湖湘文化时代化研究共同体，打造“湖湘文化创新研究智库矩阵”。引导湖南省社科院（湖南省政府发展研究中心）、高校等省内优秀智库机构，以马克思主义基本原理为指导、以新时代社会主义核心价值观为依归，重点深入研习阐发湖湘文化和中华优秀传统文化的丰富内涵和精髓，并对其内涵进行适应新时代的改造、更新、拓展和提升，加快推出《湖南通史》《湖湘文化通史》等的当代篇、新时代篇。二是实施“湖湘文化大众化阐释传承工程”。进一步提取具有历史传承价值的湖湘文化元素、符号和标识，构建大众化话语体系，形成“四个一”：阐释一系列湖湘文化理念，使之融入各级学校思想政治教育课堂，纳入全省党员干部教育培训规划，进入千家万户，推动湖湘文化理念在全省人民的生产生活中活起来、火起来，使之内化于心、外化于行，使湖湘文化闻名当代、蜚声国际；培育一批本土宣讲人才，扶持若干有深度、有造诣的宣传大家，使之成为湖湘文化优秀的代言人；打造一批湖湘文化活动品牌，鼓励因地制宜举办“湖湘文化大课堂”等系列活动，以群众喜闻乐见的方式进行大众化阐释；宣传一批具有湖湘文化精神特征的典型人物与事迹，推出具有新时代特色的系列文艺作品，做好湖湘文化时代化阐释叙事工作。三是实施“文化深度赋能城市工程”。建议在城市更新行动中加强文化融入，不仅在基础设施等硬件改造中融入湖湘文化元素，在长沙湘绣、醴陵瓷器、安化黑茶等特色产品的设计推介中体现湖湘特色，更要在社会治理理念、公共文化服务和政务服务中凸显湖湘文化精神。借鉴佛山争当传承岭南广府文脉领头羊的经验做法，实施系列“软硬兼顾”的“微改造”“精提升”计划，将长沙打造成全国首个“文化深度赋能城市”先行示范区、新兴网红文化与湖湘文化的有机融合区、“新时代文化特色城市”样板间。

（三）聚焦新趋势，建强湖湘文化产品与服务

一是筑基础，通过“摸清家底”实现湖湘文化资源的“应保尽保”。建议尽快启动全省文化和旅游资源普查，依托信息化技术，对全省范围内旅游区资源分布组合等进行调查与研究，动态掌握区域范围内湖湘文化等文旅资源的存续、保护和开发利用状况，更准确地摸清家底，形成湖湘文化“在档复核文化资源清单”“新增/拟新增文化资源清单”“亟待抢救保护文化资源清单”三张清单。对亟待抢救保护文化资源，要落实保护范围及点位，明确保护内容，并纳入国土空间开发保护“一张图”有效管理。二是强服务，通过文化数字化提高湖南公共文化服务效能。以湖湘文化为重点，在全省范围内实施文化资源保护传承的“时代化”升级，及时补充体现新时代精神的内容，鼓励有条件的区域率先推进文化数字化战略，逐步建立数字化公共文化新体系。重视数字技术对湖湘文化资源物质形态的融合融通，推进“互联网+文物资源”，支持通过云直播、云展览等方式，对文物真迹等进行延伸式展示宣传。借鉴浙江省“浙里文化圈”小程序经验，构建全省“24 小时一站式在线文化服务空间”，将湖湘文脉纳入其中，让公众能更便捷地获取相关信息。三是兴产业，通过现象级产品开创湖南文创产业新局面。实施重大文化产业项目带动战略，培育新时代文化 IP 产业链，建议由湖南广电、省文联牵头，组织对湖湘文化开展全省采风调研，收集整理相关故事（文学叙事）、音乐、风俗等艺术要素、文化符号谱系，选取 3~5 个具有 IP 培育潜力的重点项目，鼓励相关企事业单位、媒体、作家、UP 主等围绕其进行二次创作，聚力培育具有强大影响力、号召力的湖湘文化 IP，打造一批有内涵、有颜值、有趣味的优质文创产品，形成若干条“湖湘文化文旅精品线路”。做强文化科技产业链，深入推进文化与现代技术的融合，提前布局一批面向未来的“数智+创意”公共文旅新地标。例如，瞄准元宇宙，谋划建设“畅游湖湘文化·24 小时元宇宙体验馆”。建设现代文化装备制造基地，建议省科技厅、省文旅厅加大对文化科技重点实验室的支持力度，建设一批国家级、省部级文化科技重点实验室，着力构建促进文化科技发展的良好生态体系。

（四）健全现代化传播体系，增强湖湘文化的传播力影响力

一是加强湖湘文化的“微传播”。顺应群众接收信息碎片化、视频化的趋势，重视手机端微传播。借鉴河南省《唐宫夜宴》《祈》等节目“出圈”经验，推动湖湘文化与现代美学深度融合，推出一批极具美感、便于传播的短视频；充分运用新技术，形成“实景真迹+科技+真人演绎”新模式，打造一批让湖湘文化可视、可感的优质视频节目，形成“长短结合”“动静结合”的手机端微传播矩阵。二是构建多方参与的“互动传播”模式。借鉴合肥“延乔路”互动传播的经验做法，加强网络监测，及时捕捉关于湖湘文化的热点，支持相关部门、官方媒体、专家学者积极主动参与到群众关心的热点话题中来，围绕热点进行多方位的解读、推动，通过加强历史与当代的互动、多元主体的互动，让政府部门、专家学者、官方媒体、社会组织、群众同频共振，掀起湖湘文化热潮，推动湖湘文化从“红”走向“更红”和“常红”。三是探索地域文化抱团“出圈”、组团“出道”新方式。加强湖湘文化与国内其他地域文化的交流合作，重点打造三种模式：对与湖湘文化同源的，如湖北的楚文化，要加强文旅精品线路、文创产品联合开发和宣传推广互动合作；对与湖湘文化相近的，如江西的赣文化、贵州的黔文化，以文化共性为重点，聚力推出一系列优质文艺作品和文化产品，不断提升湖湘文化知名度和影响力；对与湖湘文化差别较大的其他文化，如广东的粤文化、甘肃的陇文化等，以“各美其美”为原则，联合推出一批各具特色的文化产品，通过组团“出海”的方式，让世界看见更立体、更多元的中国。四是实施“湖湘文化外籍体验官”计划。鼓励在湘外国人、旅湘外国人积极参与湖湘文化风俗体验活动，支持其以外国人视角挖掘湖湘文化的亮点，并发布相应的短视频、文章等，对加强湖湘文化国际影响力做出突出贡献的，给予一定物质与精神奖励，授予“湖湘文化最美外籍体验官”等称号。重视在湘外籍留学生、媒体记者等国际友人群体，聚力推出一批“外国人看湖湘文化”“外国人在湖南”“这就是现代化新湖南”等专题作品，形成“当代的埃德加·斯诺”效应，为建构与中国综合国力相匹配的国际话语权贡献湖南力量。

B.24

深化体教融合改革背景下湖南省校园篮球项目发展报告

周 恒　陈 律　周永根　郭 丹*

摘　要： 近年来，湖南省校园篮球项目多次取得突破性成绩，这种成绩的取得与湖南省教育体育部门较高的政治站位、较强的顶层设计存在密切联系，也与湖南省独特宽松的社会经济环境存在关系。但同时，湖南省校园篮球项目高质量发展中也存在诸如校园篮球强校生源依赖特招、城乡校园篮球经费保障不平衡、赛事运营体系不成熟、“双减”政策对校企合作带来冲击等四个方面的风险因素。在未来，湖南省教育部门应进一步深化体教融合改革和落实“双减”政策、加强赛事品牌运营、增加乡村校园篮球特色校日常运营经费补贴、进一步理顺社会青训力量进校园体制机制障碍，才能确保湖南校园篮球项目长期高质量发展。

关键词： 深化体教融合改革　校园篮球　城乡教育公平　“双减”政策　湖南

近年来，中央部委多次就校园体育工作发布指导性文件并做出具体工作

* 周恒，湖南省社会科学院（湖南省人民政府发展研究中心）社会学所助理研究员，本报告执笔人；陈律，湖南省社会科学院（湖南省人民政府发展研究中心）社会学所研究室主任；周永根，湖南省社会科学院（湖南省人民政府发展研究中心）社会学所副研究员；郭丹，湖南省社会科学院（湖南省人民政府发展研究中心）社会学所城市文化研究室主任。

部署，深化体教融合改革已经上升为国家重大战略。[①] 2020 年 4 月 27 日，中央全面深化改革委员会第十三次会议审议通过了《关于深化体教融合促进青少年健康发展的意见》；同年 8 月，国家体育总局和教育部也联合印发了经中央全面深化改革委员会审议通过、国务院同意的《关于深化体教融合促进青少年健康发展的意见》；同年 10 月，中共中央办公厅、国务院办公厅印发了《关于全面加强和改进新时代学校体育工作的意见》；2022 年 1 月，湖南省体育局、教育厅也专门印发了《湖南省深化体教融合促进青少年健康发展实施方案》，对湖南省的校园体育工作做出了若干具体部署。

篮球项目是公认的较为适宜于在学校中开展、产业化发展水平较高的体育项目，校园篮球项目也是湖南省的优势项目。在 2021 年举办的第十四届全国运动会上，以雅礼中学高中女篮为班底的湖南省 U19 女子篮球代表队击败多支职业篮球运动员组成的代表队，获得全国亚军，实现了湖南省“三大球”项目自新中国成立以来全国运动会奖牌“零”的突破；此外，在 2021 年举行的各级别全国性校园篮球项目比赛中，湖南省的相关代表队（中南大学男篮、湖南地质中学高中部男篮、长沙明德中学初中部男篮、雅礼中学女篮）均进入了全国决赛，湖南省校园篮球项目所取得的成功已经在全国范围形成影响力；在基层农村校园篮球事业上，湖南省也有如鹤城区凉亭坳学校等一批全国知名的特色校园篮球发展案例。作为专业篮球力量发展相对薄弱、经济实力相对一般的中部省份，湖南省校园篮球项目的发展经验在全国层面具有典型意义。

另外，在成绩的背后，课题组前期调研中也发现湖南省校园篮球项目还存在一些问题。显然，对湖南省校园篮球的成绩经验与存在的问题进行总结，无疑对全省校园体育事业具有典型指导意义，也有助于我们更好地落实国家深化体教融合战略部署。

---

① 李爱群、吕万刚、漆昌柱等：《理念·方法·路径：体教融合的理论阐释与实践探讨》，《武汉体育学院学报》2020 年第 7 期。

一　湖南省校园篮球项目成绩经验总结

（一）政治站位高：以习近平总书记关于教育、体育相关重要指示为根本遵循，推进校园篮球项目发展

湖南教育、体育部门在推进校园篮球项目时，牢固树立“四个意识”、坚定保持“四个自信”，坚定不移维护党中央权威和集中统一领导，自觉在政治立场、政治方向、政治原则、政治道路上同党中央保持高度一致，这是湖南省校园篮球项目能够取得一定成绩的根本保障。

习近平总书记曾经指出：“要树立健康第一的教育理念，开齐开足体育课，帮助学生在体育锻炼中享受乐趣、增强体质、健全人格、锤炼意志。”①课题组在调研中发现，湖南省校园篮球参与学生的诸项动力因素中，磨炼意志（75.56%）、为校争光（74.24%）、锻炼身体（68.18%）、兴趣爱好（66.67%）、团队合作（65.15%）是湖南省吸引学生从事校园篮球的主要因素（见图1），湖南省校园篮球项目深化体教融合改革所形成的改革成果，与习近平总书记关于校园体育的指示方向基本一致。

习近平总书记还曾指出，“要建立健全城乡基本公共服务均等化的体制机制，推动公共服务向农村延伸、社会事业向农村覆盖”。② 课题组调研中发现，在硬件设施保障方面，湖南省城乡学校的确存在一定差距，但农村学校场地设施同样进步明显，并不存在明显瓶颈效应。在城市地区，76.19%的学生表示对学校校园篮球硬件设施感到非常满意，23.81%表示满意；在农村地区，58.33%的学生表示对学校校园篮球硬件设施非常满意或满意，33.33%表示感觉一般，只有8.33%的学生感觉对学校硬件设施不满意。课题组实际走访中也发现，怀化市鹤城区凉亭坳学校的风雨篮球场、株洲市茶陵县西屏小学的篮球场都非常不错，因地制宜有特色，也能满足当地学生训练需要。

① 《习近平谈治国理政》（第三卷），外文出版社，第347~352页。
② 《习近平谈治国理政》（第三卷），外文出版社，第260页。

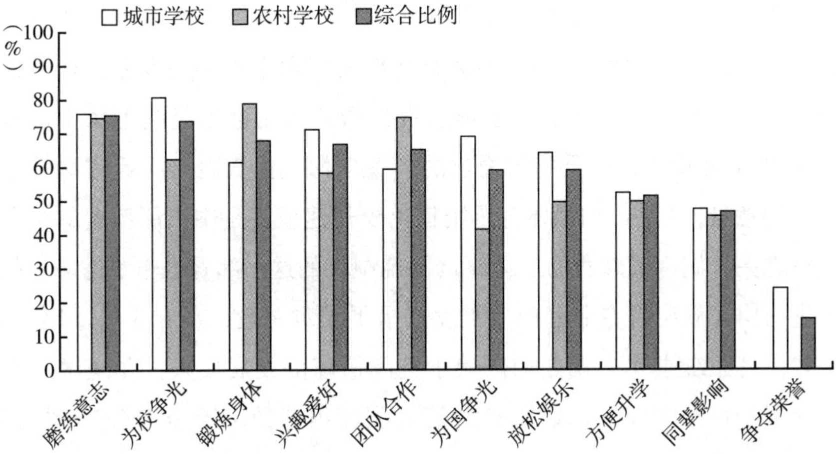

图 1 湖南省校园篮球项目学生参与动力因素考察

资料来源：青少年校园篮球调查问卷。

习近平总书记还曾经对乡村教师队伍建设做出明确指示要求，指出“把更多教育投入用到加强乡村师资队伍建设上，不折不扣落实现行的补助、奖励和各类保障政策”。[①] 湖南教育人、体育人坚决落实总书记的相关指示，有力地保障了农村地区学校的师资力量。在课题组走访的农村学校中，普遍存在体育老师安家落户在市区、通勤往返于农村学校进行授课的现象，这说明湖南省教育系统有力地保障了相关老师的待遇，农村学校能够吸引人才、留住人才——这种成果最终直接反映在学生对校园篮球老师的满意度上：在农村地区，70.83%的学生对本校篮球老师表示满意或非常满意；另外，83.33%的学生认为自己学校的老师能够给予自己技能战术指导。

（二）强化顶层设计：各级教育、体育部门积极作为，为校园篮球项目发展提供支持

1. 坚持专业篮球与校园篮球一视同仁

湖南省早在2007年就通过了《湖南省体育后备人才培养条例》，该条

① 《习近平谈治国理政》（第三卷），外文出版社，第347~352页。

例第 2 条就明确规定“本条例所称体育后备人才培养机构”包含“具有体育传统项目的中小学校”，这种将条件成熟的普通中小学与专业体校一视同仁作为“体育后备人才基地”的顶层设计做法，在全国范围也属于比较早的。在 2020 年中央深改委审议通过的《关于深化体教融合　促进青少年健康发展的意见》中，“加强体育传统特色校”建设就是中央所部署的重点工作项目之一，湖南省教育厅、体育局围绕中央的这一部署也作了进一步的重点推进。由于湖南省专业篮球项目发展水平相对一般，在专业篮球比赛中，湖南省体育系统事实上就更加依赖于校园篮球的发展成果：在全国运动会中，除了夺得全国亚军、以雅礼女篮为班底组建的 U19 女子篮球项目外，成年男子篮球项目实际上也以中南大学男子篮球校队为班底组建。这种把专业篮球与校园篮球一视同仁的顶层设计，一方面减少了体育系统维持人数庞大专业篮球队的负担，另一方面也为校园篮球队提供了更多宝贵的交流锻炼机会。

2. 巧用升学政策引导校园篮球项目健康发展

湖南省教育系统、体育系统坚决避免“唯升学论”现象出现，将“升学政策”作为手段引导校园篮球项目健康有序发展。经课题组调研，有 51.52%的学生认为帮助升学是他们从事校园篮球项目的原因之一，升学政策客观上起到了引导校园篮球项目发展的重要作用。调研组走访中发现，一些地市的升学政策值得学习借鉴，即如果在过去三年中曾在教育系统、体育系统举办的比赛中获得省级前八或市级前三，则可以面向全市招生；否则只能在本区县进行招生；此外，同样对特招生成绩有一定要求，只降低 100 分进行录取。一方面，该制度将条件放宽，看过去三年的成绩、避免一赛定终生，且只是部分影响招生条件，防止了“唯比赛成绩论”的出现；另一方面，结合当地中考实际情况，即使对特招生降低 100 分录取，特招生也需在中考中取得各科目平均 80 分以上的成绩，事实上保障了特招生的文化水平。

3. 上下发展校园篮球项目的初心矢志不渝

湖南省各级教育、体育系统多年坚持举办各级学生篮球赛事，为校园篮球提供必要的舞台，这种长期坚持殊为不易，也为后续的招生政策改革提供了必要的依据；一些经济相对发达地区的教育部门、体育部门，也为学校校园篮球项目提供了必要的运营经费；在经济发展相对落后的地区，尽管缺乏常规运营经费支持，但教育部门、体育部门也想尽办法，为篮球特色校提供遮风避雨的风雨篮球场等硬件设施；长沙市体育局还专门拿出人员编制，向校园篮球开展得好的优势特色校派驻教练，极大地提高了湖南省校园篮球的发展水平——这种经验做法自 1985 年彭丽君教练进驻雅礼女篮时开始，也是近年来中央《关于深化体教融合促进青少年健康发展的意见》在全国推介倡导的工作做法。

（三）社会经济环境宽松，家庭体教消费意愿强

作为全国“房价”洼地，湖南城镇居民的教育消费意愿非常强，有调研结果显示，有 94.5%的家庭希望让孩子上好学校，有 96%的家庭表现出非常强的额外教育投资意愿，有 93%的家长对参加各类校外教育培训表现出非常强的意愿。[①] 而课题组在本次调研中发现，在校园篮球项目中，城乡学生的家庭往往都对他们的孩子参与校园篮球项目给予较大支持：在城市地区，97.62%的孩子表示他们的家长支持或非常支持他们参与学校校园篮球项目，农村地区的相关数据为 75%。这种较强的家庭体教消费意愿，也促进了民间青少年篮球培训的社会力量的发展，一些青少年篮球培训俱乐部通过校企合作走入校园，为湖南省校园篮球项目的发展进一步提供了专业化青训力量支持。

二　当前湖南校园篮球事业存在的风险与问题

（一）校园篮球强校生源依赖特招

深化体教融合改革的最终目的是实现“以体育人”，以体育为手段实现

① 刘望、袁华、王纯：《湖南城镇居民家庭教育消费影响因素的实证分析》，《消费经济》2016 年第 12 期。

人的全面发展；因此，评价校园体育工作成败的最终标准应该是全体学生的健康发展状况，而非依据学校的“掐尖”竞赛成绩进行评价；所以，湖南省校园篮球事业最终成败判断应基于全体学生参与校园篮球项目的情况展开。在这方面，湖南省校园篮球还是取得了一定的成绩，课题组调研中发现：86.3%的受访学生认为本校在校队之外还有较充分的校园篮球活动，认为一般的学生占到10.4%，认为较少的学生只占3%。但也存在一些问题，在调研组走访的省内校园篮球强校中，其高水平运动队的主要成员还是来自特招生，只有极少数队员是通过普招渠道进入学校并最后进入校篮球代表队，这反映出湖南省校园篮球发展中普招生和特招生之间的隔阂还相对明显。

这一情况使得湖南省校园篮球项目的成绩容易受到升学政策改革的影响。例如，上年教育部和体育总局所印发的《关于进一步完善和规范高校高水平运动队考试招生工作的指导意见》对高校招生政策做出较大调整，对基层学校开展校园篮球项目的工作热情产生明显影响；另外，这种生态也容易引导基层校园篮球参与人员“唯升学、唯比赛成绩”，诱引赛场暴力、假赛等恶性事件发生。

（二）校园篮球项目赛事运营体系相对不发达

湖南省传媒产业相对发达、在全国居于领先地位，但这种优势地位没有与湖南省校园篮球的全国优势地位相结合。课题组调研结果显示，85.71%的城市校园篮球参与学生表示自己参与的比赛得到直播报道或是比赛视频上传至网络平台；在农村地区，58.33%的参与学生表示自己参与的比赛没有得到任何报道。而这种线上报道，一般都是由教育系统、体育系统工作人员主动展开，例如：鹤城区教育局自主开设抖音号对该区教育系统举办的篮球赛事进行短视频宣传，取得不错的传播效果。但整体而言，这种依靠教育系统、体育系统自主实施的宣传报道效果有限，很多学生连自己参与的比赛有相关视频、直播都不知道；亟待优势传媒力量介入，对相关赛事予以商业包装、宣传推广。课题组调研结果显示，湖南省校园篮球参与学生所喜欢的篮球偶像中，几乎全是来自美职篮的篮球明星，这一调研结果反映了湖南省校园篮球赛事传播导向方面存在一定问题。

事实上，校园篮球项目是公认的较适宜展开产业化运营的竞技项目，美国大学生男子篮球联赛（NCAA）的赛事影响力甚至高于专业篮球赛事美国职业篮球联赛（NBA）；在国内，近年来大学生校园篮球赛事的商业运营开展得也非常不错。据统计，每年都有近 10 亿人次通过电视、网络收看我国高校校园篮球赛事，赛事影响力比肩我国的专业篮球比赛。① 在文娱领域综合治理背景下，湖南省校园篮球项目成绩优秀、形象阳光，与湖南省优势传媒资源具有更多合作空间。

（三）农村地区校园篮球经费缺乏常规保障

近年来，尽管湖南省城乡地区学校在校园篮球硬件场地设施方面差距有所缩小，但具体至校园篮球项目开展的日常经费保障方面城乡学校还存在较大差异。有调研成果显示，湖南省经济相对发达地区，其学校开展校园篮球项目往往可以得到市教育局、体育局的常规经费支持，数额一般在 3 万~5 万元不等，占到了相关学校日常校园篮球项目开展经费的 52.63%。② 课题组调研发现，这笔经费在经济相对落后的地区难以得到保障，一些农村地区校园篮球特色校参加比赛的经费主要依赖社会企业赞助，具有较大的不确定性。

（四）“双减”政策对社会青训力量校企合作带来冲击

课题组走访一些学校发现，社会青训力量通过校企合作的形式走进学校，学生以自愿缴费的形式承担社会青训力量的相关培训成本，这种合作形式客观上对相关学校的校园篮球项目发展起到了非常重要的作用。但在“双减”政策背景下，相关社会青训俱乐部的角色定位面临较大不确定性，

① 王亮：《淬炼赛事品牌　提升比赛质量》，《人民日报》2023 年 2 月 24 日第 15 版。

② 张志友：《长沙市青少年校园篮球特色学校篮球运动开展现状及其对策研究》，吉首大学硕士学位论文，2021。

其与学校、家长的合作很大程度上处于灰色地带，其体制机制亟待理顺。

另外，通过“双减”政策，农村地区学校通过课后小课堂，事实上延长了学时、缩短了城乡差距，为社会青训力量进入农村学校提供了机会，湖南省教育厅、体育局所部署推进的《湖南省深化体教融合促进青少年健康发展实施方案》中也鼓励政府以向社会体育组织购买服务的方式，为缺少体育师资的中小学提供体育教学和教练服务，但我们调研中还没有发现有这种合作形式。换言之，“双减”政策同样为社会青训力量提供了一定的机遇。

三 对加快发展湖南省校园篮球事业的建议

（一）进一步深化体教融合和落实“双减”政策，让特招生、普招生共享校园篮球发展成果

通过进一步深化校园篮球赛事系统改革，引导有关篮球特色学校利用“双减”课后小课堂吸引更多普招生参与校园篮球项目，扭转当前校园篮球项目发展中存在的“唯升学”“唯比赛成绩”的不良导向。严格落实中小学素质教育专项督导相关工作内容，将校园篮球赛事举办情况、学生参与情况纳入校园篮球特色校的综合督导评估内容中来；另外，要逐步提高特长生入学的文化成绩要求，缩小特长生与普招生的文化成绩差距。

（二）加强校园篮球项目赛事运营，打造湖南特色的“校”BA赛事体系

鼓励并引导湖南省优势传媒力量，积极展开对湖南省校园篮球项目的赛事包装运营。课题组调研结果显示，86.36%的校园篮球参与者认同篮球综艺节目对自己参与校园篮球项目的兴趣引导作用；84.84%的认同篮球赛事直播的兴趣引导作用。应采取措施鼓励湖南省优势传媒集团进一步深化与校园体育赛事的合作，发挥优势特色做大湖南校园篮球产业蛋糕，缓解基层校园体育事业发展经费瓶颈。

（三）给予基层篮球特色校常规经费支持

当前，农村地区校园篮球特色校的日常运营经费主要依赖社会企业赞助，具有较大不稳定性。我们调研中了解到，农村地区校园篮球特色校规模有限（全省教育部门认定的校园篮球传统特色校一共300所，位于村镇的仅有30余所），即使比照省内发达地区校园篮球特色校拨付一定专项资金也不会造成太大财政负担，但相关经费能够有力缓解农村地区校园篮球特色校的经费困局，足以保障相关学校正常、有序参与各级别体育赛事以及正常开展校园篮球训练。建议省教育厅、体育局考虑落实专项资金，保障基层农村篮球特色校校园篮球项目的正常运转。

（四）进一步明确社会青训力量角色定位，给予更多政策支持

进一步理顺校园、家庭、社会青训力量三者之间的关系，规范相关引进程序、出台专项指导意见，在不增加学生家长负担的前提下保障优质社会青训力量进入校园；针对师资力量薄弱、训练器械不足、医疗保障体系尚不健全的基层农村校园篮球特色校，鼓励采用政府购买服务的方式，向社会青训力量、体校购买体育教学和教练等服务；同时加强监管，避免校企合作中的廉政风险。

附件：青少年校园篮球调查问卷

青少年校园篮球调查问卷

同学们：

为了探索和了解青少年在校园中参与篮球运动的各种情况和促进湖南篮

球事业的发展，我们特此设计了本次调查问卷。本问卷是匿名的，请你如实填写，回答没有正误之分，我们将对你的回答保密，你的回答不会对你产生任何的负面影响。你的回答将会给本研究提供很好的参考依据，非常重要，在此表示感谢！

请你在所列答案后的（　　）内打“√”或打分，在“——”处填写相应内容。谢谢你的合作！最后祝你学习进步、身体健康！

湖南省社会科学院

年　月　日

个人基本情况调查

性别：男（　　）女（　　）

年龄：　　岁

你目前的学历：大学（　　）　高中（　　）　初中（　　）

小学（　　）

你父母的职业：父亲____________________

母亲____________________

父母的文化程度：父亲____________________

母亲____________________

您所在的学校是____________________

您来到本校之前就读的学校是____________________

1. 您为什么会选择在学校参加篮球运动，请对以下常见的青少年参与篮球运动的动力因素赋予分值 1~5 分，分值越高说明该因素对您从事篮球运动的动力促进作用越强。

打篮球好玩，有意思（　　）

打篮球能锻炼身体（　　）

打篮球能磨炼意志（　　）

打篮球能团队协作，有意思（　　）

我篮球打得好，打篮球有面子（　　）

朋友们喜欢打篮球，经常聊篮球（　　）

喜欢看球，所以也喜欢打球（　　）

打篮球打得好可以帮助升学（　　）

我希望未来进入国家队，为国争光，所以我想打篮球（　　）

我希望代表学校参与篮球比赛，为校争光，所以我想打篮球（　　）

2. 您进入本校的招生途径是？

篮球特长生招生（　　）　普通升学考试（有篮球特长加分）（　　）

普通升学考试（无篮球特长加分）（　　）

3. 是否了解篮球运动的升学政策？

非常了解（　　）　了解（　　）　一般（　　）　不了解（　　）

很不了解（　　）

4. 目前篮球项目的升学政策很合理

非常同意（　　）　同意（　　）　一般（　　）　不同意（　　）

很不同意（　　）

5. 家长支持我参与篮球运动

非常同意（　　）　同意（　　）　一般（　　）　不同意（　　）

很不同意（　　）

6. 我的家长中有人热爱篮球运动

非常同意（　　）　同意（　　）　一般（　　）　不同意（　　）

很不同意（　　）

7. 学校支持我们利用课余时间进行篮球运动

非常同意（　　）　同意（　　）　一般（　　）　不同意（　　）

很不同意（　　）

8. 我们的篮球课堂老师会对我们进行篮球技能讲解

非常同意（　　）　同意（　　）　一般（　　）　不同意（　　）

很不同意（　　）

9. 我喜欢学校篮球老师

非常同意（　　）　同意（　　）　一般（　　）　不同意（　　）

很不同意（　　）

10. 除去篮球课堂外，学校还有其他篮球活动

非常同意（　　）　同意（　　）　一般（　　）　不同意（　　）　很不同意（　　）

11. 在学校里，有老师带领参与篮球运动

非常同意（　　）　同意（　　）　一般（　　）　不同意（　　）　很不同意（　　）

12. 学校内篮球硬件设施充足

非常同意（　　）　同意（　　）　一般（　　）　不同意（　　）　很不同意（　　）

13. 课外活动中，篮球场地设备充足

非常同意（　　）　同意（　　）　一般（　　）　不同意（　　）　很不同意（　　）

14. 家附近有篮球场地进行篮球运动

非常同意（　　）　同意（　　）　一般（　　）　不同意（　　）　很不同意（　　）

15. 是否有喜欢的篮球明星

是（　　）否（　　）

如果有喜欢的篮球明星的话，您最喜欢的篮球明星名字是

16. 观看过一些篮球综艺节目，对篮球运动产生兴趣

非常同意（　　）　同意（　　）　一般（　　）　不同意（　　）　很不同意（　　）

17. 喜欢观看篮球比赛电视、视频节目

非常同意（　　）　同意（　　）　一般（　　）　不同意（　　）　很不同意（　　）

18. 观看篮球比赛使自己热爱篮球运动

非常同意（　　）　同意（　　）　一般（　　）　不同意（　　）　很不同意（　　）

19. 我参加的篮球比赛是否有转播？

有电视台（　　）

有直播平台直播（　　）

比赛有录像上传至视频网站（　　）

没有任何转播（　　）

20. 是否观看过中学生篮球比赛？

现场看过（　　）

视频看过（含电视机、网络视频）（　　）

没看过（　　）

21. 是否观看过大学生篮球比赛（CUBA）？

现场看过（　　）

视频看过（含电视机、网络视频）（　　）

没看过（　　）

22. 是否观看过中国职业篮球比赛（CBA、NBL）？

现场看过（　　）

视频看过（含电视机、网络视频）（　　）

没看过（　　）

23. 是否观看过美国职业篮球联赛（NBA）？

现场看过（　　）

视频看过（含电视机、网络视频）（　　）

没看过（　　）

B.25
优化城市基础配套供给视角下推动全龄友好城市建设的思考

李珍珍　彭培根*

摘　要： 推进全龄友好城市建设，是长沙落实习近平新时代中国特色社会主义思想的重要举措，也是湖南省委省政府“强省会”战略的重点工程之一。本文以城市基础配套供给为切入点，分析人口在城市的空间分布和变动规律，探讨人口分布与基础配套在空间上的匹配性，在此基础上提出五点优化城市基础配套供给、建构全龄友好的城市生活体系的对策建议：着力把握人口增长规律，对接发展需求；着力补齐基础配套短板，增加有效供给；着力拓展城市发展空间，提升集聚能力；着力推进资源集约利用，实现共建共享；着力创新资源配置模式，激发活力效能。

关键词： “强省会”战略　长沙　城市基础配套　全龄友好城市

城市发展的本质是人口的集聚，让人民生活更美好是城市建设发展的初衷和目的。近年来，长沙提出建设儿童友好青年向往老年关爱的全龄友好城市，都是“人民城市”重要理念的价值追求和具体体现。随着人口的不断集聚，人口对城市基础配套产生巨大需求，公共基础服务设施的人均占有率

* 李珍珍，湖南省社会科学界联合会助理研究员；彭培根，湖南省社会科学界联合会副研究员、软科学研究室副主任。

能否同步提升成为全龄友好城市建设的重要考量。因此，以城市基础配套供给为切入点，探讨人口分布与基础配套在空间上的匹配性，对于合理配置文教、卫生、体育等基础设施，特别是全龄友好城市生活体系建构，具有十分重要的意义。

一　长沙人口增长情况和主要分布特征

近年来，随着城市综合实力提升、户籍制度改革、人才政策更新等的全面推进，长沙人口增长“强磁场效用”逐步显现。

（一）人口加速增长趋势明显

2021 年末全市常住人口 1023.93 万人，同比增长 1.77%，常住人口增量居全国第六位、中部省会城市第三位（见表 1）。与 2010 年相比增加 319.93 万人，增长 45.44%，年平均增长率为 4.13%，成为 2011～2021 年全国人口增量十强城市（见图 1）。

表 1　全国部分城市 2021 年常住人口增长情况

单位：万人，%

城市	2021 年末	2020 年末	增量	增幅
武汉	1364.90	1244.80	120.12	9.65
成都	2119.20	2094.70	24.50	1.17
杭州	1220.40	1196.50	23.90	2.00
西安	1316.30	1295.30	21.01	1.62
南昌	643.80	625.60	18.17	2.90
长沙	1023.93	1006.08	17.85	1.77
郑州	1274.20	1261.70	12.52	0.99
合肥	946.50	937.00	9.50	1.01
太原	539.10	531.90	7.25	1.36

资料来源：2020～2021 年相关城市国民经济和社会发展统计公报。

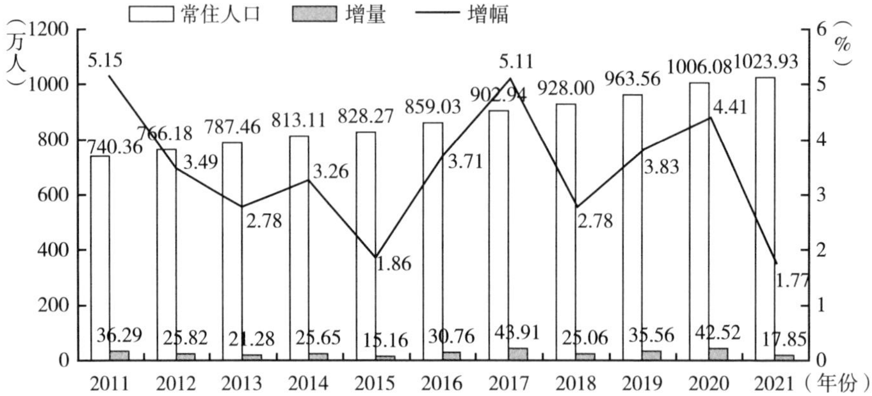

图 1　长沙近年来常住人口及增长情况

（二）人口结构质量不断优化

长沙人口平均受教育年限逐年上升，15 岁及以上人口的平均受教育年限由 10.48 年上升至 11.52 年，入围 2021 年中国最具人才吸引力城市榜单前十位。同时，也呈现三个需引起重视的趋势，即出生率逐年降低、劳动年龄人口总量逐年下降、老龄人口快速增长。

表 2　2020 年中部城市人口结构情况

单位：%，‰

城市	0~14 岁占比	15~59 岁占比	60 岁及以上占比	65 岁以上占比	自然增长率
长沙	16.64	68.03	15.33	11.11	0.08
武汉	13.05	69.72	17.23	11.81	3.07
南昌	17.44	67.59	14.97	10.54	2.19
合肥	16.52	68.22	15.26	11.99	—
郑州	19.05	68.11	12.84	8.98	3.77
太原	15.55	68.34	16.11	10.64	2.01

资料来源：《中国卫生健康统计年鉴 2020》。

（三）人口地域分布很不均衡

长沙人口密度呈典型的 Clark 分布，城市快速发展阶段特征比较明显，人口分布加快向城区转移，2021 年城区人口 851.5 万人，城镇化率达 83.16%。中心城区建成区平均人口密度远高于城市规划建设标准，芙蓉区、天心区、雨花区等人口密集区域人口密度相对更高，而望城区、长沙县、浏阳市、宁乡市除城区外人口分布较分散。

二　长沙人口与城市基础配套供给匹配分析

近年来，随着城市规模持续扩张、人口不断增加，长沙城市基础设施建设日益加快，城市综合承载能力和公共服务水平大幅提升，入选全国十大最受欢迎出游目的地城市，连续 14 年获评中国最具幸福感城市。但同时也存在基础设施和公共服务供给不平衡不充分的问题，有碍全龄友好城市建设步伐。

（一）总体匹配度较高，但区域发展很不平衡

长沙高度重视基础设施建设发展，城市基础设施和公共服务供给处于平稳增长阶段，与人口增长总体匹配（见表 3、表 4）。但发展很不平衡，突出表现在：一是城乡之间不平衡。城市基础设施配套比较完善，但农村基础设施建设相对滞后，特别是农村道路、电网等设施仍很不完善，供气、供水、供热等现代生活设施与城市相比差距较大，文化、教育、体育、医疗等设施建设明显不足，信息化程度不高。二是县域之间不平衡。各区县（市）之间公共配套还存在不小的差距。比如，河东、河西绿量分布不均，河东绿地率、绿化覆盖率分别仅为 15%、24%，河西分别达 43%、48%。基础设施和公共服务设施的不均衡分布，直接导致设施供给与实际人口分布及诉求之间的不匹配，影响人民群众幸福感获得感。三是片区之间不平衡。城区各大片区的基础配套差距也较大，人口承载差距非常明显。比如梅溪湖、洋湖、滨江新城等片区周边配套齐全、环境优美，吸引大批人集聚，但高铁西城、南部融城等片区内部交通路网密度严重不足，教育、医疗、商业等配套尚不成熟。

表 3　2017~2021 年长沙部分城市基础配套投入情况

单位：亿元，%

年份	教育		文化体育与传媒		社会保障和就业		卫生健康		住房保障		交通运输	
	支出总额	增幅	支出总额	增幅	支出总额	增幅	支出总额	增幅	支出总额	增幅	支出总额	增幅
2017	46. 50	10. 74	7. 12	6. 11	25. 90	10. 54	15. 34	8. 03	10. 40	14. 79	23. 40	0. 21
2018	57. 71	21. 94	7. 61	2. 19	28. 15	9. 29	16. 36	9. 64	4. 14	10. 96	24. 13	0. 29
2019	63. 48	8. 98	7. 65	3. 74	31. 28	11. 43	17. 63	7. 37	4. 20	1. 32	25. 28	3. 08
2020	65. 24	2. 60	8. 19	2. 11	31. 98	2. 40	18. 49	4. 48	4. 31	2. 99	24. 78	-2. 08
2021	69. 25	6. 20	9. 23	12. 59	32. 68	2. 19	19. 02	2. 84	4. 36	2. 99	25. 26	1. 98

资料来源：2017~2021 年长沙全市和市本级预算执行情况与全市和市本级预算草案的报告。

表 4　长沙城市基础设施和公共服务供给情况

类别	指标	2025 年全国标准值	2020 年	2021 年
学有所教	学前教育毛入园率(%)	>90	—	95. 9
	九年义务教育巩固率(%)	96	—	98
	高中阶段教育毛入学率(%)	>92	—	98
	公办及普惠性幼儿园覆盖率(%)	>85	—	92
	标准化学校建成率(%)	—	—	98
劳有所得	城镇调查失业率(%)	<5. 5	—	<5. 1
	政府补贴性职业技能培训数(万人次)	—	—	5
病有所医	每千人口拥有执业(助理)医师数(人)	3. 2	3. 3	—
	每千人口拥有注册护士数(人)	3. 8	4. 3	—
	每千人口拥有病床数(个)	—	8. 3	—
老有所养	基本养老保险参保率(%)	>95	—	100
	养老服务床位总量(万张)	—	6	—
住有所居	公共租赁住房数(万套)	—	—	10. 5
	人均住房建筑面积(m^2)	32. 9	—	41. 2
弱有所扶	困难残疾人生活补贴和重度残疾人护理补贴目标人群覆盖率(%)	100	—	95
	完成残疾人家庭无障碍改造数(户)	—	—	839
文体服务保障	人均体育场地面积(m^2)	2. 6	2. 0	—
	城乡公共体育设施覆盖率(%)	100	100	—

续表

类别	指标	2025 年全国标准值	2020 年	2021 年
宜居环境保障	人均城市道路面积(m^2)	15	21.59	—
	每万人拥有公交车辆(标台)	20	21.03	—
	城市道路网密度(km/km^2)	3~5	6.5	—
	建成区绿地率(%)	40	33.4	—
	人均公共绿地面积(m^2)	11	11.71	—
	森林覆盖率(%)	24.1	—	55
	空气环境优良率(%)	85	84.4	83

资料来源：2020~2021 年长沙市统计年鉴。

表 5　长沙市内五区园林绿化情况

区域	绿化覆盖面积（公顷）	绿化覆盖率（%）	人均绿地面积（m^2）	公园数量（个）	公园绿地面积（公顷）	人均公园绿地面积(m^2)
芙蓉区	1231.10	44.08	15.33	30	24.88	8.02
天心区	1798.16	45.15	40.29	55	127.43	16.11
岳麓区	4003.00	48.00	42.42	64	1572.00	19.18
开福区	2751.76	42.90	38.73	50	611.04	10.15
雨花区	2607.78	45.35	42.64	35	283.62	20.00

资料来源：2021 年长沙市国民经济和社会发展统计公报。

（二）综合水平靠前，但短板制约依然明显

粤港澳大湾区研究院牵头发布的《2020 年全国城市基础设施 200 强》中，长沙居第 22 位；在中国城市发展研究院发布的中国城市建设水平 50 强榜单中，长沙居第 15 位。然而，尽管综合排位比较靠前，但短板依然比较明显。一是道路设施短板突出。2020 年度《中国主要城市道路网密度监测报告》显示，长沙城市道路网密度为 6.5km/km^2，居全国主要城市第 14 位，人均城市道路面积为 21.59m^2，居中部省会城市第 1 位，但在全省地州市中排名靠后（见表 6）。二是资源环境短板突出。2020 年长沙人均

公园绿地面积、建成区绿地率、建成区绿化覆盖率均居中部省会城市末位，在全省的排名也比较靠后，人均生态资源十分有限，人均基础设施占有率不高（见表6）。三是场馆建设短板突出。2020年长沙公共图书馆、文化馆、博物馆总数量位于中部省会城市靠后位置，万人拥有公共图书馆、艺术馆、文化馆数量居全省倒数第1位（见图2、图3），公共体育设施和业余体育训练场地也严重不足，市民缺乏充足、便利的场馆设施开展运动、健身和学习等活动。

表6　2020年中部省会城市和湖南省各地州市部分基础设施指标情况

城市	人均城市道路面积(m^2)	污水处理率(%)	人均公园绿地面积(m^2)	建成区绿地率(%)	建成区绿化覆盖率(%)
太原	17.70	95.00	12.25	38.90	44.00
武汉	15.62	97.00	14.04	37.05	42.07
合肥	18.76	95.02	12.67	38.75	41.99
郑州	9.61	98.50	14.70	34.50	41.50
南昌	8.53	95.00	12.04	39.31	41.30
长沙	21.59	98.50	11.71	33.40	39.46
株洲	25.06	98.04	13.98	40.21	42.60
湘潭	17.35	97.00	12.23	38.88	41.91
衡阳	13.68	98.44	13.50	39.15	42.88
邵阳	16.37	95.52	14.44	36.44	43.04
岳阳	22.26	96.45	12.65	40.01	43.32
常德	22.10	99.99	14.19	39.51	44.51
张家界	16.42	96.74	8.96	32.28	36.94
益阳	19.99	99.60	11.48	38.95	40.06
郴州	11.47	95.40	13.59	41.95	46.56
永州	21.03	98.30	11.80	35.19	38.10
怀化	10.91	95.65	8.74	35.41	39.48
娄底	23.53	98.50	9.59	35.55	41.07
湘西	29.44	95.56	9.65	36.13	41.49

资料来源：2021年各市统计年鉴。

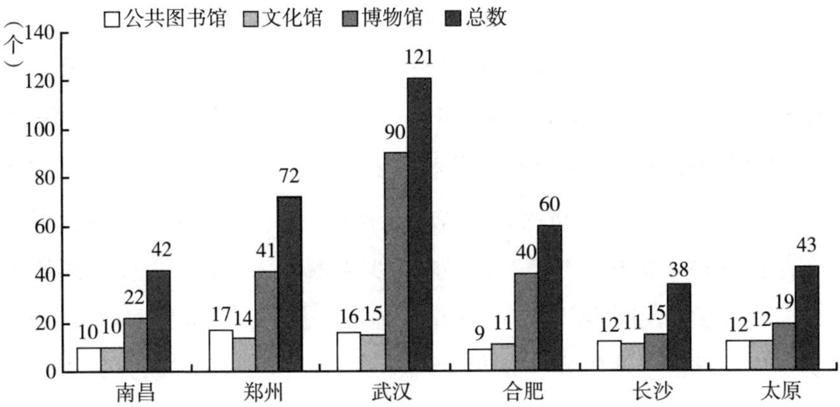

图 2　2020 年中部省会城市拥有公共图书馆、文化馆、博物馆情况

资料来源：2021 年各市统计年鉴。

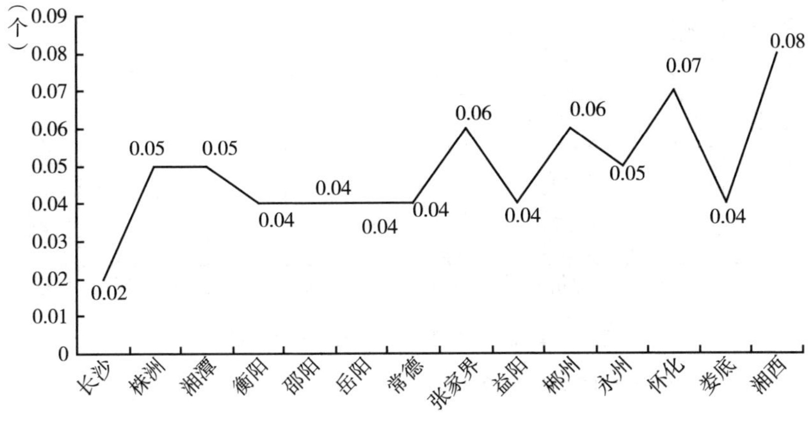

图 3　2020 年全省各市万人拥有公共图书馆、艺术馆、文化馆情况

资料来源：2021 年各市统计年鉴。

（三）配套总量增加，但承载容量逼近阈值

城市基础设施和公共服务设施总量不断增加，比如 2010 年以来，全市新增义务教育学位 46.8 万余个；每千人口拥有病床数增加到 8.28 个，远高于全国平均水平（每千人 5.37 个）。但随着人口的不断增长，城市承载容

量压力加大。一是新增城市人口投入趋高。据测算，从 2021 年到 2026 年实现 1200 万人口规模，共需实现农业转移人口近 200 万人，政府需承担成本近 780 亿元，平均分摊到每年为 156 亿元，对财政承受能力提出了较高要求。二是教育医疗资源日趋紧张。从教育来看，若 2026 年常住人口达 1200 万人，五年内需扩招 2652 个班级、需增加小学学位 14 万个左右。从医疗卫生来看，若维持现有医疗平均水平，五年内至少需增加床位近 8 万张、医师 3 万人。三是城市发展空间难以拓展。城市腹地没有打开，建成区面积相对较小，芙蓉区等中心城区土地资源十分有限，区域空间相对不足，成为制约发展的瓶颈（见图 4）。

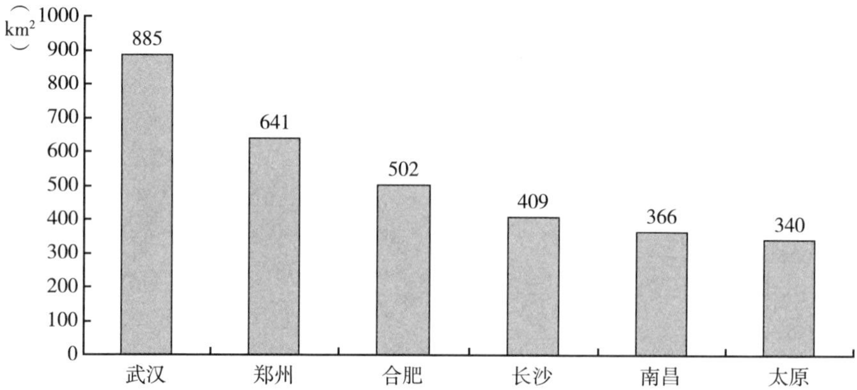

图 4　2021 年中部省会城市建成区面积

资料来源：《中国城市统计年鉴 2021》。

（四）供给质量提升，但距离群众满意还任重道远

近年来，随着长沙地铁网、三馆一厅、快速化改造等一批重大基础设施建成运营，“一圈两场三道”“双五”工程等项目快速铺排建设，基础设施、公共服务供给数量和质量不断提升，但与百姓日益增长的需求和期盼相比还有很大差距。一是难以有效满足群众多元需求。当前，人民群众对基础设施的需求越来越多元化，导致基础设施出现新的薄弱地带。比如，近年来新能

源汽车发展迅速，但全市公共充电基础设施不足，市民给电动汽车充电还很不方便。二是难以有效满足群众品质需求。老城区原规划起点低、规划执行“软”，导致老城区、老旧社区普遍存在基础设施陈旧老化现象。对标人民群众对美好生活的向往和全龄友好城市建设目标，老城区、老旧社区基础设施改造升级亟待加快。三是难以有效满足群众就近需求。基础设施和公共服务设施的可及性是其供给质量的重要标准。通过对长沙部分街道、社区公共服务设施的摸底调查发现，卫生服务站、室内健身场馆、养老院、社区居家养老中心等多项服务设施配置情况较差，养老设施尤其是医疗卫生设施缺口较大，距群众需求有较大差距。

三　优化长沙城市基础配套供给的建议

全龄友好的城市生活体系建构，不仅要满足“幼有所育、学有所教、劳有所得、病有所医、老有所养、住有所居、弱有所扶”的基本公共服务均等化目标，还要进一步实现“幼有善育、学有优教、劳有厚得、病有良医、老有颐养、住有宜居、弱有众扶”的公共服务品质化目标，这就对城市的教育、就业、医疗、养老、住房、交通等各项公共服务及设施提出了更高要求。

（一）着力把握人口增长规律，对接发展需求

一是扎实摸清实有人口底数。建立健全覆盖全人群、全生命周期的人口监测体系，整合公安、教育、民政、人社、卫健、税务、统计等部门的人口数据和信息资源，将人口监测预测细化为户籍、常住、流动等具体指标和职住结构、年龄阶段等分组特征数据信息，搭建全市人口基础信息共建共享平台，实现人口服务基础信息在各部门间实时监测、动态更新、共用共享，科学掌握人口变动情况。重点监测生育、死亡、迁移等人口变动，家庭规模、类型、结构、生育养育服务需求等情况，特别是加强低收入人口动态监测。二是科学制定人口发展规划。加强人口发展战略研究，优化人口空间布局，

根据城乡总体发展战略意图，以生态环境界限为底线，对未来城乡人口布局、人口规模、年龄结构等进行科学管控，建立友好型生育、养育、教育、就业、养老政策体系和制度框架，加快建成人口规模适度、结构优化、分布合理、流迁有序、素质优良的均衡型社会，促进人口长期均衡发展，力争到2026年常住人口突破1200万人，实现14~35岁户籍青年人口年均增长5%左右。三是合理引导人口集聚流动。建立城市人口吸纳能力动态评估机制，深化研究和科学判定全市及不同区域对人口的吸纳承载能力，引导人口合理流动。比如通过推进数字化生活服务普惠应用、提高公共产品配置效率等方式减少区域间的福利差距，积极引导中心城区和农村人口向周边城镇和工业园区流动，避免人口“过密”或“过疏”；通过降低中心城区用地规模、比例和建筑开发强度，缓解人口过多、过于集中对中心城区基础配套造成的过大压力，使人口分布与服务设施分布在空间上趋于一致，提高全龄人口获得感幸福感满足感。

（二）着力补齐基础配套短板，增加有效供给

一是完善基础设施。按照“生态良好、生活便利”的要求，加强各类基础设施建设，特别是加强道路基础设施建设，增加核心区轨道交通等路网密度，依托交通设施的均衡发展和配套建设，促进人口、资源的均衡协调发展。强力推进十个重大基础设施项目建设，打通4条过江通道，加快地铁7号线、4条延长线和长浏、长宁城市快线建设，确保轨道交通承担公共交通客运量的40%以上。完善城市路网和快速路、快捷路系统，畅通道路“微循环”，健全现代化立体交通体系，确保公交出行分担率达35%。同时，加快城市能源配套设施建设，推进城市低碳新能源开发，提高新能源比重和能源供给能力。二是提升配套功能。加快补齐教育、医疗、养老、文娱、住房等基础配套短板，完善提升儿童托育、学习、游憩等设施，加快建设长沙儿童福利院和村级儿童之家示范点，扩大特殊教育学位供给；推动市妇幼保健院河西分院、口腔医院河西分院、市公共卫生救治中心原址改扩建等重点项目建设；加快推进省图书馆新馆、省工人文化宫选址建设，完善基层文化设

施网络，打造15分钟公共文化生活圈；丰富全民健身设施供给，升级打造城区“10分钟健身圈”，推进长沙国际体育中心、长沙奥体中心等大型公共体育场馆建设，优化无障碍设施建设，逐步实现全生命周期公共服务优质共享。三是促进均衡发展。根据战略布局、片区功能、人口规模等科学配置公共资源，建立健全覆盖全生命周期的人口服务体系，促进人口分布与文教、卫生、体育及娱乐设施点线面协调发展，实现公共服务设施的城乡均衡、区域均衡、类别均衡和质量均衡。特别是要建立城乡共同体，以各乡镇为公共服务城乡均等化的立足点，加强中心城市外围区域尤其是城市近郊区服务业网点、文教卫生机构、文体娱乐场所等服务设施的配套建设，推进区域内、城乡间的强弱互助，力求做到商业网点、文教卫生机构等的布局更好适应人口分布的变化。

（三）着力拓展城市发展空间，提升集聚能力

一是加快重大片区建设。以重大城市片区为载体，突出功能升级、产城融合、品质提升，加快建成未来长沙产业转型升级发展的聚集地、创新活力迸发的增长点、品质城市彰显的示范区，引导人口分类聚集，为中心城区和热点区域引流人口，提升整个城市的人口承载力。比如国际会展片区、高铁西城及周边的黄黎组团目前实有人口还不到规划人口的1/3，还可引进高铁运营、维修、服务及会展策划、布展、营销等优秀人才45万人左右；岳麓山大学科技城、马栏山视频文创产业园规划面积分别为23、26平方公里，按1万人/平方公里密度估算，还可增加40万人。特别是依托“三区两山两中心”，充分发挥湖南湘江新区、岳麓山大学科技城育才招才聚才功能，推进长株潭国家产教融合试点，打造一批众创空间、双创基地等国家级创新创业载体，建设青年向往型城市。二是推进区域融合发展。突出抓好以长沙为核心的城市群建设，加强湘赣边区域性合作，形成与现代化长沙相匹配的空间规模、城市架构，促进人口和高端要素同步加速集聚。完善城镇体系，支持长沙县、浏阳市和宁乡市城区扩容提质，加快长沙至浏阳、宁乡的路网建设，支持三地在规划、产业、功能、基础设施等方面与中心城市无缝融合，

打造省会副中心和活力型中小城市样板；大力发展乔口、靖港等卫星城镇和湘江古镇群特色小城镇，建设高水平的基础设施和生活服务配套，使之承担市区部分功能并成为人口的疏散、截流和分流基地，减轻人口向市中心集中的压力。三是提质工业园区配套。针对工业园区人口密度明显低于全市平均水平的现状，坚持产城融合，就近配建生活区，完善教育、医疗、文娱等配套服务，就地安置园区员工，促其安居乐业；推进“五好”园区建设，全力打造2家五千亿级园区、3家两千亿级园区、3家千亿级园区，利用园区平台积极对接世界500强、中国500强、民营500强企业，加大招商引资力度，抓好二次招商、产业链招商，提高产业集中度、企业集群度和人口集聚度，做到以人兴业、以业兴城、以城聚人，将园区打造成新的人口增长聚集区。

（四）着力推进资源集约利用，实现共建共享

一是推进建设主体多元供给。深入推进城市基础设施的投融资体制和运营机制改革，鼓励基本公共服务设施多元化建设运行。进一步转变政府职能、破除行业壁垒，构建基础设施社会参与机制，出台相关激励政策，营造各类主体平等参与的市场环境，积极探索社会化建设运营及政府购买服务的新模式，推动公共服务设施建设与管理的市场化和社会化。比如，引导社会力量投资建设和运营专业化的养护型、护理型、认知症障碍照护型、安宁疗护型等功能型养老机构，通过社区嵌入式养老改造、“物业服务+养老服务”等模式，全面构建居家社区机构相协调、医养康养相结合的养老服务体系。二是推进新建设施兼容组合。积极推进文体设施与教育设施、医疗设施与养老设施等基础配套的统筹建设、共建共享，节约建设和运行管理成本，提高土地综合效益，实现城市基础配套的利用效率最大化。比如，在“15分钟生活圈”建设中，可将街道卫生服务中心、乡镇卫生院与家庭养老有效融合，促进医疗卫生资源进入居民家庭、城乡社区和养老机构，实现两个条线的设施在空间上就近设置、条线与设施间的结对互助，推动街道（乡镇）养老服务设施全覆盖。三是推进既有设施开放共享。在摸清全市各区域公共

服务设施现状的基础上，推进各条线已建设施间的资源整合和综合利用，形成高效集约的公共服务体系。打破行政管理边界，建设公共服务设施集聚区，实现区域、街道公共服务设施集中管理，推动各类基本公共服务设施免费或低价开放，促进社区内服务功能的综合利用。比如，依托城市社区公园和郊野公园，打造儿童“15 分钟公共空间体验网络”和“半小时自然体验圈”；推进人口聚集区的学校和企事业单位文化体育设施、场地择时对外开放，满足居民运动健身诉求，实现不同条线设施区域内的均匀覆盖。

（五）着力创新资源配置模式，激发活力效能

一是突出片区差异化配置。立足片区功能和人口现状，因地制宜、因势利导、分类施策，实现公共资源均衡合理优化配置。比如采用沿路线形布局的方式，整合和完善中心城区范围内的公共服务设施建设，已配置高等级基本公共服务设施的城市社区，不再配置同条线低等级的公共服务设施（基层社区居委会和管理服务站除外）；对于新建居住区、工业园区和农村社区，以邻里中心和便利中心的模式进行集中配套设置，建立一站式基本公共服务功能区。同时，突出推进高品质服务供给空间建设，在高品质区域打造公共服务集聚区，形成高等级文体、医疗、养老设施相对集聚格局。二是加快设施智慧化管理。抢抓“智慧城市”建设契机，加快市政公用设施智慧化改造升级，以信息系统等信息化技术为支撑，借助物联网、云计算等现代科技手段，将设施建设、管理、维修等领域的责任主体纳入数字化管理系统。进一步加强技术平台建设，完善技术系统体系，整合各类城市基础设施管理部门数据，建立基础信息数据库并实现信息共享，确保底数清、情况明，及时发现和处置问题，实现城市基础公共服务设施管理信息化和运行智能化。同时，运用“互联网+”技术创新人口管理办法，加快实现与周边地区人口信息互联互通，实现身份证、保险等异地办理、网上办理，让数据多流转、群众少跑路。三是提升服务便民化水平。协同提升公共基础配套服务水平，全面实施以“人性化设置、便捷化使用、贴心化服务”为内容的公共设施服务体系建设，特别是大力实施以“亲情化服务、市民化待遇、社

区化管理”为内容的流动人口“融入工程”，持续推进便民服务设施建设，让老百姓在家门口“15分钟生活圈”内就可满足所有生活服务需求。同时，加强公共基础设施建设与人口、资源协调发展的综合评价与管理，创新公共基础设施建设、管理、运行机制，提升公共基础设施项目投融资、建设、管理、维护水平，提高公共基础设施运行的群众满意度。

B.26

加快推进湖南省智慧社区建设的对策建议

湖南省人民政府发展研究中心调研组*

摘　要： 在国家政策与新兴技术双重加持、政府管理与群众服务双方需要、智慧事业与智慧产业双向协同的驱动下，智慧社区发展前景十分广阔。当前，湖南省智慧社区建设面临着建设水平低、数据共享难、共建力量弱、人才缺口大等问题。调研组建议，智慧社区建设应树立应用为要、管用为本的理念，重点从“战略谋划、科技赋能、能力建设”三方面入手，建立健全共建共治共享的社区治理机制，全力打造“社区大脑”和“湖南省智慧社区一键通”，不断推动湖南智慧社区发展迈向新台阶。

关键词： 智慧社区　社会治理　湖南

智慧社区是社会治理现代化的一种具体实现形式，也是未来城市社区发展的走向。当前，在我国智慧城市建设如火如荼的背景下，湖南省智慧社区发展既面临着重要机遇，也面临诸多挑战，如何顺应时代浪潮加快智慧社区建设步伐，以此为契机完善基层社会治理体系、推进社会治理现代化进程，是摆在湖南省面前的一项迫切需要解决的现实课题。为此，湖南省人民政府发展研究中心组成专题调研组，赴湖南省委政法委、株洲市、常德市等部门

---

* 调研组组长：谈文胜，原湖南省人民政府发展研究中心党组书记、主任。课题组副组长：侯喜保，湖南省社会科学院（湖南省人民政府发展研究中心）党组成员、副院长（副主任）；蔡建河，湖南省社会科学院（湖南省人民政府发展研究中心）二级巡视员。课题组成员：郑劲、文必正、彭丽、黄晶。

和市州进行调研走访、座谈交流，就加快推进湖南省智慧社区建设提出几点对策建议。

一　发展之势：前景广阔，未来可期

智慧社区是数字时代传统社区转型升级的产物，是一个面向未来的、蕴含旺盛生命力的社会治理共同体，在政策驱动、技术更新、现实需求等因素的综合作用下，智慧社区发展前景十分广阔。

（一）国家政策与新兴技术双重加持

随着新一代信息技术科技革命和新兴产业的深入发展，我国大数据、云计算、物联网、人工智能、5G、区块链等数字技术逐步从概念走向应用，并不断向社区生活领域延伸（见表1）。在信息化、智能化发展条件下，我国把“智治”作为基层社会治理现代化的重要治理方式和科技支撑，逐步将智慧社区建设纳入智慧城市建设体系中统筹推进，支持智慧社区发展的政策体系日渐成熟（见表2）。

表1　部分新兴技术在智慧社区中的应用场景

技术手段	应用场景	作用
5G+物联网	全面提升社区智能终端的部署与联动，全面联结社区内人、机、物	推动社区万物互联
大数据	建立共融互通的社区数据平台，将社区人、事、物以全面数字化形式存储于数字平台中并加以充分利用	全面分析社区运行数据
云计算	为社区各系统提供网络、计算和存储等资源服务，实现基础云平台资源共享共用，为数据资源汇聚共享、业务应用高效协同提供基础支撑	推动社区低成本建设
数字孪生	以数字化、可视化、集成化的数字孪生体系为核心，通过5G网络，依托三维信息模型，对社区内人、车、设施、楼宇、产业、网络等所涉及的各类基础设施数据进行收集、处理和分析，构建与物理社区虚实映射、融合共生的数字孪生社区，实现人、空间、社区全联结，全方位重塑社区的运营、治理、服务	打造数字化、可视化、集成化社区

续表

技术手段	应用场景	作用
VR/AR	将内容源的展现从传统屏幕延伸至立体互动及沉浸体验，打造覆盖社区的全场景、全融合视听生态	创新未来社区线上线下场景互动

资料来源：根据公开资料整理。

表 2　智慧社区相关政策

年份	文件名称	发布部门	相关内容
2014	《智慧社区建设指南》	住建部	明确规定我国城市智慧社区建设的总体框架和评价指标体系
2016	《城乡社区服务体系建设规划(2016—2020年)》	民政部、发改委等11部门	建设设施智能、服务便捷、管理精细、生态宜居的智慧社区
2016	《"十三五"国家信息化规划》	国务院	推进智慧社区建设,完善城乡社区公共服务综合信息平台,建立网上社区居委会,发展线上线下相结合的社区服务新模式
2017	《关于加强和完善城乡社区治理的意见》	国务院	实施"互联网+社区"行动计划,加快互联网与社区治理和服务体系深度融合
2020	《经济和社会发展第十四个五年规划和2035年远景目标纲要》	—	推进智慧社区建设,依托社区数字化平台和线下社区服务机构,建设便民惠民智慧服务圈,提供线上线下融合的社区生活服务、社区治理及公共服务、智能小区等服务

资料来源：根据公开资料整理。

（二）政府管理与群众服务双方需要

从基层管理来看，近年来，随着我国经济社会的快速转型，社会结构也发生了深刻调整，社区面临的问题与矛盾日益复杂，对传统的社区治理提出了新挑战。特别是经过 3 年疫情，社区人力资源紧缺、应急反应效率低、公共服务供给不足等治理问题充分暴露出来，政府利用数字化手段推动基层治理模式变革和转型的需求非常迫切，亟须通过科技手段助力社区治理工作。

像湖南省，近几年大力推进各类智能感知系统、综治视联网系统等智能设施建设（见表3），社会治安问题、矛盾纠纷明显减少，群众的安全感、获得感进一步提升。从群众服务来看，新一代信息技术手段的介入，为居民提供更便捷更可及的服务，也扩大了公众参与社会治理的可能性和可行性，有助于推动共建共治共享的治理共同体形成。

表3　湖南省社区智能设施建设情况

类型		建设情况	成效
城乡末端智能感知系统	雪亮工程	横向接入13家省直和中央驻湘单位视频监控资源28万多路，纵向接入14个市州26.1万路；公共部位视频监控摄像头超203万个	基本实现重点公共区域和重点行业、重点领域重要部位的监控全覆盖
	微信群感知系统	基本做到一户一人入社区、网格、群众工作微信群	疫情防控期间发挥重大作用
	其他感知系统	水电煤气异常情况实时监控、智能门禁、智慧门锁，电动车、摩托车物联网防控系统等	取得了较好的应用效果
综治信息系统	综治信息系统	深化省、市、县、乡、村（社区）五级综治信息系统建设与应用，强化12345社会求助系统、110报警服务系统、综治信息系统的联动整合	全省采集综治基础数据1.88亿条，录入矛盾纠纷、治安隐患等各类事项2805余万件，处理2721万件
	综治视联网系统	联通14个市州、138个县市区、1909个乡镇街道、21974个村（社区）	市、县、乡、村联通率分别为100%、100%、98.7%、75.6%

资料来源：根据湖南省委政法委提供的资料整理。

（三）智慧事业与智慧产业双向协同

中商产业研究院数据显示，近年来我国智慧社区市场规模增长率保持在15%以上，2021年智慧社区市场规模约为5844亿元（见图1）。按照一个智慧社区平均355万元的市场规模，湖南省5500多个城市社区的市场规模接近200亿元。

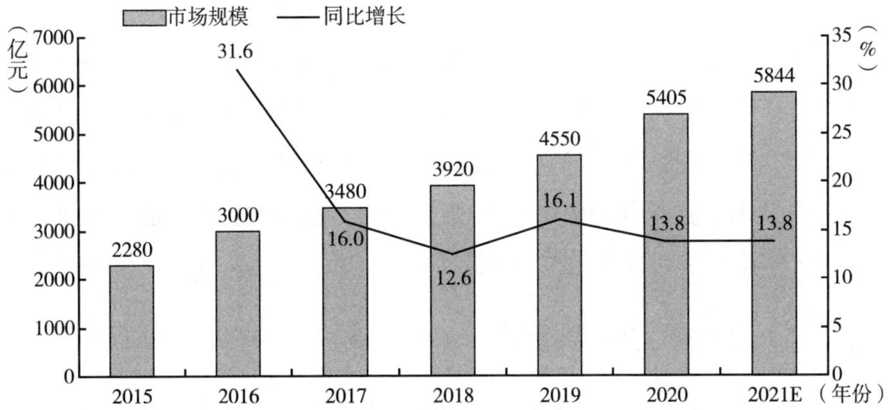

图 1　智慧社区市场规模及预测

资料来源：中商产业研究院。

二　现实之忧：基础薄弱，建设落后

尽管智慧社区发展前景良好，也在湖南省实践中取得了一些成效，但整体而言，湖南省智慧社区建设还处于起步阶段，建设运营、资金保障、人才队伍、技术融合等方面仍面临诸多困境。

（一）起步晚，建设水平低

一是思想认识不适应时代发展变化。“智治”的关键是优化完善治理体系、提升服务效能，而非单纯的技术应用。在调研中发现，湖南省部分地区、部分部门、部分干部顺应数字化转型的理念和认识仍然相对落后，既有不想、不愿、不敢使用新技术变革的现象，也有过度夸大、盲目崇信“技术万能”的倾向，对“智治”的内涵、规律和方向认识不足。

二是行动实践落后于其他城市。北京、上海、深圳等一线城市早在“十二五”期间就已布局智慧社区建设，经过多年探索，已形成较为成熟有效的运行体系；中部的河南、湖北、安徽、江西等省份纷纷发文、积极试点、加快推进。反观湖南省，智慧社区建设统一领导体制和综合统筹机制尚未形成，既无指导标准，又无专项支持，仍靠基层自主探索。

三是目前水平远低于智慧治理标准。湖南省现阶段建设的智慧社区多从视频门禁、停车缴费、发布通知等方面入手，停留在“拉个微信群”“装个摄像头”“安个刷脸门禁”初级阶段；还有少数社区（尤其是高端小区）通过打造手机 App 实现部分水电暖缴费、医疗、购物等生活功能，但操作不便、用户体验较差，智慧化水平偏低。

（二）门类多，数据共享难

一是数据采集部门化、碎片化。社区工作人员承担大量党建、民政、公安、卫计等各部门下发的数据采集、台账梳理上报等工作。由于各部门对社区的工作要求不同、收集的信息不同、格式标准不一致，社区工作者不得不采集大量重复性数据，并录入不同的平台中。

二是数据共享不充分、不畅通。近几年湖南省下大气力解决数据共享问题，取得了明显成效，如常德市基本实现了市域数据全打通。但系统间业务割裂、数据格式不统一、数据准确性不足、信息流转不协调、信息获取被动等问题长期存在，且数据治理越往后越难，社区可获得的数据红利十分有限。

三是数据使用存在延时性、过效的情况。由于涉及信息平台建设的相关数据接入、数据分析、数据安全以及数据应用终端等重要环节尚不完善，城市数据中心和各部门后台数据难以快速、有效地传送到一线社区工作人员手上。比如在之前疫情排查和管理服务中，由于社区防控工作缺乏必要信息平台和技术手段，不得不大量依靠社区工作人员上门扫楼、手写填表、口头问答、人工测温等办法，既存在交叉感染的风险，也使得工作量庞大、基层负担重、防控效率不高。

（三）破圈难，共建力量弱

一是利益各自分化。当前牵头或参与智慧社区建设的政府部门有政法、住建、发改、民政、公安、行政审批等部门，还涉及房地产公司、物业公司、互联网企业等市场主体，各方利益错综复杂。由于缺乏科学有效的整体规划，政府不同部门之间、政府与企业之间、传统行业与新兴行业之间未能建立互通有无、资源共享的协调机制。

二是参与主体单一。实地调研发现，在智慧社区建设中，政府、个别企业的积极性相对高于居委会、社会组织与居民，如联通公司参与株洲丁山社区香博堡小区智慧小区建设。目前湖南省智慧社区建设仍以政府主导的信息化项目占主要地位，多元化的社会合作共治机制并没有真正形成。

三是资金来源有限。湖南省大部分地区在智慧社区建设资金上都存在政府投入有限、社会力量参与不足、社区自筹资金能力低等问题，许多社区不敢、不愿建智慧社区，已建的有些也因后续资金不足沦为“中看不中用”的“盆景”。

（四）队伍荒，人才缺口大

一是人才供需失衡。社区工作人员上通政府、下接居民，事务烦琐、工作超载，再加上身份既非公务员又非事业编，缺少职业长期规划和晋升空间，待遇又不高，人员流动性较大。

二是人才质量不高。“智慧社区”的打造，对工作人员的知识要求比较高，但目前湖南省社区从业人员文化程度普遍偏低、专业性不强，职业化程度整体不高。

三是人才培养滞后。2022 年，湖南省开设社区管理服务相关专业的本科院校 1 所、高职院校 4 所、中职院校 7 所，每年向社会输送专业人才仅 450 余人，招生规模十分有限，且普遍存在招生难、“双师型”师资匮乏、学生毕业后流失率高等困境。又由于基层社区资金相对缺乏，对工作人员有针对性的培训较少，以致智慧社区建设急需的高素质、复合型人才缺口较大。

三　应对之策：实战实用，加快推进

智慧社区建设应树立应用为要、管用为本的理念，着眼社区所急、实战所需、群众所盼，充分发挥政府、职能部门、社会资本及居民群众在智慧社区建设中的多元主体作用，建立健全共建共治共享的社区治理机制，不断推动湖南省智慧社区发展迈向新台阶。

（一）强化战略谋划，完善智慧社区发展的总体架构

1. 构建“1+N”政策体系

“1”：出台湖南省《智慧社区建设指导意见》，将智慧社区建设纳入全省数字化改革一体谋划，明确智慧社区建设的目标要求和基本思路。“N”：形成由 N 条实施细则、实施办法和行动方案等组成的配套政策体系，如《智慧社区建设指导标准》《智慧社区建设试点工作方案》《智慧社区建设考核评价办法》等，推动各市州尤其是智慧试点城市制定智慧社区建设的具体规划和实施方案，重点打造一批建设规范、功能完善、治理有效的智慧社区示范点，以点带面地推进智慧城市的整体建设，为智慧社区的普及提供参考和借鉴。

2. 健全“3个$\frac{1}{3}$”协商机制

按照政府部门、企业、居民各占 1/3 的原则，健全常态化协商机制，充分听取各方意见建议，构建智慧社区合作共建体系（见图 2）。

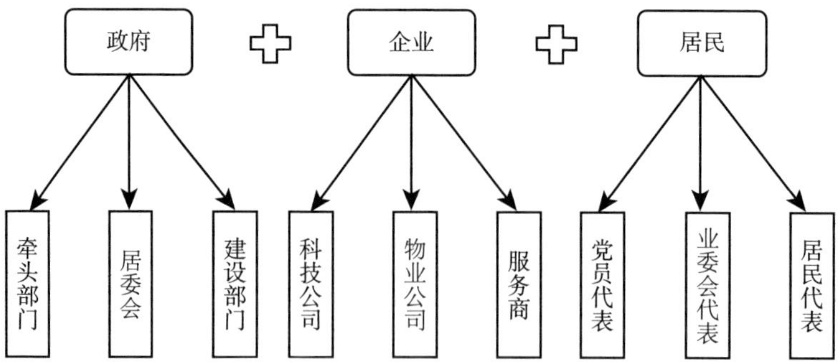

图 2　智慧社区建设三方协商机制示意

3. 发挥“2X”共建效应

探索建立“财政×社会资本”的建设发展模式，推动投资渠道市场化、社会化，充分保障智慧社区建设发展。各地政府要立足自身财政情况，优化调整投资结构，统筹财政资金管理，在资金分配上适当向智慧社区项目倾斜，或设立专项资金用于支持智慧社区的建设维护，同时，积极向省市、国家争取相关资金支持，推动资金的高效利用。引导社会资本融入和参与，借鉴常德引入移动公司免费安装摄像头、争取下沉市场的经验做法，通过财政补贴、税收优惠、提供场地等方式吸引各类社会资本参与智慧社区建设的融资、运营和管理。

（二）强化科技赋能，提升社区治理服务的智慧水平

1. 建强基础设施

进一步加大“雪亮工程”补点扩面的建设力度，加强完善城乡公共安全视频监控系统，消除盲区、加强联网、落实运维，实现各类视频监控资源全域覆盖、全网共享、全时可用、全程可控，不断提升预测预警预防能力。以小区院落、公交场站、人员密集场所、交通卡口等为重点，推进人脸识别、电子围栏、热力感应等设备建设，加强数据综合采集，提升智能感知能力。推动5G技术在社区的普及应用，加强水、电、能源、交通、管网、网络技术等基础设施的智能化建设及互联互通，对有条件的社区，可率先建设使用智能公共设施，如AI安防摄像头、智能门禁、智慧灯杆、智能井盖、智慧消防栓、空气环境检测器等。对已落地的应用，不轻易推倒重来，在已有基础之上升级开发，不断增加功能、提升效能。

2. 打造“社区大脑”

借鉴四川攀枝花经验，统一渠道下发网格员采集核查数据任务，按照大整合、高共享、深应用的思路，把网格员采集的、群众反映的、智能化设备检测的、职能部门掌握的、企事业单位通过服务获得的各类数据汇聚成数据池，分级分类授权给社区基层，依托物联网、大数据、AI、三维可视化等技术，打造集数据全融合、状态全可视、业务全可管、事件全可控的“社区大脑”（见图3）。

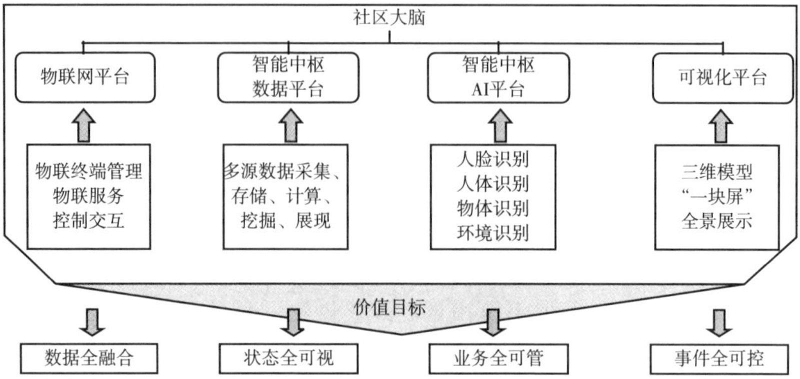

图3　社区大脑架构

3. 拓展服务应用

坚持省级统筹，依托省政府政务服务平台，打造“湖南省智慧社区一键通”，实现三大服务功能（见图4）。

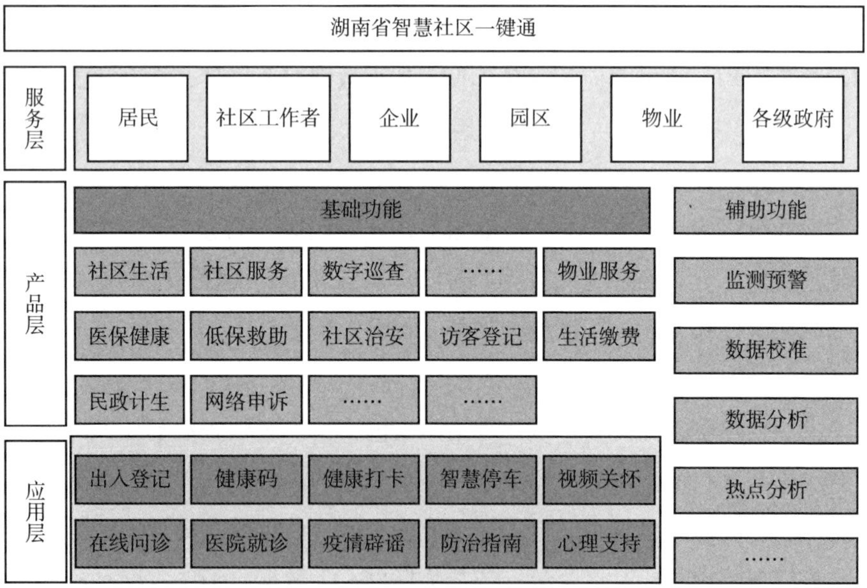

图4　湖南省智慧社区一键通示意

功能一：政务服务全覆盖。建立各级政府、各部门数据横向与纵向联动机制，将与社区居民相关的政务服务端口统一到智慧社区一键通平台，居民要办事，不需要下载、注册各部门App，从智慧社区一键通平台进入，可以完成社保、医保、民政等所有相关事项的办理。

功能二：社区服务全关联。所有社区服务，如社区通知公告，社会救助、社会福利和优抚保障服务，再就业服务和社会保障服务等，统一归口到平台。建立社区工作人员、社区内常住居民、流动人口、无物业小区居民、商户、企业、物业等主体的常态化沟通机制，实现信息互通、资源共享。

功能三：居民服务全汇聚。在平台上集合水、电、气等生活缴费需求，公园广场、游泳、乒羽球馆等锻炼需求，托幼、课外辅导、图书室、职业培训、老年大学等教育需求，疫苗接种、健康码监测、养生保健、社区养老等医疗需求，社区团购、商场、小商户等购物需求，帮助居民更好地融入社区、丰富日常生活。

4. 筑牢安全之墙

借鉴四川德阳自主研发“数据沙箱”技术经验，加强对网络安全传输、系统安全保障、重要信息安全管理等技术的攻关和应用。高度关注“换脸”“脑控”等前沿技术对数据系统安全运行造成的威胁，提升技术反制能力。高度重视个人数据隐私保护问题，在个人数据采集、利用过程中，要严格遵守《数据安全法》《个人信息保护法》等法律法规，设定风险类别，推动政府与相关企业签订相应保密协议或诚信承诺书，实现安全监管到位。

（三）强化能力建设，锻造懂技术懂管理的人才队伍

1. 建立人才储备体系

将社区工作者队伍统筹纳入地方人才引进、使用的大盘子中考虑，综合考虑常态和应急、技术和管理需要，研究社区工作人员配置比例，以规划带动各地社区人才队伍建设。

2. 提升专业能力水平

加大对社区工作者开发培养的经费支持，基于智慧社区建设需要，针对

社区工作者开展一轮全省性的专业培训。以市场需求为导向，推动本地职业院校开设与智慧社区建设需求相关的专业，定向培养具备相关技术、管理才能、人文素养等方面能力的学生；进一步加大对社区创新创业的引导和培训力度，扩大高素质社区工作者供给。

3. 畅通职业发展通道

建立健全社区工作者队伍薪酬保障机制，加大对社区工作的经费支持，探索实施社区工作津补贴政策，切实提高社区一线干部薪酬待遇水平。改革完善社区人员岗位编制管理，打通临时工转正式工、非事业编转事业编的渠道。探索建立社区工作者表彰奖励制度，对符合条件、业绩突出、能力卓著、群众认可的优秀社区工作者，给予物质奖励和荣誉表彰，宣传先进事迹，提高社区工作者社会地位和职业声誉。

B.27

精准聚焦，强力推进改革五大机制，助力基层减负

——湖南永州市推进减轻基层负担与调动基层干部积极性相结合的体制机制改革创新与实践

刘 丹 王海峰 彭 澎 张四梅 高德辉 黄 婷*

摘 要： 永州市作为湖南省开展“减轻基层负担与调动基层干部积极性相结合的体制机制”改革试点城市，聚焦健全减负降压、健全政务服务机制、健全正向激励、健全容错纠错、健全基层治理五大机制，在市域范围实施系统性、集成式改革试点，各项改革取得明显成效。但改革试点在顶层设计、协同推进、基层落实、解决干部群众反映的痛点难点等方面也面临一些困难和问题，需要引起重视并切实加以解决，一些开创性做法和可供复制推广的地方经验，可以分类推进并加大在全省的推广力度。建议进一步强化系统集成、增强改革合力、整合信息平台、推动基层落实、复制推广纵深推进。

关键词： 减轻基层负担 调动干部积极性 体制机制改革 永州市

* 刘丹，中共湖南省委党校（湖南行政学院）一级巡视员、教授；王海峰，中共湖南省委党校（湖南行政学院）马克思主义学院教授、博士；彭澎，中共湖南省委党校（湖南行政学院）法学教研部教授、法学博士；张四梅，中共湖南省委党校（湖南行政学院）经济社会研究中心教授、博士；高德辉，中共湖南省委党校（湖南行政学院）期刊社副教授、博士；黄婷，中共湖南省委党校（湖南行政学院）法学教研部副教授、法学博士。

党中央高度重视基层减负，将2019年作为“基层减负年”。为深入贯彻落实中央决策部署，湖南省委出台5+1文件，深改委2019年工作要点明确在永州开展“减轻基层负担与调动基层干部积极性相结合的体制机制”改革试点。自启动该改革试点以来，永州市坚持科学谋划、大胆创新、稳步推进，改革试点成效明显。永州市委对于全面深化改革具有清醒的认识和高度的自觉，积极主动承担“减轻基层负担与调动基层干部积极性相结合的体制机制”改革试点任务，坚决落实党中央和湖南省委关于基层减负和调动干部积极性的决策部署，坚持解放思想、实事求是，大胆探索、大胆实践，勇敢为基层减负改革探路，积极为基层减负面上改革提供经验与方法，初步形成了减轻基层负担与调动基层干部积极性相结合的“永州经验”，相关经验获《人民日报》《湖南日报》等主流媒体推介，被湖南省委加强基层建设“1+5”文件吸纳，获评“湖南省基层改革探索100例”。永州市按照“分块探索、协同推进、系统集成”的思路，聚焦健全减负降压、健全政务服务机制、健全正向激励、健全容错纠错、健全基层治理五大机制，在市域范围实施系统性、集成式改革试点，分别在道县、江华、江永、蓝山、零陵、宁远、祁阳七地开展试点探索，各项改革试点的阶段性任务如期完成，并取得了明显成效。但随着改革试点工作进入中后期，改革试点在顶层设计、协同推进、基层落实、解决干部群众反映的痛点难点等方面也面临一些困难和问题，需要在后期改革试点中予以重视并切实加以解决。

一　永州市推进减轻基层负担与调动基层干部积极性相结合的体制机制改革的总体情况

（一）基本情况

1.科学谋划，明确改革整体思路

改革伊始，永州市加强整体设计和战略谋划。试点目标明确“五看标准”（看基层服务能力是否提升、基层干部状态和作风是否有明显好转、基层工作质量和绩效是否明显提高、群众满意度是否得到提高、改革实践探索

是否能长期坚持）；试点成效坚持“五个注重”（注重既对接中央又面向基层、既立足永州又着眼全省、既考虑所需又考虑可行、既全面推进又突出重点、既解决问题又形成制度）；改革内容聚焦“五大机制”（减负降压、政务服务、正向激励、容错纠错、基层治理）（见表1），制定出台“1+X”的一揽子系统性改革方案，推出100余项具有探索性、创新性、突破性的改革举措。

2. 统筹推进，狠抓改革责任落实

一是市委着眼全局抓统筹。市委成立高规格领导小组，市委书记牵头总抓、市委秘书长协调指导、市委组织部部长具体推动。二是市直部门牵头抓推进。市直部门抓调研指导、审核把关、协调推进，制定具体工作推进方案。三是试点县区重点抓落实。每个试点县区主抓1~2个重点领域集中攻坚，由一名常委或副职专抓，做到主管领导亲自抓、分管领导具体抓、具体工作专人抓，确保任务承接到位、工作落实到位、组织推进到位。整个改革试点实现了市县乡村四级联动、有机结合。

表1　改革内容

<table>
<tr><th>序号</th><th>改革内容</th><th>改革具体任务</th><th>试点县区</th></tr>
<tr><td rowspan="4">1</td><td rowspan="4">健全减负降压机制</td><td>建立健全工作事项准入基层机制</td><td rowspan="4">道县</td></tr>
<tr><td>建立完善督查检查考核机制</td></tr>
<tr><td>建立健全优质高效服务机制</td></tr>
<tr><td>建立健全基层高效运转保障机制</td></tr>
<tr><td rowspan="4">2</td><td rowspan="4">健全政务服务机制</td><td>加强基层公共服务平台建设</td><td rowspan="3">蓝山县</td></tr>
<tr><td>推动政务服务向基层延伸</td></tr>
<tr><td>推进政务服务便捷化、标准化、智能化</td></tr>
<tr><td>建立廉洁政务服务机制</td><td>道县
蓝山县</td></tr>
<tr><td rowspan="3">3</td><td rowspan="3">健全正向激励机制</td><td>树立重实干重实绩的鲜明导向</td><td rowspan="2">零陵区</td></tr>
<tr><td>建立基层干部政治激励机制</td></tr>
<tr><td>完善基层干部待遇保障机制</td><td>零陵区
宁远县
江华县</td></tr>
</table>

续表

序号	改革内容	改革具体任务	试点县区
3	健全正向激励机制	建立基层干部专业能力提升机制	零陵区
		建立基层干部关爱帮扶机制	
		建立村干部经济待遇与工作实绩相挂钩的激励机制	
4	健全容错纠错机制	建立容错清单	零陵区
		为受到错告诬告的干部澄清正名	
		促进问责与容错纠错无缝衔接	
		严厉打击诬告陷害者	
5	健全基层治理机制	优化乡镇(街道)管理体制	祁阳市
		健全城乡网格体系	零陵区
		完善党建+基层治理机制	
		深入推行"工作村为主"机制	祁阳市
		探索"互联网+"基层服务新模式	江永县
		构建多方参与的基层治理格局	零陵区 江华县
		引导和鼓励优秀人才向基层流动	零陵区

资料来源:《中共永州市委全面深化改革委员会关于印发〈永州市"减轻基层负担与调动基层干部积极性相结合的体制机制"改革试点实施办法〉的通知》(永改发〔2019〕3号文件)。

3. 试点先行,注重改革系统集成

基层减负和调动基层干部积极性体制机制创新改革涉及面广、政策性强、深层次问题成因复杂,永州市注重运用系统思维整体谋划和推进改革试点。一是明确"分块探索、协同推进、系统集成"改革试点要求。改革中既注重分点攻坚、分块突破,又注重整体发力、集成推进。二是明确推进健全"五大机制"的试点区县。确定在零陵、道县、蓝山等7个县区分别试点,为改革探路。三是强化不同机制创新的相互协同。既注重试点县区的重点出击、各个击破,又注重有效打通层级壁垒、部门壁垒,力求政策取向相互配合、实施过程相互促进、实际成效相得益彰。

4. 及时推广，强化改革叠加效应

一是坚持边试点、边总结、边提高。采取试点先行、以点带面的方式，及时对局部探索和零散经验总结、提高。二是及时以制度形式固化试点成果。2020 年 4 月，永州市将试点县区推行的大督考机制、基层减负窗口服务平台等 22 项典型做法在全市推广，截至 2020 年底，全市出台改革制度文件 81 个，持续释放示范效应和治理效能。三是积极推广成功经验，带动面上改革。祁阳工作“村为主”机制、零陵正向激励机制、蓝山政务服务机制等一批较为成熟的经验和做法，开始在更多县区或者全市范围内推广实施。

（二）主要成效

1. 基层压力负担不断减轻

围绕解决基层文山会海、督查考核过多等问题，实行健全减负降压机制改革，通过规范管理会议文件、健全督查考核、专项整治形式主义官僚主义突出问题，全面清理不合理的基层负担，基层压力负担不断减轻，改革得到干部群众高度评价（见图 1）。截至 2020 年 12 月 31 日，2020 年度以市委、市政府名义发文个数、开会次数、督查事项较改革前的 2018 年度，分别下降 41.8%、57.5%、77.6%。从 2019 年起，全面取消了“一票否决”事项，仅保留安全生产、脱贫攻坚责任状签订；从 2021 年起，全面取消责任状的签订。

2. 基层服务效能不断增强

围绕基层群众办事“难、繁、慢”等问题，实行政务服务机制改革。在全市 181 个乡镇（街道）和 3301 个村（社区）建立政务服务中心或便民服务中心，并实现电子政务外网全覆盖。通过在全省率先落地实施 210 项“一件事一次办”改革、加强政务信息共享交换中心建设，构建永州政务数据库和政务联动处置平台，建立网上办事大厅，548 个政府服务事项实现“网上办”，288 个事项实现“全市通办”，基本实现政务服务“随时办”，基层服务效能不断增强。问卷调查结果显示，群众对全市的政务服务满意度高，满意和非常满意的人数占到 95.6%（见表 2）。

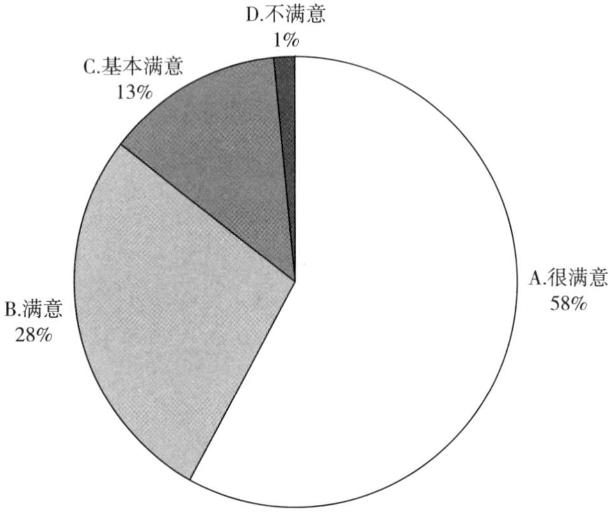

图 1　干部群众对改革评价意见

资料来源：课题组 2020 年 11 月 29 日至 12 月 4 日在永州道县调研健全减负降压机制改革的问卷统计结果。

表 2　永州市群众对当地政务服务满意度调查统计（有效填写人数 3683 人）

单位：人，%

选项	小计	比例
非常满意	2936	79.72
满意	585	15.88
基本满意	135	3.67
不满意	13	0.35
非常不满意	14	0.38

资料来源：课题组 2020 年 11 月 29 日至 12 月 4 日在永州调研健全政务服务机制改革的问卷统计结果。

3. 基层干部作风不断好转

围绕解决基层干部状态不佳、主动性不足等问题，健全正向激励、容错纠错等机制。提拔 7 名优秀乡镇党委书记担任副处级实职干部，89 名

“四类人员”通过择优比选进入乡镇领导班子，两年来共为374名受到诬告错告的干部澄清正名。零陵、宁远、江华三个县区出台激励干部担当作为政策，建立健全待遇保障、政治激励等举措。在三个县区试点乡镇专项补贴的基础上，全市基层干部待遇全面落实“乡比县高13%”，为湖南省委组织部出台相关政策提供了借鉴。经过改革，广大基层干部“精气神”不断提振，干部作风明显好转，推动经济社会发展动力不断增强。2019年永州绩效评估排全省二类市州第一名，获省政府真抓实干表扬激励34次、列全省第三。2020年更是经受住了统筹疫情防控和经济社会发展严峻考验，全市地区生产总值达到2108亿元、同比增长3.9%，全年新入统规模工业企业160家，新认定高新技术企业142家，净增率全省第二，经济社会发展呈现稳中有进的良好态势；获省政府真抓实干激励表扬37次、排全省第四，获资金奖励6300万元、排全省第三，获奖次数和金额均排二类市州第一位。

4. 基层基础不断夯实

围绕基层力量薄弱、权责不对等、运行不顺畅等问题，实行健全基层治理机制改革，通过优化乡镇（街道）管理体制、推进事权财权人事管理权下沉，引进人才稳定乡镇干部队伍，深入开展党支部“五化”达标提质行动、村（社区）党组织带头人整体优化提升行动，持续实施村集体经济“百村示范、千村提升”工程，基层基础不断夯实。2020年，全市共引进基层实用人才1068名，集体经济年收入5万元以上的村2392个，占比81.1%。

5. 基层治理水平不断提升

围绕基层治理手段匮乏、主体单一、水平不高的问题，着力健全基层治理体制。大抓市域社会治理现代化，统筹推进城乡网格化服务管理、雪亮工程、基层平安创建一体化，创新推进城区快警建设、推进农村辅警工作站与村治保会融合发展，不断壮大群防群治力量。在农村全面推行“村到组、组到户、户到人”的网格化治理模式，设立网格41168个，配备兼职网格员10.16万余名，为群众办实事54.79万余件。积极探索自治、法治、德治三治融合，大力构建社区、社会组织、社工人才等多方参与的基层治理格局，全市新建乡镇街道社工站189个，配备专职社工314名，培育孵化公益类社会组织145家。群众安全感满意度不断提升，在2020年全省公众安全感满意度测评中永州排名第三。

（三）突出亮点

1. “五张清单”：全力破解基层文山会海顽疾

永州针对基层文山会海负担繁重问题，创新工作方式，推行清单管理，进行计划控制。通过制定2019年、2020年度全市性重要会议、重要活动、党内规范性文件、市级层面督查检查考核事项、应当向市委报告的重点事项等“五张清单”，对发文开会和督检考进行事前精准控制、全面规范，对未纳入清单范围的，原则上不得擅自组织实施。同时，率先在湖南省建立直报观测制度，在全市14个县区、26个乡镇设立减负直报观测点，每月收集线索与问题，及时纠错并处理。全市2020年督检考清单26项，在2019年大幅下降的基础上同比下降10.3%。

2. “大督考”：道县有效攻克督查考核过多过频大难题

道县针对基层督查检查考核过多过频大难题，创新实施“大督考”。通过整合原来分设的县委督查室、县政府督查室、县绩效办等部门，建立“五办合一”的督查考核工作委员会，严格执行年度计划清单、督考负面清单管理和审批报备制度，从源头上控制督检考数量，通过“交办—承办—督办—反馈—考核—问效”一体的全链条、全过程智慧管理系统，严格落实督考结果与年度绩效、评先评优、追责问责挂钩，从源头上消除了重复考核弊端，提高了督查检查考核质量和效率，实实在在为基层减轻了负担。2020年道县开展实地督检考15次，分别比2018年和2019年减少30次、3次。2019年11月，在中国延安干部学院全国新时代督查工作专题研讨班上，道县代表湖南作经验推介；2021年道县经验被纳入“湖南省基层改革探索100例”并在全省推广。

3. “一线关怀”：零陵等区县七大举措全面激发干部干事创业活力

针对干与不干一个样、干好干坏一个样、基层工作激情减弱等问题，零陵等区县通过设立乡镇工作专项补贴、推行基层干部积分管理、推行乡镇干部上下交流、实施容错纠错、提升基层干部专业能力、完善基层干部权益保障与健康帮扶、实行村干部工作待遇与工作实绩相挂钩等七大举措，全面激励干部担当作为。如对乡镇干部实施专项津贴，确保“乡比县高13%”硬标准落到实处，其中宁远县提高15%、江华县提高14%，其他县区提高13%，有效调动了基层干部工作积极性。零陵区推出正向激励三十条改革举措，综合开展“工作实效40%、干部测评30%、群众满意度30%”考评，有效激发基层干部干事创业热情。零陵区也因此获评“全省组织工作改革创新示范区”。

4. “一门一章一次办”：蓝山纵深推进政务服务改革

蓝山县为破解“公章旅行”和“审批长征”难题，在全省率先实施行政审批权相对集中，创新推行“12345”政务服务改革模式，即突出一个标准、强化两个整合、深化三项分离、升级四办模式、实行五个公开，有效做到“服务一扇门，审批一枚章，事情一次办”，实现各类事项时限减少率、环节压缩率、材料精简率分别达60%、50%、30%以上，打造了审批最少、流程最优、机制最活、效率最高、服务最好的“五最”蓝山营商环境。其改革先后荣膺“中国十大民生决策”、“中国创新榜样”、全省政务公开工作先进单位，获评2019年数字政府特色评选50强优秀案例和2020年数字政府特色评选50强创新案例。

5. “村为主”：祁阳推动治理服务重心全面下沉

祁阳市针对以往基层履职不够、干事不足、治理不畅等问题，深入推行“县统筹、镇负责、村为主”的基层治理模式，推动治理服务重点全面下沉到村一级，实现权往基层放、钱往基层投、事在基层办，实现村党组织由弱到强、集体经济由小到大、村民自治由管到议、法治意识由淡到浓、乡风民风由差到好、社会治安由乱到治的转变，极大提高了乡村治理能力。2020年全市信访总量较2017年下降64.4%，市域经济实力跻身湖南省第15位，连续被评为湖南省美丽乡村建设先进市。“村为主”机制成为省内外有影响力的改革品牌，时任湖南省委副书记乌兰两次做出肯定性批示，祁阳市就相关做法在第七届国家治理高峰论坛年会和《湖南乡村振兴发展报告》蓝皮书发布会上作经验交流。

6.“互联网+”：江永创新基层服务新模式

江永县针对基层服务效能不高等问题，着力探索基层“互联网+服务”模式创新，采取以农村电商为支撑、以整合资源为抓手、以远程视频为载体、以第三方平台为依托的方式，在做优产业帮扶、创业就业、智慧教育、便民生活服务上精准发力，激发了基层服务新活力，提升了基层服务新水平。截至2020年11月，20个试点村电商代购1200余单，代购金额达300多万元，为村民提供医院预约、水电代缴等服务1500余次；开设村级公共网店26个，销售主打产品30多种，200余家电商企业和店铺为试点村销售农产品近亿元；引进中小企业进村办厂12个，为村民提供就业岗位836个。江永模式被《人民日报》《湖南日报》等媒体宣传推介，在湖南省“十四五”规划编制基层代表座谈会上汇报发言，做法得到省委书记肯定。

7.“三个平台”：着力探索基层人才培养新路径

针对基层人才不足的难题，永州市不断深化基层人才发展体制机制改革，大胆探索创新，通过三大平台建设走出了一条建强基层人才队伍的新路子。一是建立永州市农村党员和青年农民培训中心，采取“农民点单、财政埋单”方式，每年培育农村党员和新型职业农民近万人。二是实施“基层实用人才定向培养三年行动计划”，依托市内高校每年培养教育、医卫、农技类实用人才1000名以上。三是在全国率先建立乡镇（街道）党校，全面提升基层干部能力素质。目前全市181个乡镇（街道）党校实现全覆盖，2700多个村设立教学点，在全国首创性开辟基层党员干部能力提升新渠道。相关经验做法，被在全国职业农民高峰论坛上推介并被纳入“全国人才工作创新案例”。

二　永州市推进减轻基层负担与调动基层干部积极性相结合的体制机制改革的主要困难和问题

（一）顶层设计方面

1. 改革试点方案适时跟进调整不够

一是在时间安排上，改革试点时间根据实际需要调整为三年后，改革试点方案中涉及的工作步骤和时间安排等，未及时进行相应调整。二是在县区试点方案方面，各地根据改革试点推进情况及时调整优化改革方案力度不够。如乡镇干部专项津贴等创新举措成为“规定动作”后，如何解决街道办事处工作人员的待遇不平衡问题，以及如何实现更多维度和更高层次的正向激励，这些需要进一步破题。三是在总体规划方面，对于县区试点工作完成后如何开展效果评估、如何在全市范围有序复制推广，工作安排还不够明确和具体。

2. “减负”和“调动积极性”相结合的体制机制创新仍有潜力可挖

改革试点 1+X 方案无论在围绕“减轻基层负担”做“减法”方面还是围绕“调动基层干部积极性”做“加法”方面，均有很大创新。但在将两方面统一起来，形成“减轻基层负担与调动基层干部积极性相结合的体制机制”上，还有进一步提升的必要和空间。理论上，对于两者之间的相互关系特别是内在逻辑联系的理解和把握还需要进一步深化；制度设计上，对于两者结合融合的机制体制探索和创新还需要进一步加强；推进方式上，在前一阶段分步实施和区县分别试点的基础上，需要将两方面的改革加快统筹起来，实现两方面改革同步谋划、同步实施、同步推进，形成改革倍乘效应。

3. “五大机制”从点到面的系统集成有待加强

目前改革试点主要按照分解后的“五大机制”由试点县区各自独立探索推进，如道县主要负责“减轻基层负担”方面的改革试点，零陵区主要负责“干部正向激励机制”和“纠错容错机制”方面的改革试点，蓝山县主要负责“改革行政审批体制，强化基层政务服务机制”方面的改革试点，改革试点工作总体呈现以点为主、各个击破的阶段特征，要实现改革试点从点到面的突破，需要在改革推进的系统性、整体性方面进一步加大力度。

（二）协同推进方面

1. 上下层级之间对接还不够顺畅

当前市县乡村四级联动的工作格局还存在一些分工不明、对接不畅、合力不足的现象，市级层面特别是市直单位在方案设计、宏观决策、指导实施、统筹协调等方面的作用需要进一步加强。如道县“大督考”机制成效明显，但在市级层面还存在条块对接的难度，与市级以上层面对接也有一定的障碍；蓝山县自下而上进行集中行政审批改革，但省市县“互联网+政务服务”数据系统尚未完全对接，上下之间对审批结果还没有做到完全互认，甚至出现上级部门不认可改革试点县行政审批局的审批审核结果的现象。

2. 横向部门之间协调联动还不够充分

永州改革试点的单位多、所涉范围广，横向部门之间统筹联动推进存在一定问题。一是有的县区部门之间沟通渠道不畅通、协调能力不足。如蓝山县少数部门协调不够，并联审批的渠道仍不够畅通，部分单位政策变化的信息传达不及时；审管分离后，部门之间衔接不畅，原部门的行政检查、行政强制等审批监管较难发挥作用；有些审批事项划转县行政审批服务局，存在名进实未进、授权不充分，体外审批依然存在。二是有的部门还没有形成强有力的工作抓手，存在手段疲软、方法不足的问题。如县直部门对于加强已梳理下放至乡镇村审批事项的监管办法不多，特别是有些审批事项取消或改为备案后，审批监管感到力不从心。三是有的县区职能部门与乡镇之间协调联动不够。如祁阳市有的乡镇“六办四中心一大队”虽然都挂了牌，但相应的财权事权没有下放、职责职能没有下沉。江华县建立“心连心”网上群众工作平台，县直部门与乡镇之间协同合作需加强。

3. 信息平台和数据共享还不够统一

一是信息共享有壁垒。如蓝山县政务服务改革中涉及 181 个部门业务系统与“互联网+政务服务”一体化平台的对接，但目前仍有全员人口信息管理系统、房地产市场监管平台等 48 个系统不能完全对接。江华县搭建“心连心”网上群众工作平台、江永县创新“互联网+基层服务”模式中，也存在信息进一步整合和运用的难题。二是信息收录不完整。如基层网格化治理中信息来源比较单一、内容不够完整、质量不够高；零陵区网格化建设中由于信息收录不够充分，无法满足“智慧零陵”建设的需要。三是平台统一有难度。如全市共推进 1790 项一体化平台办理事项，但目前在一体化平台真正能够办结并产生办件的只有 298 项，在网上可全程网办的只有 255 项。

4. 社会参与还不够广泛

多种社会力量深度参与改革的积极性还没有充分调动起来，对于一些重大改革举措，群众的知晓率还不够高，多元主体参与改革的沟通协商、合作体系还需健全，基层多元共治的体系建设还需加强。如江永县政府电商办在“互联网+政务服务”改革中发挥了引导推进作用，在系统应用、产品销售、冷链物流等环节还可以通过引导市场主体、社会组织来解决面临的困难。基层治理中对于村规民约、社区公约等制度化建设还不够，多元化矛盾化解机制建设还需加强。

（三）基层落实方面

1. 责任分解还不到位

市改革实施办法已将责任分解到市直部门、参与单位和县区，但是责任层层分解需要具体细化，一些任务完成不全面，任务具体完成的时间没有明确，对于超出时间没有完成任务的责任没有后续措施，如“申请类政务服务及公共服务网上可办率”目前只达到 81. 23%，离 95%的目标还有较大距离。

2. 推进落实还不平衡

有些试点推进速度快、力度大，成效相对明显，但有些试点受多方面条件制约，推进速度相对滞后，成效还没有充分显现。如在探索容错纠错试点改革中，对容错纠错中“错”的内涵把握不够准，对容错纠错的情形认定还比较抽象模糊，致使在对关键少数、重要岗位监督中，如何正确运用容错纠错，还缺乏行之有效的方法措施；对大胆容错免责与从严执纪问责的关系拿捏不准，特别是对于一些免予处理或从轻处理的典型案例没有及时纳入容错的范畴统计，导致容错效果没有充分彰显出来。

3. 干部能力不足制约明显

一是基层干部结构还不优。部分县区直单位干部老龄化趋势明显；具备相关资质、专业技术职称的公务员较少，有的县区水利、交通、住建等单位总工程师职位“有岗无人”。二是基层执法力量不足。乡镇（街道）机构改革后，一些管理、执法职能下沉到乡镇，如农机部门的拖拉机、联合收割机年检等，但乡镇因缺乏相应专业执法人员而难以承接、难以履行；镇村两级政务服务需要的既懂业务又懂电脑的人员不足。三是基层干部能力不足。有些干部创新能力不强，习惯于上面怎么说、下面就怎么做；对于用改革的办法解决基层改革过程中“人、财、物”问题，还缺乏创新思维和清晰思路；部分年轻干部发动、引导和组织群众的能力还有欠缺；还有部分干部缺乏发展特色产业的能力。

（四）干部群众反映的难点堵点问题

1. 综合减负大格局尚未全面形成

问卷调查显示，一些部门和领导干部依然习惯依靠开会、发文、督查检查“三把斧”开展工作。访谈中有干部反映：现在红头文件少了，但各种通知多了；开会数量少了，但开会时间长了；督查检查少了，但各种调研多了；基层负担并没有完全减下来，干部加班的情况还比较普遍。一些形式主义通过换“马甲”变相存在。这说明基层负担重成因复杂、治理难度大，很多问题具有普遍性、顽固性和反复性，只有持之以恒、精准发力，才能从根本上破除形式主义乱象，形成综合性减负大格局（见图2）。

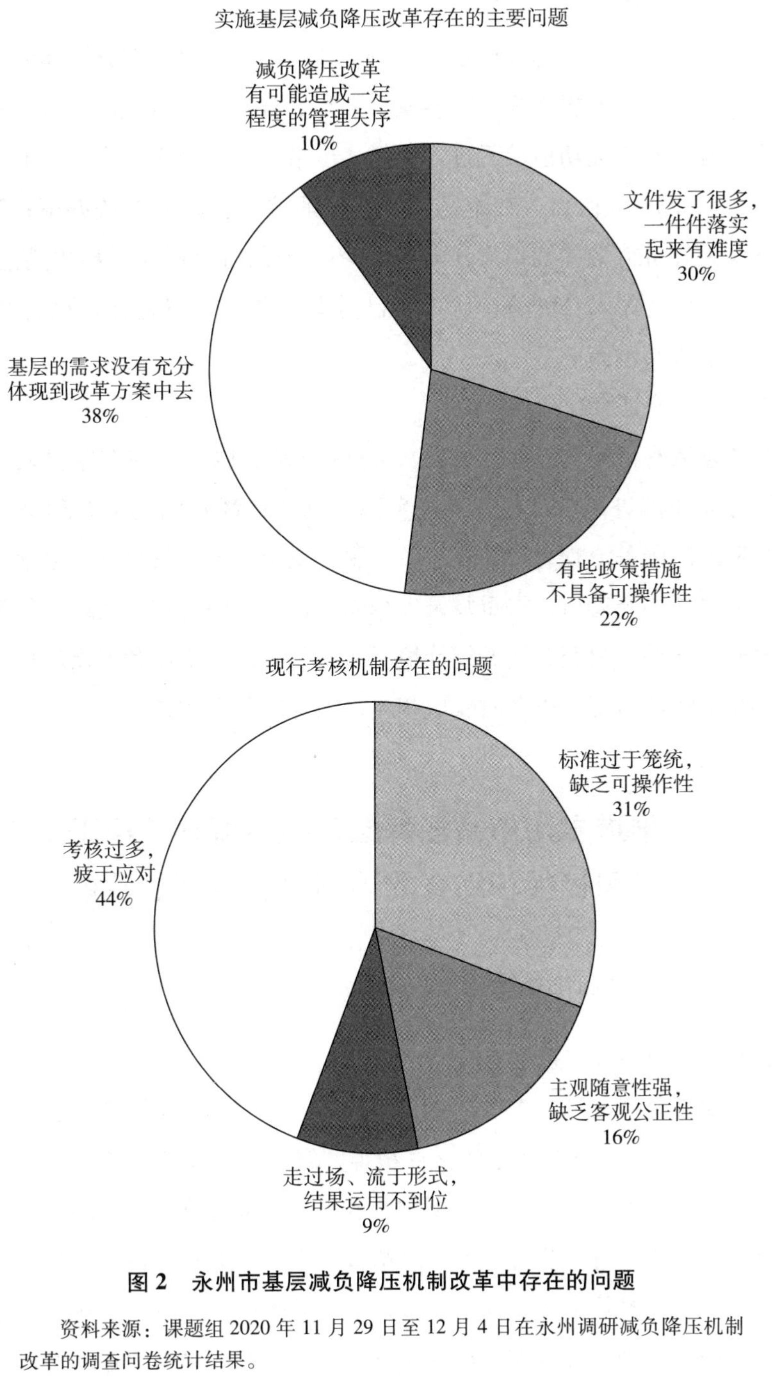

图 2　永州市基层减负降压机制改革中存在的问题

资料来源：课题组 2020 年 11 月 29 日至 12 月 4 日在永州调研减负降压机制改革的调查问卷统计结果。

2. 部分干部内生动力仍然不足

干部不担当不作为的现象依然在一定范围存在，仍有部分干部以减负为由减责任减担当，不想作为。问卷调查显示，还有21.05%的干部认为政治前途不乐观，不求无功但求无过，干得多出错多、怕问责，为了不出事宁愿不做事；12.28%的认为存在本领恐慌，习惯按老套路老办法办事；38.6%的干部认为经济待遇差别不大，干多干少一个样；部分年龄偏大的基层干部（在调查样本中占22.80%），认为自己升职无望、即将退休或坐等晋升职级，工作积极性不高。

3. 服务群众还存在堵点痛点

服务领域有待拓宽。如江永县"互联网+基层服务"在健康养老、矛盾化解等方面还需进一步开拓，一些乡镇、村（社区）的网上办理事项有待进一步增加。服务流程有待简化。由于服务意识不强和信息共享限制，有些事项仍需要跑多个窗口，需重复录入相同数据到不同的信息系统。服务质量有待提升。从评估组调查问卷统计情况看，仍有部分企业和群众反映当前还需加大相关宣传力度，以及时获取相关事项办理要求和指南。

三　推进永州市减轻基层负担与调动基层干部积极性相结合的体制机制改革的建议

（一）进一步强化系统集成

1. 加强试点方案的系统集成

要按照湖南省委"三年完成试点改革任务"的总体要求，吃透湖南省委加强基层建设"1+5"等上级文件精神，领会中央和湖南省委关于基层减负和调动基层干部积极性的最新要求，找准下一步改革试点工作的切入点、创新点和着力点，进一步优化完善改革试点方案，适时出台下一步深入推进改革试点工作的具体方案。同时，永州市各县区试点方案也要在分析总结前期经验和问题基础上加以调整或者完善，并强化方案之间的整体谋划和系统集成。

2. 加强“五大机制”的系统集成

一方面，要针对“五大机制”试点中尚需进一步创新突破的领域，精准发力，持续推出一批靶向准、落点实、效果好的改革举措，让改革试点的“亮点更亮、创新更新”。另一方面，要全面梳理提炼试点县区和非试点县区复制推广过程中取得的制度成果，分类进行制度化集成。一是已经成熟的，由市直牵头部门负责制定出台相关制度文件，在全市实施；二是需要继续试点或者完善的，明确继续试点完善的时间表和任务书，完善后再形成制度文件；三是具有全省推广价值的做法，湖南省深改办、省直相关职能部门要加强研究论证，上升为全省性的经验或者制度予以推广，湖南省委深改办也可以通过下发《关于在全省推广一批改革试点经验的通知》等形式，对各市州开展的改革试点取得的有益经验进行集中推介。

3. 加强改革推进的系统集成

要将改革试点纳入地方经济社会发展大局中系统谋划，在横向上实现“减轻基层负担与调动基层干部积极性”改革与政治、经济、社会、文化、生态等领域改革之间的有机衔接和相互支撑，在纵向上实现不同行政层级和效力层级改革之间的衔接，在时间维度上统筹好规划、推进、评估、改进、成果、推广的前后相继和反馈影响关系，在此三维框架中提升改革执行力，避免执行的“缪尔达尔陷阱”①。在系统推进中，根据具体情况分别采取“推广式”（即在全市全面推开已经成熟的做法）、“叠加式”（即在试点县区原有试点基础上叠加其他县区试点做法）、“菜单式”（即允许各县区根据本地实际自主选择一些做法），分层次分步骤在全市系统推进改革试点，在全市范围内释放改革试点综合效应。

---

① 历史经验表明，许多政策失败，并非由制定的政策不当所致，而是由执行不力或者执行的过程当中政策被扭曲所致。瑞典著名经济学家、1974 年诺贝尔经济学奖获得者缪尔达尔，在指出东南亚 11 个不发达国家贫困的原因时说，这些国家存在执行不力的“软政权”现象，即“包括所有各式各样的社会法律，它们表现为，缺乏立法和具体法律的遵守和实施，各级公务人员不遵从交给他们的规章制度和指令，并常常和那些他们本应该管束其行为的有权势的人们串通一气。”

（二）进一步增强改革合力

1. 加强上下层级之间的协同

搭建“上下贯通”的改革纵向协同机制，建立市县乡村改革联席会议机制，定期进行信息收集和问题汇集，形成长期固定的改革协同工作方式，统一汇集信息、快速跟踪反映、灵活调整策略，强化各级政府之间改革的纵向协同。市直部门要加大组织协调力度，切实担负起牵头主抓的责任，推动从更高层面解决一些制约县区改革进程和地方自身解决不了的问题，加强对县区改革试点的组织协调和效能督查，试点县区要站在全局的高度与市直部门搞好配合。

2. 抓好横向部门之间的联动

搭建“左右联动”的改革横向协同机制，健全和完善各级层面改革调度会议机制，加强部门之间的前后对接、左右联系、衔接配合，推动各方面改革平衡发展，避免部门之间因为权力和利益的深度调整而出现消极懈怠甚至抵触情绪。

3. 扩大社会力量的参与

搭建“多方合作”的改革社会协同机制，构筑以政府为核心，连接市场、社会、公众的多方参与平台，举办多方参与的改革协商会议，加强与社会力量的改革合作，构建多方参与改革的生动局面。把群众反映强烈的问题作为下一步扩大改革成效的突破口，增进群众对改革的信任度和获得感；进一步加大改革的宣传引导和信息发布，不断提高全社会对改革的支持和认同；完善公众参与改革的形式和渠道，充分发挥社会和群众推进改革的积极作用。

（三）进一步整合信息平台

1. 加强信息整合和数据共享

顺应新一轮科技革命和产业变革趋势，加大投入力度，加快完善市县信息平台建设；做好省、市、县信息数据的互联互通共享，尤其是要从省、市层面统一明确试点县区信息共享的种类、标准、范围、流程，彻底打破信息壁垒和数据孤岛，提升数字化、网络化、智能化发展水平。

2. 统一建设政务服务平台

建议在全省范围统筹各类办事服务平台，全面对接全国一体化在线政务服务平台，协调省市有关部门，加强审批结果互认互通，建成全省各级协同联动的政务服务平台；建立一体化的综合指挥平台，整合现在设在乡镇街道党的建设、综合治理、社区治理、数字城管等指挥系统，构建市一体化综合指挥体系；迭代升级“一件事一次办”平台功能，及时发布跨域通办清单和指南，实现跨域通办和智能导办。

3. 强化线上线下平台融合

建议推广江永“互联网+基层服务”模式，加强农村电商流通渠道建设，鼓励有条件的县区建立大型农产品交易市场，完善和升级贫困村服务站点代买代卖、快递收发、缴费充值、金融服务等功能，发挥服务站在农产品上行中的重要作用，促进农村地区农特产品进校园进单位进社区，带动地方经济升级发展。

（四）进一步推动基层落实

1. 严密责任分解和落实

推动基层各级党委（党组）把改革的责任牢牢抓在手上，促进改革责任落细落实。要把不同改革责任主体的责任分解清楚，明确改革专项小组、牵头部门、执行单位、主要领导、分管领导的责任，全面构建主体明确、职责清晰、上下衔接、环环相扣的责任落实体系。

2. 深入推进容错纠错

正确把握容错纠错边界，合理设定容错纠错情形，考虑在推进基层治理、维护社会稳定、推动重大项目、处理历史遗留问题等急难险重任务中出现失误或错误的免责情形，做到严肃问责、规范问责、精准问责、慎重问责。

3. 提高干部能力和活力

科学分析制定各层次、各类别、各岗位干部的素质、知识、能力的要求和标准，推进基层干部大教育大培训。持续夯实基层基础，完善优秀村（社区）党组织书记依程序进入体制的工作机制，实施村级集体经济“消薄攻坚”工程。牢固树立重基层、重实绩的选人用人导向，稳步推进职务与职级并行工作，拓宽乡镇干部晋升通道。加强基层人才队伍建设，培养、使用一批教育、工程、农技、医卫等领域专业人才，注重新产业新业态人才队伍建设，推动人才向基层流动。积极推行“一线工作法”，鼓励、督促基层干部多到群众中去，处理好群众的痛点堵点问题。

4. 持续整治形式主义和官僚主义

作风建设永远在路上，形式主义和官僚主义仍然在一定范围内存在，必须拿出更大决心和力度予以坚决整治。要加强教育宣传、紧盯“关键少数”、强化执纪问责、加大党务政务公开力度、综合运用多种监督资源，使形式主义、官僚主义无处遁形。

（五）进一步复制推广纵深推进

建议出台《关于“减轻基层负担与调动基层干部积极性相结合的体制机制”改革试点典型做法的通报》，将 2019 年来各试点县区的 22 个典型做法在全市推广。建议可在全市建章立制的是：大督考机制，综合性服务平台，乡镇工作专项补贴制度，基层干部政治激励机制，基层干部待遇保障机制，基层干部专业能力提升机制，基层干部关爱帮扶机制，村干部经济待遇与工作实绩相挂钩的激励机制，干部澄清保护机制，“村为主”机制，城乡网格化服务管理体系，“互联网+”基层服务新模式，“网上群众工作平台”等。值得在全省推广的有：“村为主”机制，大督考机制，基层干部专业能力提升机制，政务服务改革，干部澄清保护机制，“互联网+”基层服务新模式，“网上群众工作平台”等。尚需进一步研究论证再推广的有：对乡镇党校建设、正向激励相关做法等试点经验，建议相关省直职能部门进一步研究论证，由职能部门出台文件在全省推广。

B.28

湖南基层社会治理创新的现状、问题与发展路径研究*

彭 澎**

摘 要： 湖南在推进基层社会治理创新中积累了很多经验，取得明显成效，基层社会治理在维护基层社会稳定、实现基层社会和谐、调整基层社会力量、规范基层社会行为等方面发挥了重要功用。同时，基层社会治理创新在顶层设计、治理机制、信息技术、治理基础等方面也面临一些困难和问题，需要继续深化创新举措。

关键词： 基层社会 治理创新 湖南

基层是国家治理体系的根基和重点环节。当前基层经济发展和社会运行在新时代表现出新形势、新特征和新要求，党的二十大提出了新时代基层社会治理战略和方针，即“完善社会治理体系。健全共建共治共享的社会治理制度，提升社会治理效能”“畅通和规范群众诉求表达、利益协调、权益保障通道”“建设人人有责、人人尽责、人人享有的社会治理共同体”。这是党中央在建设社会主义现代化国家伟大征程中对基层社会治理创新做出的新部署和新安排，代表着新时代推进基层社会治理创新的新方向和新要求，是当前推进基层社会治理创新的基本思路和政策主张。全面建设社会主义现代化国家的战略目标蕴藏着的发展动力、发展资源和发展趋势将带来包括基

* 项目基金：2022 年度湖南省社科成果评审重点课题“湖南法治乡村建设标准设计与考核制度研究”（项目编号：XSP22ZDI023）阶段性成果。

** 彭澎，中共湖南省委党校（湖南行政学院）法学部教授、法学博士。

层在内的国家整体现代化发展的深刻巨变，使得原来长期存在并发挥作用的社会结构、运行体系将再度发生深刻变革和全面转型，基层治理的社会环境、体系结构、体制机制也将发生明显的变化，这些变化情形在党和国家近年来制定的关于基层社会治理的政策和方针中都有深刻的体现。进入新时代以来，湖南省高度重视基层社会治理创新，大力推进基层社会治理创新，聚焦健全基层社会治理机制、优化基层社会治理结构、完善基层社会治理方式等多个方面的改革创新，基层社会治理创新取得明显成效。但基层社会治理创新在顶层设计、协同推进、基层落实等方面存在不足和困境，对此要高度重视并认真推进解决。

一　湖南纵深推进基层社会治理创新的战略意义

（一）贯彻落实习近平总书记关于基层社会治理重要论述精神的具体实践，推进基层社会治理现代化建设的具体深化

党的十八大以来，习近平总书记关于平安建设和基层社会治理有一系列重要论述，深刻阐述了为什么要推进平安建设和基层社会治理、推进什么样的平安建设和基层社会治理、怎样推进平安建设和基层社会治理等一系列重大问题。统筹发展和安全，建设更高水平的平安中国，是“十四五”时期重点任务。2019 年 10 月，党的十九届四中全会通过《中共中央关于坚持和完善中国特色社会主义制度　推进国家治理体系和治理能力现代化若干重大问题的决定》，着重强调要加强系统治理、依法治理、综合治理、源头治理。党的十九届四中全会提出“推动社会治理重心向基层下移”。2021 年 7 月 11 日公布的《中共中央　国务院关于加强基层治理体系和治理能力现代化建设的意见》明确指出，“基层治理是国家治理的基石，统筹推进乡镇（街道）和城乡社区治理，是实现国家治理体系和治理能力现代化的基础工程”，并着重强调“提高基层治理社会化、法治化、智能化、专业化水平”“推进基层治理法治建设”。创新基层社会治理、提升基层治理现代化水平

已成为新时代建设平安中国的必然要求。在党中央制定的一系列关于国家和社会治理的制度内容和政策文件中，基层始终居于重要的核心地位，是国家和社会治理的重心所在，体现基层社会治理在国家和社会治理体系中价值内涵的不断深化。对于国家治理现代化来说，加强基层社会治理是基本途径和重点内容，促进基层社会转型、实现现代化发展是加强基层社会治理创新的根本目标与基本要求。特别是在加快基层治理体制改革、推进基层民主政治建设、实现基层现代化发展过程中，加强基层社会治理创新肩负着重要的责任和使命，是基层治理现代化的重要内容。

（二）全面落实“三高四新”战略定位与使命任务、实现湖南经济社会高质量发展的时代要求，是全面建设社会主义现代化新湖南的客观需求

习近平总书记 2020 年 9 月在湖南考察调研并亲自为湖南锚定了经济社会发展战略。2021 年 11 月湖南省第十二次党代会明确强调全面落实“三高四新”战略定位与使命任务。当前，湖南省正全面落实“三高四新”战略定位与使命任务，整体谋划和系统推进社会主义现代化新湖南建设。在社会主义现代化新湖南建设过程中，湖南省委对深入推进基层社会治理工作高度重视，坚持以人民为中心的发展主题，实实在在做好基层群众工作，继续坚持和强化基层组织建设、创新基层社会治理、完善基层公共服务、切实为基层减负等行之有效的举措，加强和改善民生。以积极推进基层社会治理的实践创新来回应人民群众的新需求、满足人民群众的新期盼，使全体人民能够更多更公平地享受到改革发展成果。

（三）加强湖南基层治理体系和治理能力现代化建设的实施路径，建设更高水平平安湖南的重要举措

2019 年 7 月 13 日，中共湖南省委印发了《关于全面加强基层建设的若干意见》，明确提出要“加强和创新基层社会治理”“健全基层社会治理体系”“大力推进平安乡村和平安社区建设”。2020 年 5 月，中共湖南省委全面依法治省委员会正式印发《关于加强法治乡村建设的实施意见》，对湖南

法治乡村建设提出了明确要求。2021 年 3 月 7 日，中共湖南省委、湖南省人民政府印发的《关于全面推进乡村振兴加快农业农村现代化的实施意见》提出“提升农村基层建设和乡村治理水平”。2021 年 10 月 11 日，中共湖南省委印发了《法治湖南建设规划（2021—2025 年）》，明确提出，“围绕实施乡村振兴战略，深入推进法治乡村建设，健全自治、法治、德治相结合的乡村治理体系”。2022 年 5 月 13 日，湖南省委办公厅、省政府办公厅印发《关于加强基层治理体系和治理能力现代化建设的若干措施》，其中把“基层治理创新”作为加强基层治理体系和治理能力现代化建设的重要举措，明确了具体措施。这一系列围绕基层社会治理的政策文件的制定清楚地揭示了湖南省大力推进基层社会治理创新的目标任务，也完整阐释了湖南省大力推进基层治理体系和治理能力基本实现现代化的重要内容。湖南省第十二次党代会报告明确强调，“经济社会发展的主要目标是：到 2026 年，治理效能更优，民主法治更加健全，社会公平正义进一步彰显，社会治理特别是基层治理水平明显提高，数字化治理取得重大突破，防范化解重大风险体制机制更加完善，发展安全保障更为有力。在实现五年奋斗目标的基础上，到 2035 年，基本建成富强民主文明和谐美丽的社会主义现代化新湖南。基本公共服务实现均等化，现代社会治理格局基本形成，政治安全、社会安定、人民安宁、网络安靖，人民生活更加美好、心情更加舒畅、人生更加出彩”。《湖南省国民经济和社会发展第十四个五年规划和二〇三五年远景目标纲要》强调要“着力建设社会平安的现代化新湖南”，特别指出：“全面加强社会治理。完善党委领导、政府负责、民主协商、社会协同、公众参与、法治保障、科技支撑的社会治理体系，全面推动社会治理主体多元化、治理机制科学化和治理手段智慧化，建成人人有责、人人尽责、人人享有的社会治理共同体。”在全面建设社会主义现代化国家的新征程中，基层治理体系和治理能力现代化建设是重要的内容，我们要将现代化的理念和机制植根于湖南省基层社会治理领域，实现湖南省基层社会治理向更深入、更广泛的层次推进，在大力加强基层社会治理创新的伟大实践中来实现湖南省基层治理体系和治理能力现代化发展的新目标和新要求。

二　当前湖南省基层社会治理创新存在的问题

近年来湖南省基层社会治理创新积累了一些有益经验，取得较好的效果，但与新时代建设更高水平平安湖南的新目标新期待相比，现有的基层社会治理还不能完全适应现实要求，存在一些共性问题，主要表现在以下几个方面。

（一）顶层规划存在“三个不够”

一是高度不够。从更高水平平安湖南建设战略视角来谋划的高度不够，更多停留于从社会建设层面来布局，对政治安全、公共安全、环境安全等平安建设重点问题缺少系统性关注。基层社会总体性、系统性的风险在增加，需要更高站位、更高质量、更全方位的基层社会治理来统筹发展和安全。二是深度不够。从基层社会治理专业维度来谋划的深度不够，更多停留于基层治理、基层党建、市域社会治理等政策文件来布局，基层社会治理与上述工作既有共同点，更有不同点；既有共性，更有个性。对基层社会治理的内涵、方式及其基层性、社会性交融的特质内容的认识不聚焦不清晰、阐释不深刻不到位。三是精度不够。从全省任务要求统一角度来设计举措的精度不够。湖南省贯彻落实中央文件，先后制定了一系列实施意见和措施，其中乡村治理主要由乡村振兴局负责、城市党建引领基层治理主要由党委组织部负责、市域社会治理现代化主要由党委政法委负责，各部门侧重不同、工作交叉重叠，相同工作却有不同要求，需要进一步精准精细化。

（二）治理机制存在“三个不畅”

一是协同治理的机制不畅。政府、社会和公民的共享交流、沟通协商、合作互动机制未完全建立，共建共治共享的格局尚未完全形成。如政府对志愿服务活动管理多但引导不够，过于追求志愿者注册率、活跃率，对志愿者活动的质量有所忽视。二是纵向推进的机制不畅。省、市、县、乡（街道）、村（社区）五级联动工作格局存在对接不畅、合力不足问题，省、市级层面在方案设计、宏观决策、指导实施、统筹协调等方面的作用还需加强，距离上下贯通、运行高效的推进机制要求有差距。如有的市州把市域社会治理现代化任务直接分解到县市区，市级统筹优势发挥不够；有的市州没有充分结合本地区实际，地域特点体现不充分；有的地方推进迅速，成效较为明显；也有少数地方受多种因素影响，工作进度相对滞后。三是横向协调的机制不畅。基层社会治理涉及多个牵头部门、责任单位，职责任务有交叉重叠，各部门单位在密切协同、无缝衔接和同向发力上有待加强，跨部门协作联动化解矛盾、处置风险、优化环境等存在不足。

（三）治理体系存在“三个不足”

一是多元共治的融合不足。政治引领、法治保障、德治教化、自治强基、智治支撑等单独设计的多、统一整合的少；任务分开设定的多、统筹结合的少。互促共进、优势互补、良性互动的多治融合尚未真正实现。二是三端治理的衔接不足。前端、中端、末端没有有机统一起来。重末端的打防管控、轻前端的综合治理，重末端的问题处置、轻前端的正本清源，忙于末端应对、事后处置，不善于从源头上分析和前端、中端来解决问题。如矛盾纠纷偏重于末端化解，仍然以行政力量、司法力量为主，前端预警与中端管控作用发挥有限，信访总量高位运行。三是治理力量的承接不足。偏重于政府管理，习惯于政府直接统揽和操办，不善于运用市场机制和社会机制来承接社会治理和公共服务职能，市场机制和社会机制的作用功能尚未完全发挥出来。如有的村专职化社会工作人员聘请较多，政府财政负担大，岳阳县一些较大的村村支两委成员达 9 人，还设置 1 名便民服务代办员和 1 名专职驻村辅警，相关待遇均由财政负担。如心理健康、法律服务、调解工作等需要专业人士参与的治理工作，引导市场与社会参与的模式不够。

（四）信息技术存在“三个不力”

一是支撑不够有力。许多地方已建设数据平台，具备海量原始数据，但数据准确性、完整性不够，数据更新、信息安全相对滞后，大数据的数量和质量存在差距，数据平台运维、视频监控维护等存在财力支撑困难。如有的地方综治平台仍使用2015年的国土地图，没有及时更新，人员需要重新与住户绑定。如有的地方信息录入以网格员信息数据采集为主，网格员每周例行走访、收集社情民意、排查矛盾纠纷还没有完全到位，所上报信息大多以城市管理内容为主，社会治理内容较少。二是运用不够有力。现代信息科技应用停留在实时监控、可视调度、事后追溯等层面，离向前端治本延伸、源头预测预警预防还有差距。大数据决策、治理与全过程运用、广范围应用不够，尤其是在多维度运用大数据技术、云计算功能、人工智能、区块链等现代信息科技来夯实基层社会治理基础和大数据的比对、分析、研判等实际运用上还不够，数据治理的便捷效果还不够突出，需加强人工智能、区块链等新技术的应用建设。三是共享不够有力。没有形成全国或全省统一的智慧信息平台，信息共享有技术障碍，存在网络梗阻、信息孤岛、数据壁垒，存在信息“部门化”和“碎片化”问题，数据融通程度不高，信息技术共享难。

（五）治理基础存在“三个不强”

一是基层人才队伍基础不强。整体专业化程度不够高，接受系统的社会工作专业教育较少，工作手段和治理方法距提供多样化、专业化的基层社会公共服务有距离。二是基层社会组织基础不强。能够承接社会服务职能及满足多元化需求的社会组织并不多，治理与服务能力、专业化水平还不高。三是基层群众参与社会治理的能力不强。群众参与仍然出现参与意愿不强、参与结构失衡、参与层次偏低、参与方式被动等不足。能力强、技术高、能够提供更为高效支持的社会中坚力量和专业技术人才参与得不多。

三　纵深推进湖南省基层社会治理创新、建设更高水平平安湖南的发展路径

在国家治理体系和结构中，基层是根基，基层社会治理是重要部位，基

层社会治理关系着经济社会的持续健康发展、关系着社会的和谐稳定。创新基层社会治理是一项基础工程，也是一项系统工程，更是一项灵魂工程，事关湖南省经济社会发展的大局，是建设更高水平平安湖南的着力点。推进湖南省基层社会治理创新，既要科学统筹、整体谋划，又要实事求是、因地制宜，持续性地把各项工作任务向纵深推进。要认真领会和深入落实习近平总书记关于平安建设和基层社会治理的重要论述精神，统筹发展和安全，不断推进基层社会治理创新。

（一）制定“三大制度法规”，优化基层社会治理的顶层设计

一是尽快制定《湖南省平安建设条例》。将基层社会治理创新与平安湖南建设高度结合在一起，统一谋划、统一部署，以制定地方性法规的法定形式将基层经济、政治、文化、社会、生态等重点安全内容与基层社会治理创新紧密联结起来，聚焦安全风险和社会隐患，预防和解决影响社会安全稳定的苗头性、倾向性、趋势性问题，增强基层社会治理创新的稳定性和权威性。二是《湖南省基层社会治理发展规划》。将系统治理、依法治理、综合治理、源头治理有机结合，统筹安排、科学部署，加快基层社会治理长效性建设，突出共建共治共享基层社会治理格局建设和多元共治融合体系的构建，确保均衡发展、协调推进。三是加快制定《湖南省基层社会治理建设标准》。将顶层与基层统一起来，既对标上层又面向基层，既着眼全国又立足湖南，既考虑所需又考虑可行，既坚持共性又鼓励个性。

（二）建设“三大协同机制”，构建运转有序的治理体系

一是建设“政府、社会、公众的协同治理机制”，明辨三者的指涉对象和逻辑关联，更好地推进政府、社会及公众的协同合作，树立社会治理共同体意识。二是建设“政府、社会、市场的协同运行机制”，进一步发挥政府、社会、市场的机制功能，着力增强政府、市场、社会等体系机制的协同互补作用。如湘阴县文星镇长岭社区通过政企合作，在政府的领导下，将全社区生活垃圾分类工作进行企业化市场运营，打造生活垃圾分类全产业链，

通过政府推动、市场运作、全民参与，实现人居环境治理，助力生态文明乡镇建设。三是建设“纵向和横向的协同推进机制”，加强上下层级之间的协同，搭建“上下贯通”的纵向协同机制，建立省、市、县、乡（街道）、村（社区）联席会议机制，定期进行信息收集和问题汇集，强化上下级之间的纵向协同。省级和市级要加大指导协调力度，推动从更高层面解决一些制约基层社会治理而地方自身解决不了的问题。加强横向部门之间的协同，搭建“左右联动”的横向协同机制，健全和完善各级调度会议机制，加强部门对接联系与衔接配合，避免部门隔阂和阻碍，推动均衡发展。

（三）打造“三大强基工程”，有效推进基层社会治理的三治融合

一是基层党组织建设工程。进一步提升基层党组织的政治引领功能，进一步明确各级党委政法委在平安建设和基层社会治理中的职能和责任，加强乡镇（街道）政法体制建设。二是基层社会治理体系建设工程。按照政治引领、法治保障、德治教化、自治强基、智治支撑的基层社会治理格局，建设多治融合的互促共进、优势互补的良性互动结构，整合多方治理资源，形成多元共治的合力。三是基层服务能力建设工程。创新服务方式，提高基层服务能力，引导多方参与提供社会服务，努力培育社会力量和搭建多种服务平台，创新各种服务模式，不断提升基层的服务能力和水平。

（四）开展“三大攻坚行动”，推动社会治理的整体智治

一是开展“数据+治理”融合攻坚行动。制定基层社会治理与大数据、人工智能等现代科技的创新计划，设立重点研发计划项目，强化社会治理智能化建设关键技术研究。打造数据驱动、人机协同、跨界融合、联创共享的智能化社会治理平台。建立完善感知、预警、指挥、行动、反馈工作机制。统筹推进智慧城市、智慧社区基础设施、系统平台和应用终端建设，强化系统集成、数据融合和网络安全保障。健全基层智慧治理标准体系，推广智能感知等技术。二是开展“数据+治理”整合攻坚行动。推动从省级层面建立统一的信息数据库，实现社会治理数据资源系统的高效集成，充分保障数据

资源的广泛共享。加强基层数据资源建设，实行基层数据综合采集，实现一次采集、多方利用。如常德市以社会治理网格化信息平台、常德政府数据资源共享平台为数据支撑平台，统一由网格员采集录入“人、地、事、物、情、组织”等基础数据，同步推进政府部门数据实时共享，实现基础数据一网支撑、一次采集、多方利用，逐步拓展其他数据的综合采集，切实解决了部门单位数据共享的实时性、完整性、准确性不够等问题。三是开展“数据+治理”应用攻坚行动。实施基层信息技术的应用计划，建设开发基层社会智慧信息系统和简便应用软件，扩大基层信息在风险防范、危机处置、矛盾化解等领域的运用范围，扩大信息化在基层社会治理中的应用范围，提高数据治理的质量和效能。

（五）构筑“三大交流平台”，有效扩大社会力量，实现广泛参与

一是构筑基层群众意见收集与反馈平台。以群众反映强烈的问题作为突破口，加大基层社会治理问题的解决力度，提升群众对基层社会治理创新的支持度和信任度。二是构筑基层社会治理创新的宣传引导和信息发布平台。能够向社会及时发送基层社会治理创新的各项工作信息，针对群众关注度很高的社会问题重点做出回应，让社会更多地获知和了解基层社会治理创新的进展及其成效，增强社会认同感。三是构筑基层社会力量参与平台。积极探索社会组织和群众参与基层社会治理创新的新形式和新方法，拓宽和丰富基层社会治理创新的参与渠道，通过建立具有代表性的基层社会组织孵化平台来努力探索和有效培育基层公益性、服务性、互助性的社会组织，培育更多的社会组织来承接政府转移职能和服务项目。如常德市鼎城区蔡家岗镇“发展平安之星协会，引导群众共建共治”，探索发展社会组织，全镇建立17个协会，激发群众活力，协会参与化矛盾、关爱帮扶防肇事、视频巡查强防控，实现了社会组织全覆盖、重大矛盾全化解、重大风险零发生，探索出社会全员参与治理新路径。

B.29

乡村振兴背景下建设“宜居宜业和美乡村”路径浅析

——以娄底市双峰县金凤村为例

湖南省政务服务和大数据中心工作队*

摘　要： 民族要复兴，乡村必振兴。本文以娄底市双峰县荷叶镇金凤村为例，从基础数据、发展现状、问题困难等方面对乡村振兴背景下建设“宜居宜业和美乡村”路径进行浅析，并提出三点对策建议：一是聚资金，全力争取各类项目资金。二是引人才，激发人才干事创业热情。三是强思想，立足长远提升创新意识。

关键词： 乡村振兴　产业兴旺　美丽乡村　人才培养　宜居宜业和美乡村

中国要美，农村必须美。党的二十大报告提出“全面推进乡村振兴”，强调“建设宜居宜业和美乡村”，这是以习近平同志为核心的党中央作出的重大战略部署。从美丽乡村到和美乡村，虽一字之变，却是对新时代下乡村建设内涵和目标进一步的丰富和拓展。在乡村振兴背景下，当下的农村生产生活条件持续改善，乡村面貌焕然一新，但在诸多领域也还存在突出短板和薄弱环节。本文就以娄底市双峰县荷叶镇金凤村为例，研究了金凤村乡村振兴的路径，分析了乡村振兴战略实施过程中金凤村发生的新变化，以期为乡村振兴战略中宜居宜业和美乡村的建设提供参考。

* 湖南省政务服务和大数据中心工作队成员：李文刚、曾新星、廖雅琴。

一　金凤村基本情况

地理数据。金凤村位于娄底市双峰县荷叶镇西南边陲，由原金凤村与花贝村合并而成，区域面积6平方公里，东与荷叶镇天坪村交界，西与石牛乡交界，南与衡阳县接壤，北与荷叶镇峡石村、大坪村交界，村部距离荷叶镇13公里，距离双峰县35公里，全村地形复杂，四面环山，平均海拔420米，是荷叶镇最偏远的一个山村。

人口数据。金凤村下辖35个村民小组，615户，村民2290人。经过5年的脱贫攻坚战，金凤村于2018年脱贫出列，全村建档立卡贫困户96户274人于2020年底全部脱贫。

农田数据。金凤村共有水田1749亩，人均0.8亩，林地4200亩，其中优质水田面积约1200亩，荒地约550亩，森林覆盖率达95%以上，具有良好的自然生态环境和种植条件。

经济数据。金凤村以农林用地为主，村域主导产业为农业，以水稻、果蔬及经济林种植，水产及家禽养殖为主，生产方式较为原始。楠竹是金凤村最丰富的资源，由于林道建设严重滞后，竹林尚未得到有效开发利用，没有产生效益。部分村民在油茶树、红薯等种植和鸡、鸭、猪、牛等特色养殖方面开展了小规模探索，因种养规模不大、效益不高，村民家庭收入主要依靠农田耕作和外出打工。

二　金凤村乡村振兴发展现状

湖南省政务服务和大数据中心工作队驻村两年来，带领金凤村村支两委，按照中央和湖南省委省政府关于乡村振兴工作部署，围绕“产业兴旺、生态宜居、乡风文明、治理有效、生活富裕”乡村振兴总要求，围绕农业增效、农村发展和农民增收三大主题，坚持党建引领，立足实际，精心谋划，切实找准发展定位，着力打造乡村振兴特色样板。

（一）发展特色产业

为扭转金凤村集体经济较薄弱的局面，工作队带领村支两委进行实地考察调研，选定罗汉果项目作为村集体经济支柱产业，利用30多亩荒地种植罗汉果，亩产值达到6000多元，罗汉果已成为金凤乡村振兴的“致富果”。在种植过程中，工作队充分利用帮扶资金发展基地，通过以奖代补政策，深入探索“公司+合作社+基地+农户”产业联合体发展模式，为罗汉果种植户提供种苗、化肥和技术指导，与专业公司签订保底收购合同，提高了抵御市场风险能力，实现“当年种植、当年产生效益”的目标。同时，金凤村结合实际，因地制宜大力发展土蜂蜜、优质稻、农垦58等优质农产品，村集体经济收入显著增长，实现了村民增产增收。

（二）夯实基础设施

一是修建旅游路。工作队坚持主动“走出去、跑上去”，与湖南省直有关职能部门积极对接，争取到将总预算1200万元的旅游公路纳入湖南省“十四五”项目规划库。经2022年至2023年全力施工，“金凤村—白玉堂”10里旅游路现已修通，山上大批竹子源源不断被运到木材市场，给村里带来丰厚经济收益，铺就了一条乡村振兴“致富路”。二是村便民服务中心提质改造。为提高村级政务服务水平，工作队着力打造“金凤最美村级服务大厅”，邀请专业设计团队对村部主体外观、内部陈设进行重新规划设计，并联系后盾单位和企业资源，投入30多万元，配置办公电脑、高拍仪、平板电脑、自助服务一体机等高科技设备。改造后的服务中心划分为办事服务区、村民等候区、自助办理区等，设立4个综合窗口，集聚人社、医保、民政、卫健等职能部门，真正实现“一窗式”受理、“一站式”服务。三是水塘清淤。工作队为金凤村争取了近40万元水利项目资金，开展冬修水利活动，采取以奖代补等方式，组织广大村民对全村的一条主河道、十几口村小组水塘进行清淤加固工作。

（三）建设美丽乡村

一是打造墙绘文化。别出心裁地以色彩绚丽、雅俗共赏的绘画为切入点，将“乡村振兴金凤号”“金凤香米”等多项内容，用群众喜闻乐见的形式在民房的墙壁上图文并茂呈现出来，打出品牌、营造氛围。二是结合美丽屋场和环境卫生整治，设计安装融合党建、乡村振兴理念的“金凤村”村牌、信息公示栏和“不忘初心　牢记使命”红色党建雕塑，极大推动村容村貌整体提升。村民们纷纷点赞，自发在自媒体平台上传播着金凤的新面貌。三是湖南省政务服务大厅将金凤村作为“学雷锋志愿服务示范站点”，并组织16个省直部门（单位）组成志愿服务队来金凤开展“传承雷锋精神　服务乡村振兴”活动。湖南省交通厅、湖南省民政厅、湖南省住建厅、湖南省文旅厅、湖南省林业局等单位分别支援金凤村基础设施、公共服务设施、文化阵地建设、花卉苗木等民生项目，助力改善“四个小屋”和“门前十小”等，帮助金凤村提升设施、提效服务和提质生活。

（四）发展电商直播

一是着力培养直播电商人才，打造2名女村干部成为本土乡村网红。联系网红直播培训基地，积极派人参加短视频拍摄及后期剪辑、直播拓宽农产品销售技巧等方面专业化培训。二是采购成套专业直播设备，打造“金凤电商直播间”，介绍金凤的美食美景、民俗文化和乡村生活。三是线上线下销售金凤自产的罗汉果、土蜂蜜、农垦58、优质稻等农产品，产品销路很好。

（五）打造教育品牌

一是在工作队和乡贤倡议下，金凤村成立金凤教育基金，共募集资金7万多元，每年奖助品学兼优的学生和乡村教师。二是经工作队与湖南省教育厅有关领导沟通汇报，省教育厅下属单位对金凤村花贝小学帮扶资助，捐赠了60多套秋冬款校服，每年出资2万元资助15名品学兼优的困难学生。三是湖南省教育厅牵线长沙雨花实验小学对花贝小学对口帮扶，提供全套远程教学设备和软件系统，不断提高乡村老师教学质量和农村学生综合素质。

三　金凤村发展中所遇难点

（一）“缺钱”——资金面临缺口

1. 建设资金引入不足

宜居宜业和美乡村的建设资金需求极大，虽然财政每年给予金凤村巨大资金支持，但基础设施建设已占据资金大头，稀释了对非基础设施建设项目的投入。同时，地方因财政困难也会出现资金支持不足而无法开展工作的情况。面对乡村多层次、多领域的资金需求，在财政支持缺口较大的情况下，社会资本和金融资本等更是引入不足。

2. 自筹资金严重匮乏

村集体经济基础十分薄弱，以小农户种养为主、组织化水平低，发展基础较差，销售范围仅限荷叶镇和周边地区，增收有限。发展的产业缺少科技含量高、产业链条长、投资规模大、带动能力强的龙头企业示范引领，农产品附加值不高、产出值不大。同时，在作为脱贫村的金凤村，多数村民没有资本积累，家庭收入来源窄，经济效益低，也缺少投入的前提条件。

（二）“少力”——人才短板突出

1. 人才持续外流

人是乡村振兴的核心和根本，而金凤村是典型的“空壳村”，其中 80 岁以上的有 79 人，全村近七成青壮年选择在外务工、经商、从政，中青年、优秀人才持续外流，劳动力严重缺失，留守老龄化。

2. 人才结构失衡

在家人员因年龄、知识结构等原因难以适应产业发展需要，尤其缺乏具有一定的科学文化水平、广阔的视野和对政策的敏锐洞察力的村级产业发展带头人，以及外向型、开拓型农村经营管理人才。此外，在年轻人中培养党员、在党员中培养村级后备干部也一直是难点，村干部存在年龄老化、结构僵化、青黄不接等问题。

3. 教育人才不足

由于位置偏远、住宿设施不完善，位于金凤村的花贝小学，6 名教师中 5 名为在编教师，还有 1 名为代课教师，没有配备专业的音体美教师，严重制约教学质量的提高。

（三）“守旧”——创新思维缺乏

1. 设施十分陈旧

作为远离都市的小山村，金凤村提质改造前的村部是一栋面积 120 平方米、外观十分老旧的两层民房，内部条件简陋，会议室狭小昏暗，连在村 35 个党员的开会需求都无法满足，更别说配备党建、档案、文化娱乐设施了。村内大部分道路宽度不足，会车困难。村里缺乏公共文化娱乐场地，仅有的文化娱乐场所建设模式过于标准化，缺乏因地制宜的系统分析，忽视了当地居民的实际文化需求。文化设施“重”投入而“轻”管理，利用率较低。

2. 思想较为守旧

走访调研中发现，尽管村里民风淳朴、乡邻和睦，但发展意识比较淡薄，习惯于缓慢的小农生活节奏，虽进入新时代，思想却停留在“过去”，无论是种养业的发展、农产品的销售，还是美丽乡村建设，常常因循守旧，满足于当下，浑然不觉许多方面已经落伍掉队。同时发展缺乏长远眼光，多注重眼前利益和短期效益，对产业发展的信心不足，对当下市场热点把握不够，缺少创新意识。

四 建设宜居宜业和美乡村的对策建议

（一）聚资金，全力争取各类项目资金

1. 向上争取部门资金

驻村工作队、村两委要充分把握乡村振兴政策红利，及时了解项目立项的绿色通道、税收优惠、政策补贴等信息，结合实际情况，积极主动对接上

级部门，到省到市到县争取交通、水利、农业、林业等部门的项目资金，夯实乡村发展基础。

2. 向外引进社会资金

进一步壮大村集体经济，盘活各类闲置资产，邀请社会资本投资农业农村，积极探索发展罗汉果种苗基地、土蜂蜜产业、优质稻基地、文旅休闲民宿、教育研学基地等，助力乡村振兴提速增效。

3. 向内提升自筹能力

促进农民就地就近就业增收，落实好人才扶持政策，让金凤村民在家门口就有钱赚，提高人均收入水平，从而增强村民自筹能力。

（二）引人才，激发人才干事创业热情

1. 选拔本土人才

进行广泛走访调研，在实际工作中选拔一批熟悉农村环境、有一技之长、对家乡有感情的农民，引导他们来当致富带头人，出谋划策、传授技术、做好示范。

2. 培养返乡学子

充分发挥大学生点子多、思维活、视野广的优势，出台各项激励措施，在创业贷款、农业补贴、抖音直播等方面给予支持，让返乡大学生留得住、待得下、有奔头。

3. 留住既有人才

加大对村两委年轻干部的培养力度，注重教育培训和实践锻炼，着力提升其综合素质和实践能力，同时强化待遇保障，拓宽进步渠道。进一步完善利益分配和风险分摊机制，保证收益分配的相对公平，打消乡贤后顾之忧，带动群众脱贫致富。

（三）强思想，立足长远提升创新意识

1. 善于学习、富于创新，以思想做行动先导

驻村工作队、村两委要进一步解放思想，始终保持开拓创新思维，主动

走出去，向乡村振兴先进村、示范村学习取经、取长补短，因地制宜发展“一村一品”。同时根据农业发展新形势，全面挖掘农业多种功能和乡村多元价值，拓宽产业门类，整合国藩故里等优质资源，重点发展乡村休闲旅游、农村电商等新产业。大力培养直播电商人才，挖掘乡村网红，做大做强“金凤直播间”。定期组织各类技术培训班，邀请相关专家进行业务培训，全方位提高农民思想和技术水平。

2. 立足长远、着眼未来，提升基础设施建设

持续推动“金凤—白玉堂”旅游公路及通组公路建设，做实主干道“白改黑”工程，完善农村交通运输体系。完善水利工程，对金凤村主河道进行清淤加固，同步铺设机耕道以方便农机使用。以村级便民服务中心为基点，持续升级信息网络设备，实现高效便捷的政务服务。着力农网升级项目，增加变压器和进行绝缘化改造等，持续推进乡村亮化美化工程。打造美丽庭院和美丽屋场，增加公共文化娱乐设施。

3. 继承发扬本土文化，同步振兴教育事业

改善花贝小学软件、硬件办学条件，尝试自筹教育基金的补充方式，提高教师待遇，奖励优秀学子。充分利用长沙雨花实验小学等省内优质学校的教育资源，完善远程教学体系，为花贝小学引入专业音体美教师。同时，要立足乡村教育，结合特有的耕读文化和红色文化，深入挖掘其内涵，把握其中蕴含的思想观念、人文精神、道德规范，结合时代要求进行创新性发展，培育文明淳朴乡风，为乡村振兴塑形铸魂，从而托举起金凤的未来。

B.30

奋力走出乡村振兴、农业农村现代化的实践路径

唐慧云*

摘　要： 永州市委、市政府认真贯彻落实习近平总书记关于“三农”工作的重要论述和对湖南重要讲话重要指示批示精神，严格执行中央和湖南省委实施乡村振兴战略各项要求，坚决扛牢农业大市政治责任，聚焦“三农”重点任务，真抓实干、聚力攻坚，农业农村发展保持了稳中有进、稳中提质、稳中向好的态势，粮食和重要农产品生产能力持续提升，农民收入持续增长，农村面貌持续改善，推进乡村振兴战略取得新成效，农业农村现代化迈出新步伐。

关键词： 三农　乡村振兴　农业强市　永州市

2022年，永州遭遇了特大洪涝灾害、60年一遇的特大旱情和新冠疫情困扰。永州市委、市政府认真贯彻落实习近平总书记关于“三农”工作的重要论述和对湖南重要讲话重要指示批示精神，严格执行中央和湖南省委实施乡村振兴战略要求，真抓实干、聚力攻坚，确保大灾之年全市农业农村工作稳中有进、稳中提质、稳中向好，农民收入持续增长，农村面貌持续改善，乡村振兴战略取得新成效，农业农村现代化迈出新步伐。

2022年，永州全年农林牧渔总产值达到851.73亿元，位居湖南省第

---

* 唐慧云，永州市农业农村局党组书记、局长。

四；全省秋冬生产现场会在永州召开；六项重点工作荣获湖南省政府真抓实干督查激励表扬；宁远县获评全国农村集体产权制度改革工作先进集体，蓝山县获评全国村庄清洁行动先进县，零陵区获评全国农作物病虫害绿色防控整建制推进县；获评全省粮食生产先进市、全省农村人居环境整治提升先进市、全省动物疫病防控先进市、全省长江禁捕退捕工作先进市、全省耕地抛荒治理先进县区、全省农村人居环境整治提升先进县区、全省长江禁捕退捕工作先进县。时任中央政治局委员、国务院副总理胡春华，时任湖南省委副书记朱国贤对永州农业农村工作给予了充分肯定。

一　攻坚克难、实干兴农，奋力谱写乡村振兴新篇章

（一）坚持优先发展，“三农”基础持续稳固

永州市委、市政府始终坚持农业农村优先发展，全力巩固拓展脱贫攻坚成果，农业农村基础不断夯实。一是坚持高位推动。市委常委会 4 次专题研究“三农”工作，出台了市委一号文件，明确年度目标和重点任务，先后 4 次召开现场推进会就相关重点工作进行安排部署。市委、市政府主要领导多次深入基层专题调研乡村振兴各项重点工作，所有市级领导均联系了一个乡村振兴驻点村。二是强化投入保障。全市土地出让收入用于农业农村的支出为 19.7 亿元，占比 10.03%。新增小额信贷 5.86 亿元，完成省定目标的 112.7%。涉农贷款余额 1185.67 亿元，同比增长 14.91%。三是配强工作力量。共选派 1132 支工作队、3177 名工作队员，驻村工作队覆盖面达 35%。共培训基层干部 5.7 万余人次，实现基层干部乡村振兴主题培训全覆盖。四是严格督导考核。将推进乡村振兴战略纳入县市区、乡镇党政领导班子和领导干部实绩考核，实行“一月一调度、一季一通报”。派出多个督导组进驻各县市区就粮食生产、有效衔接等重点工作开展蹲点督导，排查整改问题 9000 余个。

（二）扛牢政治责任，坚决守住“两条底线”

一是守牢粮食安全底线。全面落实党政同责要求，粮食面积产量实现“双稳”目标。2022 年，永州市粮食播种面积 730.79 万亩、总产量 300.51 万吨，增幅居全省第一。把集中育秧作为稳定早稻面积的关键举措，按照“抢育一批、扩育一批、备育一批”的要求，共培育集中育秧主体 6925 个，早稻集中育秧面积达 172.72 万亩，占全市早稻面积的 78.47%，共完成早稻种植面积 220.1 万亩，超省定任务 3.72 万亩，是全省早稻面积唯一正增长的市州；强化抛荒耕地治理，存量耕地抛荒在全省率先清零。全市推广“村集体+耕地抛荒治理+粮食生产”模式的行政村达 1002 个，有效破解了“谁来种地、怎么种地”“不会种地、不愿种地”等问题，种粮面积（含服务）达 24.36 万亩；积极开展双季稻“万、千、百”绿色高质高效示范创建行动，共创建万亩示范片 40 个、千亩示范片 232 个，共示范面积 82 万亩；全面完成 2021 年高标准农田 46.51 万亩的建设任务，2023 年 3 月全面完成 2022 年高标准农田 50.54 万亩的建设任务。二是守住不发生规模性返贫底线。完善防止返贫动态监测与帮扶措施，全市累计识别纳入监测对象 16728 户 43162 人，稳定消除风险 8493 户 21455 人，户均帮扶措施达到 3.54 条。脱贫人口人均纯收入达到 15872 元，增幅 14.7%，高于全省平均水平。脱贫群众“三保障”、饮水安全和兜底保障水平持续巩固提升，返贫致贫风险实现动态清零，没有发生规模性返贫现象。

（三）强化产业就业，农民收入稳定增长

2022 年，永州市农村居民人均可支配收入 19272 元，同比增长 6.7%。一是乡村产业蓬勃发展。全市蔬菜累计播种面积 308.4 万亩（含复种）、总产量 613.9 万吨、总产值 127.3 亿元。其中新认定粤港澳大湾区“菜篮子”生产基地 28 个、累计达到 213 个，出口蔬菜总量和货值达 54.6 万吨、85.4 亿元，分别占全省 94.9%、96.7%，蔬菜播种面积、总产量、认证基地、出口量、出口额均居全省第一；全市出栏生猪 793.32 万头、存栏生猪 550.82

万头、能繁母猪 46.36 万头、外销生猪 108.4 万头，各项指标继续领跑全省；创建国家级非洲猪瘟无疫小区 4 家、部级生猪标准化示范场 1 家、省级 17 家，数量居全省第一；新认定省级龙头企业 16 家，新创建国家农业产业强镇 1 个、国家“一村一品”示范村镇 1 个、省级农业产业强镇 3 个、省级现代农业特色产业园 10 个。新增十大湘菜名县 1 个、“一县一特”优秀农产品品牌 2 个，“永州之野”成为全省首个通过海关总署备案的农业区域公用品牌。二是利益联结愈加紧密。通过经营主体带动脱贫群体，持续开展“百企帮村千社联户”行动。2022 年，101 家市级以上龙头企业围绕“一特两辅”和柑橘、蔬菜、油茶、茶叶等优势产业，采取“一企帮一村、一企帮多村”和“公司+基地+农户”的模式，带动 293 个行政村累计建设产业基地 50 多万亩，累计带动脱贫户就业 2 万人以上，人均年增收 1 万元以上；帮扶 131 个行政村发展村集体经济，累计分红 296 万元；全市 450 家农民专业合作社采取“合作社+基地+脱贫户”模式，通过直接帮扶、入股分红、务工就业、承包管理、包种领养等多种方式，结对帮扶 4 万户以上脱贫户发展产业受益，人均年增收 2000 元以上。三是新型经营主体持续壮大。新创建省级农民合作社示范社 30 家、省级示范家庭农场 49 家、省级示范区域性农业社会化综合服务中心 2 个。四是稳岗就业成效显著。全市累计务工 1 个月以上且务工收入 3000 元以上的脱贫人口总人数达 29.86 万人，完成省定任务的 103.26%。扶持发展就业帮扶车间 1026 家，吸纳脱贫人口就业 11224 人，比上年增加 362 人。全市公益性岗位吸纳脱贫人口、监测对象就业 14789 人，比上年增加 336 人。

（四）推进乡村建设，农村面貌改善

坚持推进农村人居环境整治提升、乡村治理、乡风文明三项重点工作，乡村面貌持续改善。一是人居环境设施不断完善。推广“三格式+第四池小微湿地”改厕模式，对化粪池尾水进行治理，2022 年，全市改（新）建农村户厕 2.54 万户，卫生厕所普及率达到 91.85%；发起农村生活污水治理“夏季攻势”，完成建设乡镇污水处理厂 61 处，实现乡镇污水处理厂全覆

盖，完成省定60个村的农村生活污水和2个较大面积黑臭水体治理任务，治理率和销号率均达到100%，排全省首位；健全农村生活垃圾治理体系，配置各类垃圾桶25万余个、垃圾收集点2.23万个、垃圾清运车600余辆，新建乡镇垃圾压缩中转站6个，累计建成107个，建设垃圾焚烧发电站3个，实现所有乡镇垃圾处理全覆盖。“四好农村路”获国家四部委通报表扬，农村改厕工作在全国、全省会议上作交流发言，“六小园”建设入选全国第四批农村公共服务典型案例。二是乡村治理基础不断夯实。坚持党建引领，70个软弱涣散村党组织均按要求完成整顿。全面推行乡村振兴月例会，解决群众“急难愁盼”问题8.9万余个。《建立“五基”机制　开展“六自”互助》获评第四批全国乡村治理典型案例，“五个一”村民议事协商模式、“农村十五分钟快速反应圈”、政法“五老”调解等工作经验在全国推介。三是乡风文明氛围不断增强。全市建设新时代文明实践所185个、实践站3304个，县级以上文明村、文明乡镇占比分别达到77%、88%。大力整治农村陈规陋习，大操大办现象同比下降60%以上。东安县说唱节目《有我》入选第三届“县乡长说唱移风易俗”优秀节目。

（五）深化重点改革，农村活力进一步释放

深入推进农村重点领域和关键环节改革，有效激活农村资源要素，为全面实施乡村振兴战略注入强劲动力。一是农村承包地改革成效显著。继续推进农村土地承包经营权确权登记颁证工作，全市发放农户证书106.93万，到户率99.06%，完成农户档案整理入馆107.1万户，入馆率99.46%。农村耕地流转面积293.63万亩，占家庭承包耕地面积的58.45%。湖南省首批《农村土地经营权流转证》在道县颁发，标志着永州市农村产权交易体系建设进入新的阶段。深入开展第二轮土地到期后再延长30年试点，完成国家级整镇、整村试点各1个，省级整村试点28个。永州市在湖南省第二轮土地承包到期再延长30年试点联席会议上作《从高从严要求　从细从实推进　努力贡献延包试点“永州经验”》典型发言。二是农村集体产权制度改革蹄疾步稳。持续推进农村集体产权制度改革，成立农村集体经济组织3158

个，确认成员身份541.81万人，颁发股权证书443987本，量化资产总额278331.23万元，累计股金分红总额2426万元。宁远县农村经营服务站获评全国农村集体产权制度改革工作先进集体。大力发展新型农村集体经济，永州市委、市政府出台《关于发展壮大农村集体经济的实施意见》，开展“消薄攻坚”行动，全市180个薄弱村全部实现消薄目标，村级集体经济收入10万元以上的村533个，占比17.18%；100万元以上的村8个，占比0.27%。三是农村宅基地改革有条不紊。稳慎推进农村宅基地制度改革，创新推出农村宅基地使用权抵押贷款等信贷产品28项，发放贷款3.8亿元。宁远农村闲置宅基地盘活利用“六种类型”经验获农业农村部通报表扬，《聚焦“四力”破解农村宅改难题》获得湖南省政府综合大督查典型经验做法表扬。

（六）坚持科技引领，农业科技水平明显提升

一是农机装备总量持续增加。2022年，永州市农机总动力达到686.8万千瓦，农机保有量106.3万台套，实现逐年增长的目标。大中型农业机械得到广泛推广应用，全市拥有大中型拖拉机14225台套、谷物联合收割机9350台套、水稻插秧机（抛秧机）4440台套、大型谷物烘干机1200多台套、植保无人机360多台套。二是农业机械化水平稳步提升。2022年，永州市完成水稻机插秧、机抛秧面积293.48万亩，水稻机插（抛）率达48.2%，水稻耕种收综合机械化水平达到80.46%，油菜耕种收综合机械化水平达到57.32%，均实现大幅提升。三是社会化服务加快推进。农机大户发展到2000余户，各类农机专业合作社发展到371家，比上年增加16家，其中，现代农机合作社231家、现代农机合作社示范社32家、全程机械化综合农事服务中心6家。各类农机服务组织广泛开展“十代”（代育秧、代旋耕、代机插、代管理、代防治、代收割、代烘干、代储存、代加工、代销售）全程机械化服务，农机作业服务面积达2000余万亩，农机社会化服务水平日益提升。四是农技推广进一步加速。建成农业科技示范基地14个，脱产培训基层农技人员240人，培育农业科技示范主体800人；培育高素质

农民1750人，永州职业技术学院王伟老师的猪生产课获农业农村部“首届涉农职业院校服务乡村振兴‘名课名师’资助项目”。农业科技服务的水平明显提升。

（七）坚持绿色发展，农业发展底色更亮

一是禁捕退捕成效显著。坚持单项抓与综合抓相结合，建立跨区域跨部门协调联动机制，加大联合执法力度，强化“行刑衔接”，保持执法高压态势，切实维护禁渔秩序。2022年，全市共查处涉渔违法违规案件381件，其中非法捕捞水产品立案352起，抓获犯罪嫌疑人458人，移送起诉330人，查获渔获物及其产品1040公斤。二是农产品质量安全监管有力。农产品生产经营主体实现监测全覆盖，对供粤港澳蔬菜和稻谷专项监测、监督抽查9026批次，县乡两级开展快速检测32.51万批次，全市主要农产品监测合格率达99.3%；创建全国有机农业一二三产业融合发展园区1个、全国绿色食品原料标准化生产基地3个，建成绿色原料标准化生产示范基地23万余亩。三是绿色生产方式加快转变。出台《永州市2022年受污染耕地安全利用工作方案》，一方面对安全利用类耕地，大力推广改善灌溉方式、改良酸性土壤、改革施肥技术、改进耕种措施、改变越冬状况、改选适宜品种等“六改”农艺措施，永州市共落实安全利用措施44.15万亩，超额完成年度任务；另一方面对严格管控类耕地，逐户、逐丘明确县、乡、村三级监管责任人，确保严格管控区实施种植结构调整、退出水稻生产，全市受污染耕地安全利用率达到94.09%。落实落细化肥农药减量增效各项技术措施，全市化肥使用量为21.88万吨，农药使用量为3511.98吨，分别同比降低0.53%、1.69%。大力推广秸秆“五化”利用和农膜回收试点。全市有秸秆综合利用主体47个、收储运网点30个，秸秆综合利用率90.04%；有农膜回收站、网点404个，农膜回收企业10家，地膜回收率81.91%，农膜回收率83.08%；持续推进资源化利用整县推进项目，共计对2071家养殖场畜禽粪污处理设施进行了升级改造，新建有机肥厂12家、消纳基地200余个，畜禽规模养殖场粪污处理设施设备配套率达100%，畜禽粪污资源化利用率达94.51%。

二　锚定目标、乘势而上，奋力开创农业强市新局面

2023年是全面贯彻党的二十大精神的开局之年，是实施“十四五”规划承上启下的关键之年，永州将深入贯彻落实党的二十大精神和中央农村工作会议、湖南省委农村工作会议精神，以实施乡村振兴战略为总抓手，加快推进农业强市建设。

（一）实施粮食产能提升工程

深入实施新一轮粮食产能提升行动，在种“好田”、播“良种”、育“能手”上下功夫，确保完成全年粮食播种面积730万亩、总产量306万吨的目标任务。

（二）实施养殖业高质量发展工程

通过实施优质湘猪工程、发展特色畜禽养殖、做大优质水产等方式，全面提升畜禽水产品稳定安全供给能力，持续推动向养殖强市迈进，努力实现年出栏生猪830万头、水产品总产量达到20.29万吨。

（三）实施蔬菜出口“百亿工程”

通过设立蔬菜发展专项资金、做响“永州之野”区域公用品牌、做强大湾区“菜篮子”配送中心，全力打造“蔬菜之都”，蔬菜播种面积稳定在300万亩以上，粤港澳大湾区“菜篮子”认定基地稳定在220个以上，力争蔬菜出口货值突破100亿元。

（四）实施农业产业全链条升级工程

聚焦“两茶一柑一菜一药”五大优势特色产业，通过农产品加工企业、融合载体、农产品加工园区和项目建设，新增农产品加工规模以上企业40家以上，新增国家级农业产业化龙头企业1家，新认定农业产业化省级联合

体20家以上，创建农民合作社省级示范社20家，家庭农场省级示范场40家；争取创建国家级或省级现代农业产业园1个、国家级产业强镇1个，省级现代农业特色产业园7个、“一村一品”特色村镇15家。

（五）实施农业科技装备提升工程

包括开展拓展院市合作成果、推进现代种业发展、提升农业机械化水平、培育高素质农民等四项工作，力争每个县市区新增1个农业科技试验示范基地、引进推广主要农作物优良新品种10个以上，全市主要农作物耕种收综合机械化水平达到55%以上，水稻耕种收综合机械化水平达到82%以上。

（六）实施农村人居环境整治提升工程

通过坚持规划引领、充分发动群众、加强农业面源污染治理、健全硬件体系和强化示范创建等方式，实现“多规合一”村庄规划所有行政村全覆盖，“一约四制”行政村覆盖率达到92%以上，畜禽养殖粪污资源化利用率达到90%以上，农膜回收率达到83%以上，全市农药包装废弃物回收率达到60%以上，回收农药包装废弃物无害化处理和资源化利用率达100%，秸秆综合利用率达87%以上，卫生厕所普及率92%以上，力争创建1个国家美丽宜居村庄，40个以上省、市级美丽乡村示范村。

（七）实施农村综合改革工程

积极推进土地延包改革、农村宅基地改革、农村产权流转交易市场建设试点，推进村社分账管理改革，大力发展壮大农村集体经济，力争实现全市30%以上的行政村集体经济经营性收入达到10万元以上。

B.31

以中国式现代化全面推进基层社会治理现代化建设

李　礼*

摘　要： 社会治理现代化是推进中国式现代化的必然要求。基层是社会治理的重点和难点。十八大以来，我国基层社会治理现代化在理论建构、制度设计、实践探索等领域都取得了诸多新突破与新成效。新时代以中国式现代化为统领，全面推进基层社会治理现代化，要坚持和发展新时代“枫桥经验”，健全党群共治的基层社会治理组织体制，尊重城乡社会治理传统与规律，因地制宜探索社会治理方法，创新基层民主协商议事机制，完善社会矛盾纠纷预防调处化解综合机制，切实把矛盾化解在基层，维护好社会和谐与稳定。

关键词： 中国式现代化　基层社会治理　“枫桥经验”　湖南

治国安邦重在基层。基层社会治理现代化是国家治理现代化的重要内容，关系到人民安居乐业、社会安定有序、国家长治久安。党的二十大报告以中国式现代化为统领，从国家安全体系与能力现代化的高度对我国社会治理现代化进行了精心安排和科学部署，明确要求“完善社会治理体系，健全共建共治共享的社会治理制度，提升社会治理效能，在社会基层坚持和发展新时代‘枫桥经验’，建设人人有责、人人尽责、人人享有的社会治理共

* 李礼，中共湖南省委党校公共管理教研部教授、博士生导师。

同体”。基层是社会治理现代化的重点和难点。2020 年 9 月 17 日，习近平总书记在湖南考察、主持召开基层代表座谈会并发表重要讲话时强调，“要加强和创新基层社会治理，坚持和完善新时代‘枫桥经验’，加强城乡社区建设，强化网格化管理和服务，完善社会矛盾纠纷多元预防调处化解综合机制，切实把矛盾化解在基层，维护好社会稳定”。党的二十大精神和习近平总书记关于基层治理系列重要论述为全面推进基层社会治理现代化指明了方向。

党的十八大以来，我国基层社会治理现代化在理论建构、制度设计、实践探索领域都取得了诸多新突破与新成效。社会治理现代化是一项复杂的系统工程，要统筹推进社会治理理念现代化、治理体系现代化、治理方式现代化与治理能力现代化，加快提升社会治理的社会化、法治化、智能化、专业化水平。2021 年 4 月 28 日，中共中央、国务院印发《关于加强基层治理体系和治理能力现代化建设的意见》，从巩固党的执政基础和维护国家政权安全的高度，对扎实推进基层治理体系和治理能力现代化建设提出战略部署与实践要求。强调要统筹推进乡镇（街道）和城乡社区治理，积极推动社会治理实现关口前移、重心下移和资源下沉，构建党组织领导的共建共治共享的基层治理新格局。

党的十八大以来，我国基层社会治理在实践领域形成了一批可圈可点的典型案例。如浙江诸暨市新时代“枫桥经验”、桐乡市“三治融合”、北京市“接诉即办”推进基层社会治理现代化等。近年来，湖南省在加强和创新基层社会治理中，也涌现出一批先进典型，如涟源市“屋场会里话桑麻”、衡南县“屋场恳谈会”、保靖县“四源共治”、耒阳市“湾村明白人”、岳阳市“群英断是非”、邵阳市“一村一辅警”、怀化基层治理创新的“溆浦经验”等。这些基层探索与做法对全面推进基层社会治理现代化具有很重要的指导作用和启示价值。主要体现在以下四个方面。

一　强化党建引领，健全基层社会治理体制

基层是党的执政之基、力量之源。基层党组织是社会治理的“主心

骨”，要发挥总揽全局、协调各方的领导核心作用。习近平总书记在基层调研时强调，“基层治理得好不好，关键在基层党组织、在广大党员”。健全基层社会治理体系过程中，要充分发挥基层党组织的领导核心和党员的先锋模范带头作用，进行基层社会再组织化建设，构建党组织引领下的群众自治和党群共治的组织体系。

当前，我国部分地区的基层社会治理滞后于基层经济发展，主要表现为社会治理的组织后备力量不足、责任分工欠合理、指挥体系不完善、职能交叉重复等问题不同程度存在。改革开放后，我国农村实行家庭联产承包责任制改革，乡政村治体制在 1987 年正式确立，群众个体能动性得到很大程度的激发，乡村社会个体得到迅速发展，但村（社区）集体的社会功能呈现减弱现象，乡村（社区）的公共价值和公共精神面临挑战，基层社会内在认同机制面临一系列的问题，与新时代共建共治共享社会治理理念要求还有差距。随着乡村（社区）人口结构发生变化，留在山区丘陵地带的乡村（社区）人口多为“386199”人群，乡村（社区）社会治理的人才队伍出现“空心化”和“老龄化”现象，导致基层党组织后备力量严重不足，影响了乡村自治能力和自治效能。另外，作为基层社会治理的重要补充力量，社会组织发展培育机制和激励机制还不健全，不能更好地激发和释放社会主体活力。

那么，如何强化党建引领，健全基层社会治理体制？首先，需要整合党政组织。纵向打造善治指挥链，明确从中央到省、市、县、乡（街道）各级党委和政府的社会治理职能，努力打造权责明晰、高效联动的社会治理指挥体系。横向构建共治同心圆，构建党委领导、政府负责、公众参与、社会协同、民主协商的多元主体协同共治的社会治理格局，增强推进基层社会治理现代化的凝聚力和向心力。

其次，规范村（社区）党组织。村看村、户看户，群众看党员，党员看干部，干部看支部。一些村（社区）搞得好，总离不开一个坚强的党支部。相反，一些村（社区）治理不好，主要原因在于党组织软弱涣散，缺乏号召力，说话没人听，办事没人跟。因此，要将加强村（社区）党组织的规范化管理和整顿软弱涣散基层党组织作为重点任务。

最后，大力发展各类社会组织。社会组织在矛盾化解、群防群治、基层德治、法律咨询、心理疏导、公益慈善等方面发挥积极作用，有利于激发社会活力、维护基层社会稳定、促进社会文明和谐。建议村（社区）建立乡贤参事、平安巡防、乡风文明、志愿服务、矛盾调解等基础性的社会组织，并因地制宜挖掘本地资源和优势，培育孵化X类个性化的社会组织。另外，需要完善社会力量参与基层社会治理的激励机制与政策，创新社区与社会组织、社会工作者、社区志愿者、社会慈善资源的“五社联动”机制，支持建立乡镇（街道）购买社会工作服务机制和设立社区基金会等协作载体，支持鼓励一些党组织健全、管理规范的社会组织优先承接政府转移的基层公共职能和公共服务项目。完善基层志愿服务制度，大力开展邻里互助服务和互动交流活动，更好地满足人民群众对美好生活的需求。

二　因地制宜创新，破解基层社会治理难题

对于任何一个地方来讲，没有一个万能的社会治理模式可以拿来就用。因为各地社会文化、地理环境、经济发展、人口结构、资源要素等方面都存在差异，要解决的社会问题也各不相同。因此，基层社会治理需要坚持问题导向和需求导向，因地制宜地进行改革创新、破解难题。“屋场会里话桑麻”就是结合湖南省山区丘陵地带的具体情况、坚持问题导向、进行创新的典型案例。

那么，基层社会治理如何更好地做到因地制宜创新破解难题？

首先，要尊重基层社会治理的传统和规律。中国是一个具有浓厚乡土气息的国家。与西方社会“团体格局”不一样，中国“乡土社会”的社会结构格局如同费孝通先生在《乡土中国》中描述的“差序格局”。加强和创新基层社会治理过程中，需要充分尊重乡村（社区）社会中的治理传统与治理规律，注重发挥乡风民风、家教家训、乡贤能人、村规民约在基层社会治理中的优势与作用。

其次，要破解网格化治理的“离土性”困境。网格化管理是基层社会治

理实践的典型代表。2004 年发源于北京市西城区，2007 年浙江舟山首次借鉴北京市等地“网格化管理”模式并应用到乡村社会治理，取得了很好成效。然而，中国沿海平原地区与内陆丘陵地区的乡村社会治理存在很大差异，网格化管理在中部省份的众多农村地区普遍存在“落地难”困境。湖南省“屋场会”就是破解网格化治理“一刀切”“落地难”困境的一种有效方式。

最后，要坚持系统治理和整体创新发展。基层社会治理创新不是某一方面、某一领域、某一时段的创新，而是一项系统性、整体性创新工程。基层社会治理现代化需要做好与马克思主义基本原理和中华优秀传统文化相结合的“两个结合”文章。另外，新时代新征程，需要将全面推进基层社会治理现代化放在“五位一体”“四个全面”的战略布局中系统考虑，这样才有利于真正构建起“人人有责、人人尽责、人人享有”的基层社会治理共同体。

三 激发群众参与，完善基层协商议事机制

基层社会治理创新要紧紧依靠和发动群众，尊重和发挥群众首创精神。马克思历史唯物主义的群众观阐明“人民群众是历史的主体，是创造历史的主人，是推动历史前进的动力，是实现人类解放的伟大力量”。人民群众在城乡基层按照民主集中制原则，实行直接民主，要办什么、不办什么，先办什么、后办什么，都由群众自己依法决定，这是最广泛、最生动的民主实践。党的二十大报告指出：“基层民主是全过程人民民主的重要体现。健全基层党组织领导的基层群众自治机制，……完善基层直接民主制度体系和工作体系。完善办事公开制度，拓宽基层各类群体有序参与基层治理渠道，保障人民依法管理基层公共事务和公益事业。”

习近平总书记指出，“有事好商量，众人的事情由众人商量，是人民民主的真谛。协商民主是实现党的领导的重要方式，是我国社会主义民主政治的特有形式和独特优势”。近年来，在我国各地坚持和发展新时代“枫桥经验”探索中，“小院议事会”“屋场恳谈会”“群英断是非”等多种多样的基层民主实践，通过多层次多形式民意沟通体系和平台的塑造，充分实现了

民事民管、民事民议、民事民办、民治民享，突破了群众不愿主动参与基层社会治理的难关，调动了社会参与的积极性。

那么，如何更好地激发群众参与，进一步完善基层协商议事机制？

一是搭建基层协商议事平台。有事好商量，商量成好事。通过搭建好平台把群众议事习惯从“议论纷纷”转变为“纷纷议事”。另外，在基层需要重视发挥好女性在基层社会治理中的优势与作用，激活妇女在化解矛盾、维护社会稳定中的能量。上海浦东新区周浦镇依托“芳华议站”，积极调动妇女议事的积极性，激活了女性参与基层社会治理的活力。湖南“湘妹子能量家园”调动妇联执委参与基层社会治理的积极性，有力地推动了乡村社会治理的智能化建设。

二是明确基层协商议事流程。“屋场会”实施“五定”工作法、“六步协商议事”工作法（收集议题、确定议题、议前调研、协商议事、公开公示、跟踪反馈），引导群众通过协商议事表达诉求、化解矛盾，真正实现群众自我管理、自我决策、自我服务、自我监督。

三是建强村级协商议事队伍。围绕“品德素质好、群众认可高、自愿有激情、议事能力强”4个方面，将党员、群众、人大代表、政协委员、新乡贤、退休教师、致富带头人等非村“两委”成员的人员吸收到协商议事队伍中来，组建成村级协商议事队伍，构建协商民主专家人才库，为基层协商议事、科学决策提供智力支持，破解基层社会治理中的人才短缺问题。

另外，在基层社会治理现代化过程中，要正确处理好活力与秩序的关系。习近平总书记指出：“社会治理是一门科学，管得太死，一潭死水不行；管得太松，波涛汹涌也不行。要讲究辩证法，处理好活力和秩序的关系。”基层社会治理需要调动群众参与治理的活力与积极性，也需要引导群众规范有序参与，避免基层社会治理出现“一管就死，一放就乱”的问题。

四　注重源头治理，防范化解基层社会矛盾

从社会矛盾的发展过程内在机理来看，早期的民意如果没有得到重视，可能会发展到中期的民怨，引起社会纠纷和矛盾，民怨得不到足够重视和化解，

后期可能会发展成民愤，引发社会冲突。因此，防范化解社会风险矛盾过程中，需要加强源头治理，实现关口前移、重心下移。既治“已病”更治“未病”，既治标更治本。浙江诸暨“枫桥经验”就是注重源头治理的一个典范，1963 年毛主席对枫桥经验进行肯定批示，枫桥经验诞生了，历久弥新，不断创新。耳熟能详的概括就是“小事不出村，大事不出镇，矛盾不上交、就地解决”。不同历史时期，枫桥镇不断创新防范化解矛盾的机制。例如，改革开放初期枫桥镇创造性地提出“四前工作法”“四先四早”预防化解矛盾机制，和谐社会建设时期提出平安创建“五联机制”等，为我们提供很好的经验借鉴。湖南“屋场会”实现“小事不出屋场，大事不出村，矛盾不上交、就地解决”，把防范化解矛盾的“关口”从村往前延伸到了屋场这个更小单元。

那么，如何更好地抓好源头治理，防范化解基层社会风险和矛盾？

一是坚持标本兼治，正确处理维权与维稳的关系。以前“刚性”维稳观不适合新时代社会治理，刚性维稳容易出现几个走偏现象。首先，重视维稳，容易忽视维权，结果可能导致越维越不稳；其次，重视民生，容易忽视民主与法治，结果可能导致在为腐败分子维稳，维稳可能就是在维护腐败；再次，基层维稳的成本比较高。因此，正确处理维稳与维权关系，要有辩证思维，以维权保维稳，以维稳促维权；要有法治思维，把维稳和维权纳入法治轨道；要有人民主体思维，维稳与维权过程中，要更多地问计于民、问需于民，更多地集中民意、民智和民愿。

二是坚持三治融合，避免各“治”为政。“三治融合”是新时代发源于浙江省嘉兴桐乡市的基层社会治理新模式，在 2017 年党的十九大上被正式写入大会报告：“加强农村基层基础工作，健全自治、法治、德治相结合的乡村治理体系。”2018 年 11 月 12 日，中央政法委、中共浙江省委在绍兴市联合召开毛泽东同志批示“枫桥经验”55 周年纪念大会上强调，“要坚持把自治、法治、德治作为根本方式，努力构建基层社会善治体系，不断增强人民群众获得感、幸福感、安全感。”“三治融合”是“枫桥经验”创新发展的重大理论和实践成果。我们坚持发展新时代“枫桥经验”，要以自治为基础、法治为保障、德治为先导，最大限度地把特色优势转化为治理效能，努力构建基层社会善治新体系。在实践探索中，需要强化树立三治的“融合”理念、完善三治协同运作机制，夯实三治融合的基础，推进基层社会治理的资源整合，达到基层社会善治目标。

综上所述，对全国各地坚持和发展新时代“枫桥经验”的实践与探索的梳理，尤其是对源自湖南本土的加强和创新基层社会治理典型案例的理性反思，提升了我们对中国式现代化推进过程中基层社会治理现代化的丰富内涵、问题与对策的理性认识水平。从中我们也更深刻地感悟到，治国安邦，重在基层。基层强则国家强，基层安则天下安。加强和创新乡村社会治理，要使每个社会细胞都健康活跃，将矛盾纠纷化解在基层，将和谐稳定创建在基层。如此，社会活力才能被更好地激发，百姓才能安居乐业，国家才能长治久安，中华民族伟大复兴的中国梦才会实现！

皮书

智库成果出版与传播平台

皮书定义

皮书是对中国与世界发展状况和热点问题进行年度监测，以专业的角度、专家的视野和实证研究方法，针对某一领域或区域现状与发展态势展开分析和预测，具备前沿性、原创性、实证性、连续性、时效性等特点的公开出版物，由一系列权威研究报告组成。

皮书作者

皮书系列报告作者以国内外一流研究机构、知名高校等重点智库的研究人员为主，多为相关领域一流专家学者，他们的观点代表了当下学界对中国与世界的现实和未来最高水平的解读与分析。截至 2022 年底，皮书研创机构逾千家，报告作者累计超过 10 万人。

皮书荣誉

皮书作为中国社会科学院基础理论研究与应用对策研究融合发展的代表性成果，不仅是哲学社会科学工作者服务中国特色社会主义现代化建设的重要成果，更是助力中国特色新型智库建设、构建中国特色哲学社会科学“三大体系”的重要平台。皮书系列先后被列入“十二五”“十三五”“十四五”时期国家重点出版物出版专项规划项目；2013~2023 年，重点皮书列入中国社会科学院国家哲学社会科学创新工程项目。

皮书网

（网址：www.pishu.cn）

发布皮书研创资讯，传播皮书精彩内容
引领皮书出版潮流，打造皮书服务平台

栏目设置

◆ **关于皮书**

何谓皮书、皮书分类、皮书大事记、
皮书荣誉、皮书出版第一人、皮书编辑部

◆ **最新资讯**

通知公告、新闻动态、媒体聚焦、
网站专题、视频直播、下载专区

◆ **皮书研创**

皮书规范、皮书选题、皮书出版、
皮书研究、研创团队

◆ **皮书评奖评价**

指标体系、皮书评价、皮书评奖

◆ **皮书研究院理事会**

理事会章程、理事单位、个人理事、高级研究员、理事会秘书处、入会指南

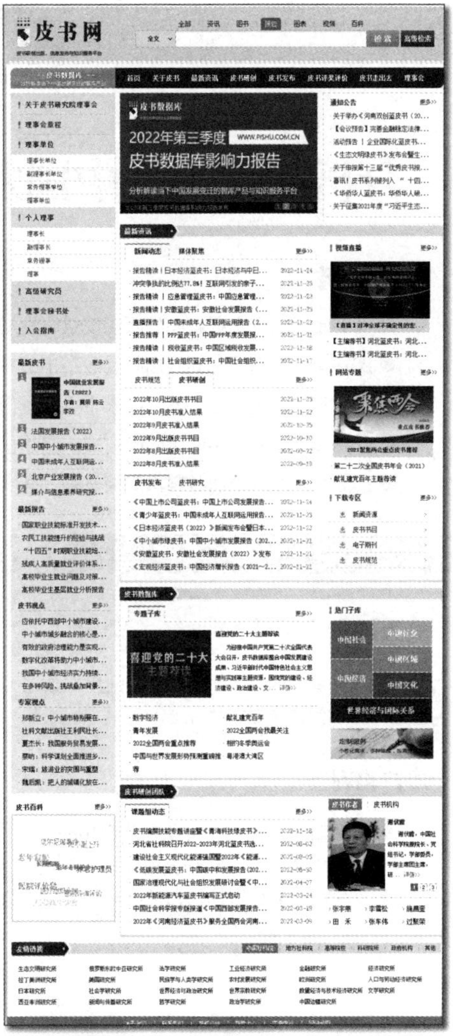

所获荣誉

◆ 2008 年、2011 年、2014 年，皮书网均在全国新闻出版业网站荣誉评选中获得“最具商业价值网站”称号；

◆ 2012 年，获得“出版业网站百强”称号。

网库合一

2014年，皮书网与皮书数据库端口合一，实现资源共享，搭建智库成果融合创新平台。

皮书网

“皮书说”
微信公众号

皮书微博

S 基本子库
UB DATABASE

中国社会发展数据库（下设 12 个专题子库）

紧扣人口、政治、外交、法律、教育、医疗卫生、资源环境等 12 个社会发展领域的前沿和热点，全面整合专业著作、智库报告、学术资讯、调研数据等类型资源，帮助用户追踪中国社会发展动态、研究社会发展战略与政策、了解社会热点问题、分析社会发展趋势。

中国经济发展数据库（下设 12 专题子库）

内容涵盖宏观经济、产业经济、工业经济、农业经济、财政金融、房地产经济、城市经济、商业贸易等12个重点经济领域，为把握经济运行态势、洞察经济发展规律、研判经济发展趋势、进行经济调控决策提供参考和依据。

中国行业发展数据库（下设 17 个专题子库）

以中国国民经济行业分类为依据，覆盖金融业、旅游业、交通运输业、能源矿产业、制造业等 100 多个行业，跟踪分析国民经济相关行业市场运行状况和政策导向，汇集行业发展前沿资讯，为投资、从业及各种经济决策提供理论支撑和实践指导。

中国区域发展数据库（下设 4 个专题子库）

对中国特定区域内的经济、社会、文化等领域现状与发展情况进行深度分析和预测，涉及省级行政区、城市群、城市、农村等不同维度，研究层级至县及县以下行政区，为学者研究地方经济社会宏观态势、经验模式、发展案例提供支撑，为地方政府决策提供参考。

中国文化传媒数据库（下设 18 个专题子库）

内容覆盖文化产业、新闻传播、电影娱乐、文学艺术、群众文化、图书情报等 18 个重点研究领域，聚焦文化传媒领域发展前沿、热点话题、行业实践，服务用户的教学科研、文化投资、企业规划等需要。

世界经济与国际关系数据库（下设 6 个专题子库）

整合世界经济、国际政治、世界文化与科技、全球性问题、国际组织与国际法、区域研究 6 大领域研究成果，对世界经济形势、国际形势进行连续性深度分析，对年度热点问题进行专题解读，为研判全球发展趋势提供事实和数据支持。

法律声明